事例解説

子どもをめぐる問題の基本と実務

学校生活、インターネット、少年事件、
児童福祉、離婚・親権

第二東京弁護士会子どもの権利に関する委員会［編］

青林書院

はじめに

　第二東京弁護士会子どもの権利に関する委員会は，いじめ，体罰，虐待，少年事件など子どもを取り巻く様々な問題を幅広く取り扱っており，また，子どもに関わる法令等の研究，改正の是非，児童福祉や法教育のあり方等について検討するなど，子どもの人権を守るために活動を行っている団体です。

　現在において，深刻ないじめ自殺事件が継続的に発生する状況が続いており，また，児童虐待の認知件数も年々増加するなど，子どもの人権に関する状況は深刻さを増しています。また，社会環境の激しい変化に伴い，子どもを取り巻く問題も多様化及び複雑化の様相を呈してきております。例えば，インターネットが社会インフラとして不可欠な地位を確立するとともに，インターネットトラブルに子どもたちが巻き込まれることが増えていますし，また，いじめや児童虐待などの深刻な問題の背景として，子どもの貧困などの社会的要因や，発達障がいなど精神医学的な要因の存在が意識されるようになってきました。このように多様化・複雑化した問題に弁護士が対応するためには相当の知識及びノウハウの習得が不可欠ですが，弁護士がこれらを獲得する機会は，かなり限られていたというのが実情でした。

　当委員会では，平成2年以降「子どもの悩みごと相談」という相談窓口を開設し，電話及び面接により子どもに関する相談に取り組んできました。現在では「キッズひまわりホットライン」(http://niben.jp/or/kodomo/) に名称を変更し，26年以上にわたり，いじめ，体罰，虐待，少年事件に留まらず，なかには法的問題とは言えない純然たる「悩みごと相談」も含めた様々な内容について，保護者だけでなく子ども本人からも相談を受け，その解決に努めてまいりました。当委員会には，このような実際の事件処理を通じて培った経験があり，また，その過程で，子どもの問題に関わる様々な専門家と連携する機会も得て参りました。

はじめに

　本書は，当委員会が有する資源を活用し，主として次の2点について，子どもの問題の解決のために関与したいと考えておられる法律家をはじめとする全ての方に対して，ご提供することを目的としております。

①　子どもの問題の具体的な解決方法やそれに向けた実践的な考え方を，実際の事件を参考に作成されたモデル・ケースに即してご紹介すること
②　精神医学，臨床心理学，社会学等の観点から，多様化・複雑化した子どもの問題の理解の仕方をご紹介すること

以上の目的が，本書をもって達成できていることを願うばかりです。
　最後に，遅れがちな執筆作業にも粘り強くお付き合いいただき，本書の発行に並々ならないご尽力をいただいた青林書院編集部の長島晴美様，加藤朋子様に，心より感謝申し上げます。

平成29年4月

　　　　　　　　第二東京弁護士会子どもの権利に関する委員会
　　　　　　　　　　　　　委員長
　　　　　　　　　　　　　　　　竹　田　　　真
　　　　　　　　　　　　　同副委員長／編集委員代表
　　　　　　　　　　　　　　　　下　瀬　隆　士

編者・編集委員・執筆者紹介

編　者

第二東京弁護士会子どもの権利に関する委員会

編集委員（五十音順）

青木　智子
伊東亜矢子
太田　絢子
佐田　理恵
下瀬　隆士
馬場　和佳

執筆者（五十音順）

青木　智子（弁護士）
赤石　理（弁護士）
伊東亜矢子（弁護士）
上沼　紫野（弁護士）
太田　絢子（弁護士）
大森　啓子（弁護士）
辛嶋　如子（弁護士）
倉田　徹（弁護士）
佐田　理恵（弁護士）
下瀬　隆士（弁護士）
大門あゆみ（弁護士）
竹内　彩香（弁護士）
多田　猛（弁護士）

編者・編集委員・執筆者紹介

張　　文涵（弁護士）
寺谷　洋樹（弁護士）
馬場　和佳（弁護士）
平尾　　潔（弁護士）
前岨　　博（弁護士）
森本　周子（弁護士）
山本　　翔（弁護士）
山本雄一朗（弁護士）

阿部　愛子（臨床心理士）
田中　　哲（医師）
松本　俊彦（国立精神・神経医療研究センター精神保健研究所，医師）
宮崎　豊久（インターネット博物館代表）
山本　直子（神奈川工科大学・清泉女子大学非常勤講師（社会学））

（肩書きは刊行時）

凡　例

1　叙述の仕方
(1)　叙述は，原文引用の場合を除いて，原則として常用漢字，現代仮名遣いによりました。
(2)　本文中の見出し記号は，原則として，❶❷❸……，(1)(2)(3)……，(a)(b)(c)…………の順としました。

2　法令の表記
(1)　地の文における法令名の表記は，原則として，正式名称によりました。
(2)　カッコ内における法令条項の引用は，原則として，次のように行いました。
　(a)　主要な法令名については，後掲の「法令略語例」を用いました。
　(b)　同一の法令の条項は「・」で，異なる法令の条項は「，」で併記しました。それぞれ条・項・号を付し，「第」の文字は省きました。

3　判例，裁判例の表記
判例，裁判例は，原則として，次の〔例〕のように表記し，後掲の「判例・文献関係略語例」を用いました。
〔例〕昭和49年3月22日，最高裁判所判決，最高裁判所民事判例集28巻2号347頁
　　→　最判昭49・3・22民集28巻2号347頁

4　文献の表記
文献は，原則として，次のとおり表記しました。
著者名『書名』頁数

凡　　例

　編者名編『書名』頁数〔執筆者名〕
　執筆者名「論文名」編者名編『書名』頁数

5　本書の掲載事例について

　本書に収録した【事例】は実際の事例を参考にしているものもありますが，その場合でも，事案が特定されないように修正を施しており，また，創作の事例も含まれます。

■法令略語例

いじめ	いじめ防止対策推進法	児童虐待	児童虐待の防止等に関する法律
家手	家事事件手続法		
学教	学校教育法	児福	児童福祉法
学教施規	学校教育法施行規則	少年	少年法
学教施令	学校教育法施行令	少年規	少年審判規則
行訴	行政事件訴訟法	人保	人身保護法
刑	刑法	人保規	人身保護規則
刑訴	刑事訴訟法	民	民法
国賠	国家賠償法	民訴	民事訴訟法

■判例・文献関係略語例

最	最高裁判所	家月	家庭裁判月報
最二小	最高裁判所第二小法廷	裁判集民	最高裁判所裁判集民事
最三小	最高裁判所第三小法廷	交民	交通事故民事裁判例集
高	高等裁判所	判時	判例時報
地	地方裁判所	判タ	判例タイムズ
家	家庭裁判所	LEX/DB	LEX/DBインターネット（TKC法律情報データベース）
支	支部		
判	判決		
決	決定	LLI/DB判例秘書	LLI/DB判例秘書インターネット（LIC法律情報サービス）
審	審判		
民集	最高裁判所（又は大審院）民事判例集		

目　次

はじめに
編者・編集委員・執筆者紹介
凡　例

第1章　総　論 (1)

子どもをめぐる問題の傾向 …………………………………………(3)
　1　弁護士が関与する子どもをめぐる問題の多様性 (3)　　2　最近の子どもを取り巻く問題 (3)

子どもの問題の相談を受けるにあたっての一般的な留意事項 ……(12)
　1　電話相談・面接相談における対人援助 (12)　　2　電話相談・面接相談時に念頭に置くべきこと (13)

第2章　事例解説 (17)

第1節　学校生活関係 ………………………………………………(19)

事例01　いじめ事案その1――不登校中の自殺事件での学校交渉 ………(19)

【場面1】　両親からの相談 (19)
　1　複数対応の必要性 (20)　　2　面談時の留意点 (20)

【場面2】　学校との交渉 (22)
　1　学校への連絡の仕方 (22)　　2　要望書等の記載内容 (23)

【場面3】　学校との交渉（続き――再度の要請等）(24)
　1　学校側の調査等が不十分だった場合 (25)　　2　その他留意すべき事項について (26)

【場面4】　事実確認，損害賠償，謝罪等 (27)
　1　事実確認，損害賠償等について (28)　　2　第三者委員会等の利用につ

目　　次

　　　いて (29)　　3　謝罪について (30)

事例02　いじめ事案その2──自殺未遂事件での加害者との交渉 ………(34)
　【場面1】　刑事手続について（両親からの最初の相談）(34)
　　　1　いじめ事案における被害届 (35)　　2　少年審判手続 (36)
　【場面2】　加害者側の民事責任について (37)
　【場面3】　示談について (41)

事例03　いじめ事案その3──加害者側からの相談 ……………………(50)
　【場面1】　慰謝料請求の内容証明郵便が弁護士から来る (50)
　　　1　最初の対応 (51)　　2　事実の把握 (51)　　3　対応策の検討 (52)
　【場面2】　学校を中心とした事実の確認 (52)
　　　1　要件事実のみに偏らない調査 (54)　　2　学校に対応を促すにあたって (54)　　3　いじめ防止対策推進法に基づいた情報開示請求 (56)　　4　和解の方法（対学校・対被害者側）(57)　　5　いじめられた子どもへの配慮 (57)
　【場面3】　いじめられた子どもからの訴訟の提起 (58)
　　　1　いじめの損害賠償請求訴訟への対応 (59)　　2　争点整理の方法 (59)　　3　「いじめ」と不法行為との関係 (60)　　4　保護者の監督義務者としての責任 (61)　　5　訴訟の終結 (62)

■column01　いじめた子どもに対する別室指導といじめた子どもへのケア (64)

Q&A01　ネットによる性的いじめ (66)

■column02　弁護士によるいじめ予防授業 (70)

事例04　学校の行き過ぎた指導・懲戒処分 ………………………………(72)
　【場面1】　母親からの電話相談 (72)
　　　1　いじめの有無 (73)　　2　本人の意思及び事実の確認 (73)
　【場面2】　子どもを含めた面接相談 (74)
　　　1　本人のいじめに対する認識 (75)　　2　相手方保護者への謝罪 (75)　　3　学校との交渉の方法 (76)
　【場面3】　学校との交渉 (77)
　　　1　交渉における出席者等について (78)　　2　事実の確認等 (78)　　3　要望の伝達 (79)
　【場面4】　仮処分の申立て (80)

1　自主退学勧告の法的性質（81）　2　学校（校長）の懲戒についての裁量権（82）　3　申立ての趣旨及び理由（82）　4　いじめの具体的内容についてどの程度争うかについて（83）
　【場面5】　和解～事件の終結（83）
　　1　転学を前提とする和解の選択について（子ども本人の意思の尊重）（84）　2　和解の条件について（85）　3　指導要録について（86）　4　欠席日数の出席認定について（86）

事例05　私学の懲戒処分と少年審判手続 …………………………………（88）
　【場面1】　母親からの相談（88）
　【場面2】　学校及び家庭裁判所との折衝（90）
　【場面3】　学校による正式処分と転校の決断（92）

■column03　出席認定（94）

事例06　体　　　罰 ……………………………………………………………（95）
　【場面1】　親からの相談（95）
　　1　体罰とは（96）　2　体罰の絶対的禁止（96）　3　本件について（96）
　【場面2】　事情聴取，方針決定（97）
　【場面3】　学校交渉（99）
　　1　通知文（100）　2　学校交渉（100）
　【場面4】　和解へ（102）

事例07　授業中の怪我と保険 ………………………………………………（104）
　【場面1】　小学6年生の女の子（Aさん）の父親からの相談（104）
　　1　学校事故（105）　2　学校事故と学校の責任（106）
　【場面2】　学校交渉（107）
　　1　交渉における獲得目標（107）　2　独立行政法人日本スポーツ振興センターの災害共済給付制度（108）　3　傷害保険（110）

事例08　不登校と内申書 ……………………………………………………（112）
　【場面1】　相談（112）
　　1　内申書とは（112）　2　内申書の開示手続（113）
　【場面2】　面接相談（114）
　　1　訂正請求（114）　2　学校交渉の中での訂正（114）
　【場面3】　学校との交渉（115）

目　次

第2節　インターネットやカメラ付携帯電話などから生じる現代的問題…(116)
事例09　男女問題がこじれて脅迫されたケース………………………(116)
【場面1】　本人（Aさん）からの電話相談（116）
　1　SNSの落とし穴（117）　2　「親に知られたくない」（117）　3　面談につなぐ（118）
【場面2】　面接相談での事情確認（119）
【場面3】　警察への相談後（121）

事例10　プライベート写真がネットに流出したケース………………(125)
【場面1】　電話相談（プライベート写真ネット流出のケース）（125）
　1　本人との面談の重要性（125）　2　事実確認（126）　3　今何ができるかがポイント（126）　4　受任と保護者の同意（126）
【場面2】　具体的な問題の確認（127）
　1　完全削除の困難性（127）　2　ネット上の問題に関する相談窓口（127）　3　削除方法（129）

Q&A02　不登校とネット依存（132）

おさえておきたい知識01　インターネット社会において家族がサポートできること……………………………………………(135)
　1　課題へのアプローチ（135）　2　子どもが成長する上で家族ができるサポート——大切なのは見守られている感覚（140）

第3節　非行・少年事件………………………………………………(142)
事例11　少年事件その1——身柄拘束事件でみる審判までの一般的な流れ
　………………………………………………………………………(142)
【場面1】　当番弁護の出動（142）
　1　少年事件における弁護士の役割（143）　2　少年事件における身体拘束の手続，全件送致主義（143）　3　少年の自白の危険性，迎合性，被暗示性（144）　4　学校への対応（145）　5　弁護士による受任について（国選弁護制度，法律援助制度）（145）　6　発達障がいと少年事件について（146）
【場面2】　家庭裁判所送致〜観護措置決定（147）
　1　観護措置決定における付添人活動（148）　2　付添人選任手続（149）
【場面3】　少年鑑別所での面会（150）

1　審判に向けての付添人活動（151）　　2　法律記録，社会記録の閲覧（151）　　3　調査官による社会調査（152）　　4　少年鑑別所における少年との面会（153）　　5　少年鑑別所における鑑別調査（154）　　6　環境調整活動（154）

　【場面4】　審判期日に向けての準備（155）
　　　1　被害者との示談の意義（156）　　2　調査官との面談（156）　　3　裁判官への「意見書」の提出，面会，協議（157）　　4　付添人からの処遇意見（157）

　【場面5】　審判期日当日（158）
　　　1　審判日について（158）　　2　審判における処遇の種類（159）　　3　少年審判の抗告申立て（160）

■column04　少年事件における身柄関係について（161）

事例12　少年事件その2——在宅事件の場合 ………………………（162）

　【場面1】　電話相談（162）
　　　1　少年審判は弁護士がサポート（163）　　2　相談者の話をよく聞く（163）　　3　継続相談とし早急に面談を（164）　　4　面談には少年本人も来てもらう（164）　　5　費用面の不安を取り除く（164）

　【場面2】　事務所での面談（165）
　　　1　保護者から選任してもらうこともできる（166）　　2　個別に話を聞いた方が良い場合もある（167）　　3　示談交渉も必要（167）

■column05　責任能力について（168）

事例13　少年事件その3——否認事件の場合 ………………………（170）

　【場面1】　相談（170）
　　　1　全件送致主義（170）　　2　被疑者段階での弁護活動（171）

　【場面2】　接見から家裁送致まで（172）
　　　1　少年事件における証拠法則（173）　　2　少年事件における否認主張と進行協議（174）

　【場面3】　裁判官との面談（174）
　　　1　証人尋問（175）　　2　調査命令（175）

　【場面4】　証人尋問及び少年質問（176）

　【場面5】　環境調整活動，最終審判（178）
　　　1　環境調整活動（178）　　2　不服申立方法（179）　　3　少年の保護事件

目　次

　　　に係る補償に関する法律（少年補償法）（179）

■column06　共謀について（181）

事例14　少年事件その４──虞犯事件の場合(1) ………………………(182)
　　　１　虞犯少年とは（182）　　２　虞犯事件の送致手続（183）　　３　虞犯の成立と範囲に関する検討（184）　　４　要保護性の解消に向けた活動（186）

事例15　少年事件その５──虞犯事件の場合(2) ………………………(188)
　　　１　犯罪事実から虞犯事実への認定替え（188）　　２　虞犯事実から犯罪事実への認定替え（190）

第４節　児童福祉関係 ……………………………………………………(191)

事例16　虐待事案その１──母親から虐待を受けているケース………(191)
　　【場面１】　学校の先生からの電話相談（191）
　　　１　「児童虐待」の定義（192）　　２　児童相談所による対応（193）　　３　児童相談所につなぐ（193）
　　【場面２】　本人との面接相談での事実確認（194）
　　　１　Ａさん本人から直接話を聞く（195）　　２　Ａさんからの聴取り事項（196）　　３　虐待が疑われる場合の児童相談所への連絡（196）
　　【場面３】　児童相談所への同行（196）
　　【場面４】　Ａさんの関係者への連絡，転居先の検討（198）
　　　１　Ａさんの関係者への連絡（199）　　２　シェルターからの転居先の検討（199）　　３　18歳以上の未成年者の保護（200）　　４　さいごに（201）

■column07　ネグレクト（202）

事例17　虐待事案その２──離婚後に親権者からの虐待が発覚したケース
　　………………………………………………………………………………(203)
　　【場面１】　離婚後，子どもと会えなくなった（203）
　　　１　児童相談所による一時保護（203）　　２　一時保護後の手続（204）
　　【場面２】　親権者変更（205）
　　【場面３】　子どもを取り戻すまで（206）

■column08　代理によるミュンヒハウゼン症候群（Munchausen Syndrome By Proxy：MSBP）（208）

目　次

事例18　虐待事案その３──孫が自分の親から逃れ祖母に助けを求めた
　　　　ケース……………………………………………………………………(209)
　【場面１】　電話相談 (209)
　　１　親権について (210)　　２　監護権について (210)　　３　養育費について (211)
　【場面２】　面接相談 (211)
　　１　父母による子の引渡請求 (212)　　２　人身保護請求 (213)
　【場面３】　娘夫婦との話合い (214)
　　１　調停手続について (214)　　２　調停条項 (215)

事例19　発達障がいと他者とのトラブル………………………………………(217)
　【場面１】　電話相談（誤導のおそれのある例）(217)
　　１　初動対応の問題 (218)　　２　発達障がいの可能性 (218)
　【場面２】　面接相談 (219)
　　１　医療機関への受診，相談 (220)　　２　診断を受けた場合のサポート (220)
　【場面３】　話合い (220)
　　１　学校との連携 (221)　　２　被害児童親との交渉（慰謝料等の程度）(223)

おさえておきたい知識02　特別支援教育………………………………………(226)
　　１　「特殊教育」から「特別支援教育」へ (226)　　２　特別支援教育を行う学校等の概要 (228)　　３　東京都特別支援教育推進計画第三次実施計画について (230)　　４　障害を有する児童生徒と触法行為 (232)　　５　教育を受ける権利等との関係 (233)

■column09　医療と子ども (239)

おさえておきたい知識03　保育所への入所問題………………………………(242)
　　１　育休退園制度 (242)　　２　保育利用解除処分の差止訴訟・仮の差止めの申立て (242)　　３　保育利用解除処分の取消訴訟・執行停止の申立て (243)　　４　申請型義務付訴訟・仮の義務付けの申立て (244)　　５　待機児童解消に向けて (244)

■column10　ヤングケアラー (247)

第５節　離婚と親権………………………………………………………………(248)

xiii

目　次

事例20　離婚と親権，面会交流 …………………………………………(248)
　【場面１】　電話相談（248）
　【場面２】　面接（249）
　【場面３】　審判（251）
　　１　審判について（251）　　２　履行確保の手段について（251）

おさえておきたい知識04　子どもの手続代理人の活用 ………………(254)
　　１　子どもの手続保障（254）　　２　子どもの手続代理人の活動——子どもが利害関係参加する場合（254）　　３　その他（258）

■column11　子の強制的な引渡し（259）

Q&A03　再婚による家族関係の悩み（261）

第３章　子どもをとりまく様々な問題——法律の垣根を越えて (265)

Q&A04　PTSD（267）

Q&A05　リストカット（271）

■column12　自傷する子どもの支援のために（273）

Q&A06　不登校とひきこもり（275）

Q&A07　性同一性障がいとセクハラ（280）

Q&A08　保護者から行き過ぎた依頼等を受けた場合の対応（284）

Q&A09　子どもによる自転車事故（288）

■column13　外国に関係する子どもをめぐる法的問題（290）

■column14　多様な背景に対する配慮を（292）

■column15　高校生の選挙運動（294）

資料：いじめ防止対策推進法（297）
事項索引（305）

第1章

総　論

子どもをめぐる問題の傾向

 弁護士が関与する子どもをめぐる問題の多様性

　日本弁護士連合会（日弁連）・弁護士会による子どもの人権にかかわる活動は，1970年代には，少年法の「改正」に対して保護優先原則等の少年法の根本理念を危うくするものであるとして，これに反対する運動として行われていました。

　そのような状況において，日弁連・弁護士会は，少年事件の付添人の質・量ともに拡充することを目指していましたが，やがて，多くの弁護士が，非行を犯した少年が保護者からの虐待・教師からの体罰・他の子どもからのいじめ等により人権を侵害されている場合が多いことを知るようになり，少年事件についてだけでなく，より幅広く子どもたちの人権救済・人権保障のための活動が必要とされていることが認識されるようになりました。

　東京弁護士会の「子どもの人権110番」（昭和60年），横浜弁護士会（現神奈川県弁護士会）の「子どもの人権相談窓口」（昭和63年），第二東京弁護士会の「子どもの悩みごと相談」（平成2年）等のように，大人だけでなく子ども本人も相談可能で，かつ，相談内容も少年非行に限られない弁護士による相談窓口が開設されることにより，弁護士が子どもをめぐる問題についてより幅広く取り組んでいくという姿勢がとられるようになりました。

　しかしながら，少年非行に加え，いじめ・体罰・虐待といった分野の問題が引き続き深刻な問題として繰り返されるだけでなく，さらにこれらにとどまらない多様な問題が社会的に認識されるようになってきました。

2　最近の子どもを取り巻く問題

　現代においては，価値観の多様化・核家族化ひいては一人親家庭の増加・雇用環境の変化による相対的貧困世帯の増加・インターネット等の科学技術

第1章　総論

の発達といった社会環境の変化により，子どもたちは多様な問題に直面しながら生活しています。

特に特徴的な問題を挙げると以下のとおりです。

① 深刻ないじめ事案の慢性的多発　平成29年2月に文部科学省から発表された平成27年度「児童生徒の問題行動等生徒指導上の諸問題に関する調査」によると，全国の小学校・中学校・高等学校におけるいじめの認知件数の推移は，○図表1のとおりです。

この表によると，昭和60年・平成6年・平成18年・平成24年のいじめの認知件数が突出して多くなっていますが，これらの年には，それぞれ社会問題化したいじめ自殺事件が起こっています。

昭和60年には，東京都中野区中学2年男子生徒自殺事件，いわゆる「葬式ごっこ」事件，平成6年には，愛知県西尾市中学2年男子生徒自殺事件，平成18年には，北海道滝川市小学6年女子児童自殺事件と福岡県筑前町中学2年男子生徒自殺事件，平成24年には滋賀県大津市中学2年男子生徒自殺事件が起こっています。

なお，平成27年にも仙台市立館中中学1年男子生徒自殺事件，岩手県矢巾町中学2年男子生徒自殺事件が，平成28年にも青森市立中学2年女子生徒自殺事件，新潟市県立高校1年男子生徒自殺事件，横浜市小学生男子児童原発いじめ事件などが起こっており，最近はいじめの認知件数は高止まりしているといってよい状況です。

このように，深刻ないじめ自殺事案が継続的に発生する状況において，与野党共同提案の議員立法として，いじめ防止対策推進法は，平成25年6月21日に成立，同年6月28日に公布，公布の日から起算して3月を経過した日の同年9月28日に施行されました。

この法律における「いじめの防止等」とは，「いじめの防止」と「いじめの早期発見」と「いじめへの対処」（いじめ1条）のことを指し，この法律により，いじめ対策に正式に予防の考え方を導入したことはこれまでにない画期的な法律であるということができます。

他方で，この法律では，制度としてはありながらこれまであまり利用

されてこなかった出席停止についても定められており，大津市における事件によって被害者保護の社会的な圧力が高まったこともあり，いじめの加害者とされる子どもに対して過剰に加罰的な対応をする学校や教育委員会も見られるようになってきている状況です。

② 児童虐待認知件数の増加　厚生労働省によると，児童相談所の児童虐待の相談対応件数は，平成27年度の速報値では10万3260件となっており，統計を取り始めてから毎年増加しています（○図表2）。

また，同様に，虐待死も高い水準で推移しています（○図表3）。

平成20年7月には，大阪のワンルームマンションで，3歳の女の子と1歳8か月の男の子が母親のネグレクトにより衰弱死する事件が報道され，社会に衝撃をもたらしました。

この事件では，大阪市の児童相談所の対応に対して社会的に強い批判が浴びせられましたが，児童相談所の現場からは，児童相談所・児童福祉施設における対応が極めて困難になっている実態や，児童虐待防止の現行法のシステムの問題点も指摘されており，この問題が単に児童相談所の個別の対応の不備だけの問題でないことが窺われます。

児童虐待の増加を防ぐことができない実情に対し，行政も取組みを強化しているところではあると思われますが，残念ながら，この分野において弁護士が単独の力で根本的な対応を行うことは困難であり，児童相談所・地方自治体・学校・警察等との連携をしながら，柔軟な対応を地道に行っていくしかないと思われます。

しかしながら，この分野において積極的な関わりをしている弁護士は少数であり，弁護士の側でも，より幅広い積極的な関与やそれを可能にする体制が必要であると考えられます。

③ インターネットの発達による現代的問題の拡大　現在は，スマートフォンを中心に様々な電子機器がインターネットに接続可能になってきており，テレビ，電子書籍端末，デジタルカメラだけでなく，ある携帯ゲーム機は小学生の間で非常に利用率が高くなっています。また，携帯音楽プレーヤーもインターネットに接続可能で，見た目では直ちに機能

第1章 総論

○図表1 いじめの認知（発生）件数の推移

平成27年度「児童生徒の問題行動等生徒指導上の諸問題に関する調査」（確定値）について（平成29年2月28日 文部科学省初等中等教育局児童生徒課）より

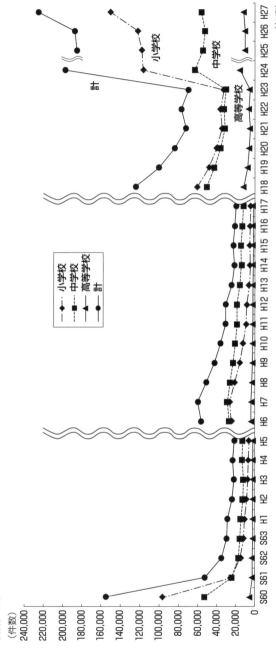

子どもをめぐる問題の傾向

	60年度	61年度	62年度	63年度	元年度	2年度	3年度	4年度	5年度
小学校	96,457	26,306	15,727	12,122	11,350	9,035	7,718	7,300	6,390
中学校	52,891	23,690	16,796	15,452	15,215	13,121	11,922	13,632	12,817
高等学校	5,718	2,614	2,544	2,212	2,523	2,152	2,422	2,326	2,391
計	155,066	52,610	35,067	29,786	29,088	24,308	22,062	23,258	21,598

	6年度	7年度	8年度	9年度	10年度	11年度	12年度	13年度	14年度
小学校	25,295	26,614	21,733	16,294	12,858	9,462	9,114	6,206	5,659
中学校	26,828	29,069	25,862	23,234	20,801	19,383	19,371	16,635	14,562
高等学校	4,253	4,184	3,771	3,103	2,576	2,391	2,327	2,119	1,906
特殊教育諸学校	225	229	178	159	161	123	106	77	78
計	56,601	60,096	51,544	42,790	36,396	31,359	30,918	25,037	22,205

	15年度	16年度	17年度
小学校	6,051	5,551	5,087
中学校	15,159	13,915	12,794
高等学校	2,070	2,121	2,191
特殊教育諸学校	71	84	71
計	23,351	21,671	20,143

	18年度	19年度	20年度	21年度	22年度	23年度	24年度
小学校	60,897	48,896	40,807	34,766	36,909	33,124	117,384
中学校	51,310	43,505	36,795	32,111	33,323	30,749	63,634
高等学校	12,307	8,355	6,737	5,642	7,018	6,020	16,274
特別支援学校（特殊教育諸学校）	384	341	309	259	380	338	817
計	124,898	101,097	84,648	72,778	77,630	70,231	198,109

	25年度	26年度	27年度
小学校	118,748	122,734	151,692
中学校	55,248	52,971	59,502
高等学校	11,039	11,404	12,664
特別支援学校	768	963	1,274
計	185,803	188,072	225,132

(注1) 平成5年度までは公立小・中・高等学校を調査。平成6年度から国私立学校、中等教育学校を含める。
(注2) 平成6年度及び平成18年度に調査方法等を改めている。
(注3) 平成17年度までは発生件数、平成18年度からは認知件数。
(注4) 平成25年度からは高等学校に通信制課程を含める。

第1章 総論

○図表2　児童虐待相談の対応件数の推移

「平成27年度 児童相談所での児童虐待相談対応件数（速報値）」より

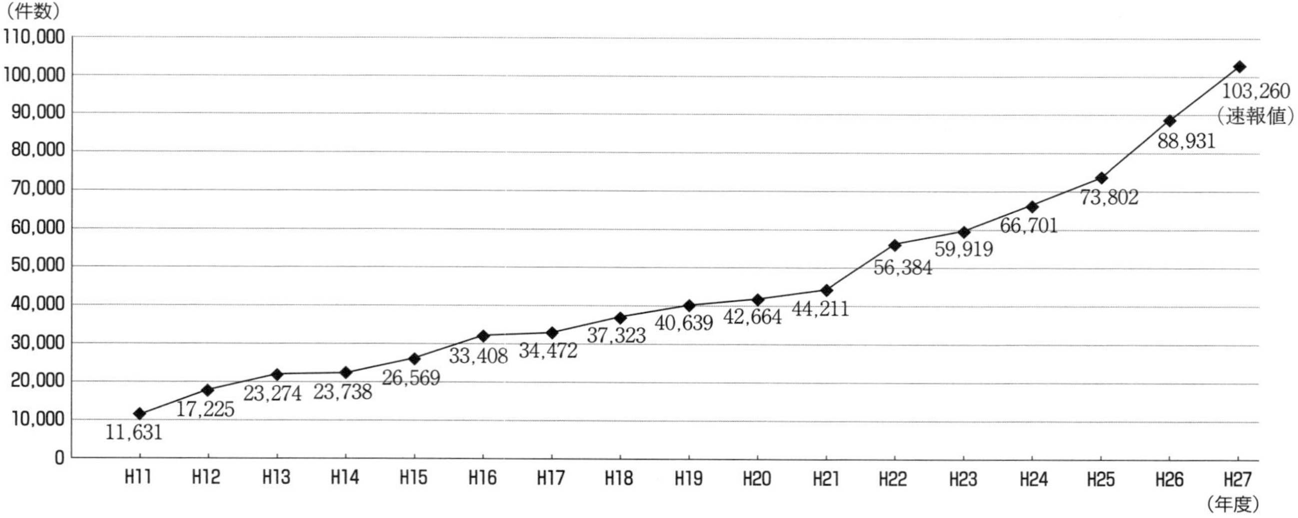

(件数)

年度	件数
H11	11,631
H12	17,225
H13	23,274
H14	23,738
H15	26,569
H16	33,408
H17	34,472
H18	37,323
H19	40,639
H20	42,664
H21	44,211
H22	56,384
H23	59,919
H24	66,701
H25	73,802
H26	88,931
H27（速報値）	103,260

図表3　死亡事例数及び人数（第1次報告から第12次報告）

子ども虐待による死亡事例等の検証結果等について（第12次報告）の概要（平成28年9月 社会保障審議会児童部会児童虐待等要保護事例の検証に関する専門委員会）より

	第1次報告 (平成17年4月) H15.7.1〜H15.12.31 (6か月間)			第2次報告 (平成18年3月) H16.1.1〜H16.12.31 (1年間)			第3次報告 (平成19年6月) H17.1.1〜H17.12.31 (1年間)			第4次報告 (平成20年3月) H18.1.1〜H18.12.31 (1年間)			第5次報告 (平成21年7月) H19.1.1〜H20.3.31 (1年3か月間)			第6次報告 (平成22年7月) H20.4.1〜H21.3.31 (1年間)		
	心中以外	心中	計	心中以外	心中	計	心中以外	心中	計	心中以外	心中	計	心中以外	心中	計	心中以外	心中	計
例数	24	—	24	48	5	53	51	19	70	52	48	100	73	42	115	64	43	107
人数	25	—	25	50	8	58	56	30	86	61	65	126	78	64	142	67	61	128

	第7次報告 (平成23年7月) H21.4.1〜H22.3.31 (1年間)			第8次報告 (平成24年7月) H22.4.1〜H23.3.31 (1年間)			第9次報告 (平成25年7月) H23.4.1〜H24.3.31 (1年間)			第10次報告 (平成26年9月) H24.4.1〜H25.3.31 (1年間)			第11次報告 (平成27年10月) H25.4.1〜H26.3.31 (1年間)			第12次報告 (平成28年9月) H26.4.1〜H27.3.31 (1年間)		
	心中以外	心中	計	心中以外	心中	計	心中以外	心中	計	心中以外	心中	計	心中以外	心中	計	心中以外	心中	計
例数	47	30	77	45	37	82	56	29	85	49	29	78	36	27	63	43	21	64
人数	49	39	88	51	47	98	58	41	99	51	39	90	36	33	69	44	27	71

の違いが分からないものもあります。そのため，親は音楽プレーヤーのつもりで買い与えたが，子どもはインターネットをやっていたというようなことが全国各地で起きています。

インターネットトラブルの事例においては，インターネットやインターネットに関連する民事・刑事の法律に関する基礎的な知識が必要であることは間違いありませんが，対症療法的な対応だけでなく，子どもがトラブルに巻き込まれるに至った多様な背景について理解した上で，問題点があればその問題点を解消しようとする姿勢が必要です。

④ 貧困の拡大による子どもの生育環境の劣化　経済協力開発機構（OECD）は，平成18年（2006年）7月，対日経済審査報告書において，日本の相対的貧困率（手取りの世帯所得を世帯人数によって調整し，その中央値（≠平均値）の半分に満たない世帯員の割合）がOECD諸国において2番目に高いことを報告し，わが国における「一億総中流」意識が過去のもので

第1章　総論

あることを鮮烈に印象づけました。

　これにより，国内政治においても「相対的貧困」の概念がにわかに注目されるようになり，平成22年には当時の民主党政権が子ども手当制度を実施しました（同制度は平成24年4月からは児童手当に移行）。

　内閣府が発行した平成27年版子ども・若者白書によれば，子どもの相対的貧困率は1990年代半ばころからおおむね上昇傾向にあり，平成24（2012）年には16.3％となっています。同年には，子どもがいる現役世帯の相対的貧困率は15.1％であり，そのうち，大人が1人の世帯の相対的貧困率が54.6％と，大人が2人以上いる世帯の12.4％に比べて非常に高い水準となっています。また，OECDが平成27（2015）年10月に発表した「より良い暮らし指標」報告書によっても，わが国の子どもの相対的貧困率は15.7％で，34か国中11番目に高くなっています。

　子どものいる世帯の相対的貧困が子どもの様々な生育環境に悪影響を与えることが認識されるようになり，子どものいる世帯，特に一人親世帯に対する財政的な支援を大幅に見直すべきですが，抜本的な施策がなされないまま時間が経過しており，適切な対策を早急にとるべき状況です。

　このような状況において，子どもの貧困対策の推進に関する法律が平成26年1月に施行され，同法に基づき，「子供の貧困対策に関する大綱」が同年8月に閣議決定されていますが，同大綱においては，教育の支援，保護者（中でもひとり親家庭の親，生活困窮者や生活保護受給者）に対する就労の支援，子供の貧困に関する調査研究等，生活の支援，経済的支援などが定められています。

　また，文部科学省は，平成26年度から平成27年度にかけて，専門家チームによる訪問支援の実証研究を5つの自治体で実施しており，平成27年度はモデル事業として，全国の約40自治体に拡大することとしています。ほかの自治体が参考にできるよう，文科省内に設置した専門家会議で平成27年度中にマニュアルも作成することとしています（その後の経過については，文部科学省のウェブサイト「家庭の教育力の向上」をご覧下さい）。

政府においても，平成27年8月に，「すべての子どもの安心と希望の実現に向けた副大臣等会議」が設置され，同年12月には，財源確保も含めた政策パッケージとして，「すべての子どもの安心と希望の実現プロジェクト」(愛称：「すくすくサポート・プロジェクト」)が決定されました。
　このプロジェクトは，「ひとり親家庭・多子世帯等自立応援プロジェクト」及び「児童虐待防止対策強化プロジェクト」からなっており，関係府省庁においては，これを踏まえ各種施策を着実に実施するものとされ，平成28年通常国会（第190回国会）には「児童扶養手当法の一部を改正する法律案」等の関連法案が提出されています。
　「児童扶養手当法の一部を改正する法律」は，平成28年5月に公布され，同年8月に施行されており（平成28年12月から支給），第2子以降に係る児童扶養手当の加算額を増額する等の改正がなされています。
　わが国において子どもの貧困が広く認識されるようになってきたことが政治的にも徐々に反映されてきているともいえますが，その対策はまだ緒に就いたばかりともいえるでしょう。
　このような多様な背景から生じてくる様々な個別の事案に対応していくためには，単に関係機関が自分だけの専門領域にとどまって対応するだけでは不十分な状況に来ていると考えられ，関係機関の積極的な情報交換・連携・協力が望まれます。
　さらに，弁護士の場合には，様々な立場の当事者の代理人としての活動が可能であり，工夫次第では，当事者の置かれた状況や気持ちを踏まえて問題の解決に向けた活動が行える可能性があるのではないかと思われます。

第1章　総論

子どもの問題の相談を受けるにあたっての一般的な留意事項

 電話相談・面接相談における対人援助

　弁護士が一般的に取り扱う法的紛争においては，依頼者からの事情聴取，資料収集，現場の見分等により事実関係を調査したり，文献等により法令・判例等を調査した上で，事実認定上・法律上の問題点を洗い出し，これらに対する一定の見通しの下に依頼者の代理人として法的手続等を遂行することが求められますが，このような活動がまずは弁護士に求められているということにはそれほど異論はないと思われます。

　しかしながら，現在，子どもをめぐる相談は多様化・専門化しており，上記のような典型的な弁護士としての活動の範囲内でのみ対応することは困難ですし，また，相談者である子どもや保護者の期待にも応えることができないであろうと思われます。

　そこで，子どもをめぐる相談に対して有効な対応を行うためには，対人援助とは何か，対人援助にはどのような方法があるのかを把握しておく必要があります。

　対人援助の方法については，以下のような4つに分けられると考えられます。

① consultation：相談・助言　ある分野に専門的知識や経験のある人が，質問や悩みに対して，情報提供をしたり，解決の方法を教えたり，診断をしたり，治療をすることをいいます。弁護士としての活動は，大部分がconsultationであると考えられます。

② counseling：カウンセリング　専門家と相談者が相互に心理的影響を与え合う過程を経て，相談者の人格的成長が生じ，問題が解決することを目指すことです。

　consultationとcounselingが決定的に違うのは，知識や経験の量や正確さについて，上下関係があるということです。consultationは，コ

ンサルタントが，専門知識と経験をもって相談者を指導しますが，counselingは，カウンセラーと相談者が同一のレベルに立って，問題解決をするために心理的な影響を与え合うことによって，相談者に人格的な成長が生じ，結果として問題が解決することを目指すものです。
③ withness：ともに在ること（解決できない問題を抱えつつ，自分らしく生きていく）　2人の人間が，援助する者と援助される者ではなくて，お互いに，相手を1人の人格的存在として受け入れ，認め合うことをいいます。
④ crisis intervention：危機介入　相談者の抱える問題点が大きすぎ，生命に危険があるときに，とにかく生命を守ることを目的とする行動のことをいいます。

　これは，相談者の真意が分からなかったり，相談者の意向に反している場合であっても，相談者の生命の危険を回避するために行う緊急手段であり，適確・迅速に対応する必要があります。

2 電話相談・面接相談時に念頭に置くべきこと

　以上のように，子どもの問題の相談には一般的な法律相談とは異なる面がありますので，子どもの問題の相談を受けるにあたっては，以下のような点について留意しつつ対応することが必要と考えられます。

□　どのような対人援助の方法によるか

　弁護士による電話相談・面接相談も，対人援助の一種ですから，上記①〜④の援助方法の組合せによって行われるものです。
　しかしながら，世間には子どもの問題を取り扱う電話相談は多数ありますが，弁護士による電話相談・面接相談は，場合によっては弁護士が自ら代理人として行動し，トラブルの解決を目指すところが他の相談機関とは大きく異なっている特色であるということができます。
　そのため，相談を受ける側としても，弁護士による相談であることの特色や，相談者が弁護士に対して何を期待しているのか，自分は相談内容に対してどの

第1章　総論

ような対人援助の方法によって臨もうとしているのか，自分が話していることについて相談者がどのように感じているのか，といった点について，相談者の考えを常に想像しながら相談を受けることが必要です。

☐ 保護者（親等）の意向だけでなく，子ども本人の意向を尊重すること

　子どもをめぐる相談は，保護者より寄せられることが多く，また，保護者自身が問題解決に向けて相当程度の努力を行ったにもかかわらず納得できる結果にいたっていない場合には特に，保護者自身が当事者になってしまい，子どもの意向よりも保護者の意向が強く主張され，子どもの意向が十分に反映されないことがあります。

　しかしながら，子どもをめぐる問題の主役は子ども本人であり，子ども本人の意向を無視して処理を進めたとしても子ども本人にとって解決とならない場合が多いばかりか，保護者も弁護士も子ども本人の意向を尊重しなければ，子ども本人が疎外感を抱いたり，自分自身が独立した人格の持ち主であるという自己肯定感が失われ，その後の成長発達にも悪影響を及ぼす可能性があります。

　したがって，保護者の意向だけを聞き取るのではなく，子ども本人の意向を十分に汲み取る方策をとる必要があります。

☐ 子どもの特性に注意すること

　子どもは，年齢に応じて，経験した事実を的確に認識したり，自分の認識している内容や感情を言語的に表現したりする能力が未発達であり，大人の相談と同様に単に詳しく話を聞いたとしても十分に事実関係や自分の気持ちを言葉で伝えることができないことがあります。

　また，子どもは，個人的な資質によるところもあると思われますが，大人の意向に反してまで自分の意向を伝えることを控える傾向があり，大人の話に合わせてしまったり，逆に共感を示してもらえないことを嫌気して，大人との意思疎通を自分から遮断してしまうことがあります。

　そのため，事情聴取を行うにしても，まずは，子どもの話を傾聴する姿勢をとることに意識的に努め，信頼関係を築くことを重視するべきです。

☐ 保護者と子どもとの利益相反に注意すること

　保護者が子どもの意向を無視するだけにとどまらず，子どもと保護者との間に利益相反がある場合があります。典型的な例は，児童虐待が疑われる保護者

からの相談であり，児童福祉法33条に基づく一時保護又は同法28条に基づく措置入所がなされてしまった，子どもを取り戻したいがどうすればよいか，という相談です。

　子どもをめぐる相談は，あくまで子どもの福祉や人権擁護を目的とするべきですから，保護者の意向に沿って活動することが子どもの福祉や人権擁護と反する場合には，相談の場面においては共感的に受け止めることも必要ですが，対応としては一般的な説明や他機関の紹介にとどめ，趣旨を説明した上で，自分としては受任しないということも必要です。

□　他の専門家の協力を求めること

　弁護士は子どもをめぐる問題について万能の知識や経験を有するわけではありません。資格の上からも，弁護士が精神科医や臨床心理士といった専門家のまねをすることはできませんし，するべきでもありません。

　弁護士としては，このような限界を理解した上で，電話相談・面接相談を通じて，子ども本人を含む援助を必要とする相談者の抱える背景事情を理解し，精神科医・臨床心理士・カウンセラーといった心理職の専門家，学校の先生等の教育関係者，児童福祉司・市区町村の子どもの福祉関係の担当者等の行政の関係者，警察といった他の専門家とも協働しつつ，必要に応じて法的手続を用いることによって問題を解決することができるような柔軟な対応を目指すべきです。

□　子どもが対象の事件に対する日弁連委託援助業務について

　日弁連委託援助業務は，平成19年3月末まで法律扶助協会のいわゆる「自主事業」として行われ，その後，同年4月から日弁連の事業として行われていたもので，同年10月から日本司法支援センター（法テラス）が日弁連から委託を受けて開始しました。

　援助対象として，「児童虐待若しくは学校又は保護施設における体罰，いじめその他の事由により人権救済を必要としている子ども」等も対象となっており，弁護士費用の援助を受けることができます。

　上記援助制度を利用するためには，①対象者の要件，②資力要件，③必要性・相当性の3つの要件のすべてを満たす必要がありますが，①のうち，「児童虐待若しくは学校又は保護施設における体罰，いじめその他の事由により人権救済を必要としている子ども」については，貧困，遺棄，無関心，敵対その

第1章 総論

他の理由により,その子どもの親等各申立権のある親族から協力を得られない場合に限られます。②の資力要件については,対象者が子どもの場合には,子ども自身について判断することとされています。

詳細は,日弁連の「日本弁護士連合会 法テラス委託援助業務利用の手引」(平成28年4月発行)等を参照してください(ただし,同手引は弁護士向けに公開)。

第2章

事例解説

第1節　学校生活関係

事例 01　いじめ事案その1
──不登校中の自殺事件での学校交渉

場面 1　両親からの相談

　私立中学2年生のAさんは、中学1年生の時から、クラスメイトや部活仲間（テニス部）たちからのいじめを受けており（いじめの内容：教科書に死ね等の落書きをされる、筆箱等の持ち物を捨てられたり壊されたりする、文房具・バスカードをとられる、仲間外れにされる等）、両親にも悩みを打ち明け、中学1年生の秋頃より不登校状態となりました。Aさんは、その後何度か登校をしたものの、その際加害生徒からの「学校に来るな。お前がいなければいじめはなくなる」などの心無い言葉により再度心を挫かれ、結局不登校状態は解消されないまま、中学3年生に上がる前の春休みに自宅で自ら命を絶ってしまいました。なお、Aさんのかばんからは、加害生徒として複数の名前が書かれたメモが発見されました。
　Aさんの死後、Aさんの両親から、弁護士会の電話法律相談窓口（当日の相談担当B弁護士）に、学校は、いじめについて明確には認めていない、いじめに関する調査結果の開示を求めたがこれにも応じない、今後どのように対応していけばよいだろうか、との相談を受けました。
　B弁護士は初動対応として何をすべきでしょうか。

◇この場面のポイント◇
□　いじめ事件の相談を受けた場合の初動対応

第2章 事例解説　　第1節 学校生活関係

1 複数対応の必要性

　いじめ事件の相談を受けた場合は，原則として，1人で対応するのではなく複数対応とするのが望ましいと考えられます。
　なぜなら，いじめ事件を1人で抱え込むことは，通常精神的負担が重いこと，複数で対応する方が多様な意見が出されること等により適切な方針決定を行うことができること，主たる役割（学校交渉の窓口，書面案作成，子どもや両親の精神的サポート等）を分担することも可能となること等からです。
　本件は，子どものいじめ自殺事件という非常に重い案件であり，複数対応は不可欠と考えられたため，3名体制で対応することとしました。

2 面談時の留意点

　通常，子どものいじめ事件（自殺事件以外の場合）の相談を受けた場合，まずは，速やかに，いじめ被害を受けている子ども本人や親と面談の上，事実関係を把握し，希望事項を聴き取り，対応方針を決定することが必要となります。もし可能であれば，初回面談の際に当該事案の関係資料（事実関係について時系列でまとめたもの，それ以前の学校等とのやりとりの書類等）を持参してもらうとヒアリングがよりスムーズに進むと思われます。
　なお，時には，親の希望と子ども本人の希望とが食い違う場合もありますので（例えば，親は今通っている学校に見切りをつけて子どもを別の学校に転校させたいと考えているが，子ども自身は転校を希望しておらず今通っている学校に戻ることを希望しているケースなど），方針決定にあたっては，子どもの意思を確認することが不可欠であり，できる限り子どもの意思に沿った対応をする必要があります。
　子どもが学校に戻りたがっているケースでは，まず学校がいじめの事実を正確に把握し，加害生徒らにいじめを止めるよう適切な注意指導を行い反省させ，他方で被害生徒の精神的ケアをしながら，安心して学校に戻れるような環境整備を行って初めて，子どもは学校に戻ることが可能となります。

[事例01] いじめ事案その1——不登校中の自殺事件での学校交渉

　学校との間でトラブルとなっているケースでは，学校にいじめの事実を申し出ても学校がいじめの事実を認めない，いじめに関する事実関係等の調査を依頼しても調査を十分に行わない，また調査はしたが報告（調査報告書の開示等）してくれない（あるいは調査，報告が不十分である），加害生徒に然るべき注意指導をしてくれない（あるいは注意，指導が不十分である）等の訴えを受けるケースが多く見られます。

　本件では，子ども本人が亡くなっているため，両親と面談し，本件の事実関係及び学校との交渉経緯等につき聴取しました。両親も子どもの自殺により深い心の傷を受けているため，両親の心に寄り添いながら，焦らず時間をかけてじっくり話を聞きました。

　両親からは，学校側がいじめの事実を認めようとしない，いじめに関する事実関係等の調査を十分に行っていない（あるいは報告が不十分である）ため，いじめの事実をきちんと認めてもらいたい，いじめに関する調査を行い，その結果を報告（調査報告書の開示等）して欲しい等の希望が示されました。

弁護士費用について

　通常の民事事件では，経済的利益に基づいて弁護士費用（着手金，報酬金）を請求することになりますが，子どものいじめ事件では，何をもって経済的利益と評価するかが難しい場合も多いと思われます。
　その場合，例えば，いじめ不登校事案の場合であれば，不登校状態を解消するための学校との交渉等を依頼事項としそれを前提に着手金，報酬金を定める方法や，学校に交渉に行くごとに一定の日当を請求する方法，あるいは上限を設ける等してタイムチャージ制をとる方法等が考えられます。
　なお，親の資力が十分ではない等の場合，日本司法支援センター（法テラス）の利用が考えられます。

第2章　事例解説　　第1節　学校生活関係

場面 2　学校との交渉

　B弁護士は，C弁護士，D弁護士とともに3人体制で対応することとし，両親と面談し，方針が決定したことから，両親の代理人として，学校に対し，いじめに関する調査をきちんと行うこと，調査の結果を書面（調査報告書）で，両親に報告すること，いじめがあったことを前提に謝罪をすること等を要望事項として，学校に伝えることにしました。
　B弁護士は，C弁護士，D弁護士と，学校へ伝える具体的な方法について相談した結果，要望事項を書面化するとよいのではないかという点では3人とも一致しましたが，学校に内容証明郵便として送付すべきであるとするC弁護士と，電話でアポイントをとって面談することとし，面談の際に渡すのがよいとするD弁護士で意見が分かれてしまいました。
　どちらの方法がより適当でしょうか。また，書面化するとして，書面にはどのような内容を記載したらよいでしょうか。

◇この場面のポイント◇
　□　学校交渉の方法
　□　要望書の内容等

1　学校への連絡の仕方

　一般の民事事件では，事案にもよりますが，後日の証拠化等の観点より，依頼者の要望内容を書面化し内容証明郵便で送付するという方法がよくとられます。
　しかし，通常の子どものいじめ事件で，特に子どもが学校に戻りたがっているような事案では，学校側の示す姿勢等にもよりますが，学校と協力関係に立って環境整備をしていく必要があり，必要以上に学校に警戒心をもたれたり，その結果頑なな態度をとられたりすることは，子どもが学校に戻る場

[事例01] いじめ事案その1——不登校中の自殺事件での学校交渉

合にマイナスに働くことになりかねません。
　そこで、このような事案では、いきなり内容証明郵便を送りつけるという方法よりも、学校側と面談する際に要望事項を記載した書面を持参しこれを交付して内容を説明したり、あるいは面談の際に説明した内容を後日確認のために書面化して送付するという方法をとるほうが望ましい場合が多いと思われます。子どもの希望実現という観点からみたときに、どのような方法が望ましいかという視点で考える必要があると思われます。
　本件では、子ども本人が亡くなっており、子どもを学校に戻すための環境調整等の必要はないものの、いじめの事実の調査、報告等には学校の協力が不可欠だったこと、学校側も比較的協力的な姿勢を示していたこと等から、内容証明郵便を送付するという方法はとらず、初回面談時に要望書を持参して学校に交付し、その場で要望書の内容を説明するという形をとりました。

2　要望書等の記載内容

　要望書には、子どもや親が認識しているいじめに関する事実経緯を時系列にまとめて記載するとともに（必要に応じ客観的証拠の指摘、引用等も）、子どもからの具体的な要望事項（例：いじめの事実をきちんと調査して欲しい、調査結果を報告（開示）して欲しい、いじめを止めさせて欲しい、加害生徒を適正に注意指導し反省を促して欲しい、学校に戻れるように環境整備をして欲しい、加害生徒及び学校から謝罪、損害賠償を受けたい等）を記載することになります（後掲○要望書の記載例参照）。
　本件では、前述したように、両親には、学校側がいじめの事実を認めようとしない、いじめに関する事実関係等の調査を十分に行っていない（あるいは報告が不十分である）等の不満があり、学校への要望事項として、いじめの事実をきちんと認めてもらいたい、いじめに関する調査を行い、その結果を報告（開示）して欲しい等の希望が示されておりました。
　そこで、このような両親の要望を受けて、学校宛の要望書にはいじめに関する事実経緯をまとめ、客観的な裏付け資料（例えば、死ねと書かれた教科書等）を指摘しつつ、調査及びその結果の報告（開示）を求める等の内容を記

載することとなりました。

教育委員会も交渉相手とすべきか

　公立学校と私立学校を問わず，基本的には学校交渉の相手方は学校自身（学校長）となりますが，教育委員会は，教育内容等に関する専門的事項についても，公立学校に指導・助言する権限を有しているとされています（国の中央教育審議会答申「今後の地方教育行政の在り方について」（平成10年９月））。また，教育委員会は，文部科学省の通達等を受けていじめに関するマニュアルを作成するなどの取組みを行っている等の立場にあり，個々の事件へ介入して公立学校を指導し積極的に問題の解決を図ろうとするケースも少なくありません。

　そこで，公立学校に，自力で問題解決を図る能力がないと思われるような場合には，教育委員会も併せて交渉の相手方とし，積極的に働きかけて学校側を動かすのが効果的な場合も多いと思われます。

　これに対し，私立学校については，公立学校とは異なり，教育委員会は，指導・助言する権限を有していないため，私立学校との交渉案件について，教育委員会が介入してくることは通常はありません。

場面 3　学校との交渉（続き──再度の要請等）

　学校は，弁護士からの要請を受けて，加害生徒として名前が記載されていた複数の生徒たちに対し，いじめに関する調査を行ったとして，その結果を調査報告書として送ってきました。

　しかし学校側の調査報告書には，加害生徒らが一部の行為（教科書に「ばか」，「死ね」と書いた，部活の帰り道に仲間外れにした等）を認めたことが記

[事例01] いじめ事案その1——不登校中の自殺事件での学校交渉

載されていたものの,「ふざけてやった,いじめとは思っていなかった」等の加害生徒らの言い訳をそのまま記載するにとどまっていました。また,学校から加害生徒らに対する十分な注意,指導等も行われていませんでした。

学校側に対し,どのような対応を求めるべきでしょうか。

◇この場面のポイント◇

- □ 学校の調査,指導等が不十分な場合の対応

1 学校側の調査等が不十分だった場合

学校が,いじめを受けた子どもや親からの要望を受けて調査等の対応を約束したとしても,必ずしも十分な調査結果が出てくるとは限りません。不十分な調査結果や注意指導状況を示してくることもよく見られます。

その要因としては,学校側に,いじめ事件を解決するための真摯な姿勢が欠けている場合もありますが,学校側がいじめ事件の対応に慣れていない,あるいは加害生徒及びその親への遠慮等(加害生徒の親からクレームを言われることを恐れていることも)がある場合もあります。

いずれにしても,学校の調査,指導等が不十分な場合は,その問題点を指摘し,改めて適正な調査,指導等を行うよう要請をする必要があります(なお,平成25年9月に施行されたいじめ防止対策推進法においては,いじめによる「重大事態」にあたる場合の調査義務(同法28条1項)及び調査を行った場合の調査結果等の情報提供義務(同条2項)などが定められました。また,「重大事態」にあたらない場合も,同法23条5項に基づき,いじめに関し学校が保有している情報の共有を求めることができるとされています。【事例03】参照)。

本件では,学校は,名前が挙げられていた加害生徒らについてはヒアリング調査を行ったとのことでしたが,その際,当方から指摘したいじめの事実一つ一つについてのヒアリングはなされておらず,また注意,指導等もほとんど行われていませんでした。

そこで、加害生徒らからのヒアリングの際には、時系列表に従い具体的ないじめの事実についてヒアリングを行うべきであること、及びいじめの事実に基づき注意指導を行い反省を促すのが教育ではないか等の指摘を行い、再度の調査及び注意指導（反省の促し）を求め、その結果、いじめの事実の少なくとも一部については加害生徒らが認めたこと、先生たちからの注意指導の内容及びこれに対する加害生徒らからの反省状況等が記載された調査報告書が提出されるにいたりました。なお、本件では、被害生徒が亡くなった後にクラスの生徒たちが書いた作文についても開示を求めたところ、個人情報削除の上写しの交付がなされ、作文の内容に人を傷つけるようなものは特に見当たらなかったため両親にも見てもらいました。作文には自由テーマだったためいじめの事実について書かれたものばかりではなかったものの、いじめの件を省みて考えを深めている作文なども見受けられ、両親にとっては生徒らの生の声に接する機会の1つとなったように思われます。

2 その他留意すべき事項について

通常のいじめ事件の場合、子どもからいじめの訴えを受けた先生が、加害生徒に安易にその旨を伝え、中途半端にしか注意、指導をしなかったり、あるいは双方とも納得していないのに無理やり仲直りをさせようとするというケースがよく見られますが、このような場合、加害生徒らが「ちくった」等と逆恨みをし、かえっていじめがひどくなったり、かげでいじめるようになる等の事態の悪化を招くことが多いように思われます。

このようなことがないように、学校側は、加害生徒の注意、指導等にあたっては十分な配慮が必要であることを認識すべきであり、仮にそのような事態にいたってしまった場合には、学校に対し状況の改善を積極的に求めていく必要があると思われます。

本件でも、最初にいじめの事実を子どもが親に話した際、心配した親が学校の担任にその事実を伝えたのですが（ただし、子どもが「ちくった」と言われることを恐れて先生には言わないで欲しいと親に強く希望していたことからその事実も併せ

[事例01] いじめ事案その1——不登校中の自殺事件での学校交渉

て伝え，加害生徒たちに対する注意等はせずにいじめの事実がないか見守って欲しい旨依頼)，担任からの注意，指導が不十分であり，かつ親が依頼したその後の注意深い見守りも十分になされていなかったため，いじめが激化して不登校にいたってしまったという経緯がありました。このような担任の不手際について，両親は非常に残念であると述べていました。

場面 4　事実確認，損害賠償，謝罪等

　学校は，弁護士から指摘したいじめの事実のうちすべてではありませんが，一定の範囲では，いじめの事実を認めました。そこで，B弁護士らは，次の段階として，いじめの事実を前提として，学校及び加害生徒らより，謝罪及び損害賠償を受けたいとの両親の希望を学校側に申し入れました。

　これに対し，学校側からは，いじめの事実と不登校との間の因果関係は認めましたが，子どもが不登校になってから5か月後に，自宅で亡くなったことから，いじめと死亡との因果関係は不明であり，これを前提とする損害賠償には応じられないとの考えが示されました。

　他方，学校側は，学校としての謝罪には応じるとし，加害生徒らについても，謝罪するよう説得するので，金銭的な賠償については差し控えてもらいたいとの話がありました。

　両親の意向を再度確認したところ，学校と加害生徒らから然るべき謝罪を受けられるのであれば，金銭的な賠償までは求めないとのことでした。

　謝罪の方法としてはどのような方法が考えられるでしょうか。また学校や加害生徒らに対する金銭賠償の他に何か補償等の制度はないでしょうか。

◇**この場面のポイント**◇
□　事実確認，損害賠償，謝罪等についてどのような方法が考えられるか

第2章 事例解説　第1節　学校生活関係

1 事実確認，損害賠償等について

　いじめは陰で行われることも多くまた証拠があるとも限らないためいじめを受けた子どもや親が学校に対し，いじめの事実を主張し，これをうけて学校が調査を行ったとしても，学校がそのいじめの事実を認めるとは限りません。そのため，任意の交渉を行っても双方の事実認識を完全に一致させることはなかなか困難と言わざるを得ません。

　しかし，何度かやり取りを繰り返すうちに，学校が一部についていじめの事実を認めることもあり得，この場合は，その範囲で加害生徒や学校に対する損害賠償の請求が可能となる場合もあり得ると思われます。

いじめ事件における慰謝料金額について

　いじめ事件における慰謝料の金額は，そのいじめにより，具体的にどのような損害（生命，身体，精神）が生じたかによって異なってくると考えられます。いじめ自殺事件では，いじめを防止できなかったことについて学校等の責任が認められる場合でも，自殺については予見可能性がない等としてその責任が否定されるケースも多く見られます。

〔参考〕

- 東京高裁平成6年5月20日判決（判夕847号69頁）　中学2年生男子が，1年近くにわたり同級生等から「葬式ごっこ」等の執拗ないじめを受けていたことについて，加害生徒，その親権者，区及び東京都に責任があるとして，慰謝料1000万円を認めた（ただし，自殺については予見可能性なしとして責任を否定）。
- 横浜地裁平成18年3月28日判決（判夕1235号243頁）　公立高校1年生の生徒がいじめを苦にして自殺したことについて，教員に生徒に対する安全配慮義務の違反があるとしたが，自殺について予見可能性があったとは認められないとし，生前の精神的苦痛に対する300万円の慰謝料が認められた。

[事例01]　いじめ事案その１──不登校中の自殺事件での学校交渉

> ・秋田地裁平成8年11月22日判決（判タ941号147頁）　高校1年生男子が，高校に入学した年の5月に自殺したケースにつき，入学した高校で，いたずら，嫌がらせがあったことは認められたものの，これが自殺の主たる動機とは推認できないとして，慰謝料の請求が棄却された。

2　第三者委員会等の利用について

　学校や加害者側が任意にいじめの事実を認めない場合は，最終的には訴訟等を起こすことも考えられますが，そこまではしたくないがいじめの事実は認定してもらいたいという場合，学校とは別の第三者において，いじめの事実の確認等をしてもらうという方法も考えられます。

　いじめ事件に関する世論の高まりを受け，重大ないじめ事件が発生した際，弁護士，臨床心理士その他の専門家等で構成される第三者委員会が設置され，いじめ事件に関する調査，報告書の作成等を行うケースも見られるようになりました。平成25年9月28日に施行されたいじめ防止対策推進法にも，児童がいじめにより自殺した場合等「重大事態」が発生した場合における第三者委員会の設置に関する規定が置かれています（いじめ28条）。

　本件では，一部ではありますが，学校がいじめの事実を認めたことから，合意書を締結することができました（後掲○合意書の記載例参照）。また，学校，加害生徒らからの損害賠償金の支払はなされませんでしたが，日本スポーツ振興センターの災害共済給付金を学校を通じて申請した結果，学校管理下の生徒の死亡であるとして，死亡見舞金が支給されました。

　学校側から同センターに提出された報告書はいじめと死亡との因果関係を否定はしないものの明確に認めたものともいえませんでしたが，いじめられた生徒の親の代理人弁護士らからもいじめと死亡との因果関係が認められる旨の意見書を併せて提出し，結果としてセンターにより災害共済給付金の支給が認められたことから，子どもの両親は，同センターという第三者を通じ

て，いじめ自殺の事実が認定されたものと評価していました。そして，上記の経緯や学校からの要請，又後述する謝罪の実施等もなされたことから学校及び加害生徒らに対する損害賠償請求は見合わせることとなりました。

独立行政法人日本スポーツ振興センター

　同センターの設けている制度として，災害共済給付制度があり，全国の小中高のほとんどが参加しています。
　災害共済給付制度とは，日本スポーツ振興センターと学校の設置者との契約（災害共済給付契約）により，学校の管理下における児童生徒等の災害（負傷，疾病，障害又は死亡）に対して災害共済給付（医療費，障害見舞金又は死亡見舞金）の支給を行うものです。学校の管理下の災害とは，教育課程に基づく授業中（保育所における保育中を含む），部活動などの課外指導中，休憩時間中（始業前，放課後を含む）又は通学（園）中などの災害をいうとされています。以前は，学校外のいじめ自殺事件については学校の管理下における死亡にはあたらないとして死亡見舞金の支給が認められないケースも多く見られましたが，近年では，上記のような事件についても上記給付金が支給されるケースが見受けられます。給付の申請手続は学校が行いますので，学校側の協力が得られることが望ましいです（【事例07】参照）。

③ 謝罪について

　いじめをうけた生徒側からは，学校及び加害生徒から謝罪を受けたいとの希望が出されることがよくあります。謝罪を求める心情は，受けた被害をのりこえるために必要なものとして十分理解できます。
　このような場合通常は学校に加害生徒からの謝罪の場の設定等を要請することが多いと思われます。

[事例01] いじめ事案その1——不登校中の自殺事件での学校交渉

　本件では，学校がいじめの事実を認めて，学校長らから謝罪がなされ，その際併せて以後のいじめ再発防止策の提示等がなされました。
　また，円満解決を望む学校の数回にわたる働きかけの結果，加害生徒らのほとんどが，一定の範囲ではありましたがいじめの事実を認め，その範囲で，加害生徒らとその保護者らから両親に対して謝罪がなされました。
　このように，学校及び加害生徒らからの謝罪がなされたこと，学校が再発防止に向け積極的な態度を示したことに対しては一定の評価ができると思います。

第2章　事例解説　　第1節　学校生活関係

○ 要望書の記載例

要　望　書

○○学校御中

○○氏代理人
弁護士○○

――前文として以下の内容を記載――
・　本件の経緯概略
・　以下の点につき回答を求めること
・　本件の解決に向け，学校側との話合いを希望すること

――以下回答を求めたい項目を記載――
1　調査の内容
・　学校の調査が，何を目的として，いつ，誰から，誰に対して，どのような方法で実施されたのか
2　調査の結果
・　上記1の調査の結果，確認できた事実，確認できなかった事実
3　いじめ等の具体的内容（2で確認できた事実）
・　具体的ないじめの内容，個々のいじめ等についての時期，頻度，態様，加わった生徒等
4　生徒に対する指導等の内容等
・　上記3のいじめ等に関して，学校が，生徒に対して行った指導の内容，生徒の反省状況等

[事例01] いじめ事案その1――不登校中の自殺事件での学校交渉

○ 合意書の記載例

合　意　書

　甲（両親）と乙（学校）とは，○○学校に在籍していた○○の件について，協議の上，以下のとおり合意する。

1　乙は，甲に対し，甲の子である○○が在籍中に死亡した件につき，哀悼の意を表明する。

2　甲及び乙は，本合意書締結後，関係者の今後の謝罪方法等について協議する。

3　乙は，独立行政法人日本スポーツ振興センターに災害共済給付の申請を行う。

4　甲は乙に対し，再発防止等に関する別途要請を行い，乙はこれを真摯かつ誠実に受け止める。

5　甲と乙は，本合意の内容について，対外的に公表しないことを約する。

6　甲と乙は，本合意書に定める他に何らの債権債務が存しないことを相互に確認する。

第2章　事例解説　第1節　学校生活関係

事例

02 いじめ事案その2
―― 自殺未遂事件での加害者との交渉

場面 1　刑事手続について（両親からの最初の相談）

　中学2年生の男子生徒のAくんは、中学1年生の夏ごろから、クラスメイトのBから身体的暴力（プロレスごっこと称して投げられ役をやらされる、椅子や机を蹴られる等）や言葉の暴力（きもい、うぜえ、死ね等）を受けるようになり、携帯ゲーム機やゲームソフトを借りたまま返してもらえなくなったりするようになりました。その後、昼休み時にボールをわざと当てたと言いがかりを付けられたことを契機に、金をもってくるよう要求され、要求に応じないと変な噂を流す、家族に危害を加える等の脅迫を受けるようになりました。
　そのため、Aくんは、小遣いやお年玉などの自分の預金から金を数回にわたり渡していましたが、それもとうとう底を突き、お母さんの財布からも金をとってしまいました。
　Aくんは、金を準備することができないのに、さらにBから金を要求されたため、精神的に追いつめられ、とうとうある週末の土曜日に自宅近くのマンションの屋上から飛び降りて自殺を図ってしまい、幸い命は助かったものの、背骨や手足の関節を複雑骨折する大けがを負ってしまいました。
　Aくんの両親は、今後Bとの関係でどのように対応していけばよいか、またBにきちんと責任をとらせたいとの考えのもと、C弁護士に依頼しました。
　本件は、子どものいじめ自殺未遂事件という深刻な案件であるため、C弁護士はAくんの両親の了解を得た上で、知り合いの2名の弁護士に協力を要請し、3名体制で本件の対応にあたることにしました。

◇この場面のポイント◇
□　いじめ事案における被害届の取扱い
□　いじめ事案と少年審判手続

[事例02] いじめ事案その２──自殺未遂事件での加害者との交渉

1 いじめ事案における被害届

　本件では，ＡくんはＢから暴行を受けたり，恐喝，脅迫を受けていた経過が認められ，追いつめられたＡくんが自殺を図ってしまったという結果の重大性にも鑑みれば，事案の解明のためにも，本件に一定のけじめを付けるためにも，Ｂの刑事手続（少年法による審判手続等も含めて）が問題になるところです。

　そこで，警察における捜査の端緒として，警察に被害届を提出することが考えられます。

　いじめ事案における被害届については，平成23年10月に滋賀県大津市で公立中学２年生の男子生徒が自殺したことが，平成24年７月ころに新聞報道により明らかになりましたが，その後の取材によって，被害生徒の父親が，警察署に対して数回にわたり被害届を提出しようとしたにもかかわらず受理されていなかったことが発覚し，警察署は社会の批判を受けました。その後，警察署は被害届を受理した上で，教育委員会・中学校の捜索差押えをはじめとした本格的な捜査に着手しました。

　このような経過により，いじめ事件において警察の介入が必要な場合があるのではないかという意見が高まり，文部科学省は，「犯罪行為として取り扱われるべきと認められるいじめ事案に関する警察への相談・通報について（通知）」（平成24年11月２日付文部科学省大臣官房長（子ども安全対策支援室長）・初等中等教育局長24文科初第813号）を，また，警察庁も，「学校におけるいじめ問題への的確な対応について」（平成25年１月24日付警察庁生活安全局長警察庁丙少発第１号）を，それぞれ発出しました（通知等の詳細については文部科学省のウェブサイト参照）。

　上記警察庁の通知では，被害少年やその保護者がいじめを犯罪行為と取り扱うことを求める場合，原則として被害届を即時受理した上で学校等と緊密に連携しつつ被害少年の立場に立った捜査等を推進することや，被害少年の生命・身体の安全が現に脅かされているような重大事案等の場合，迅速に捜査等に着手するとともに被害の更なる深刻化の防止のため学校等に対しても

被害少年の保護のため必要な措置を要請すること等とされており，いじめ事件において，刑法に該当する事実が認められる場合には，刑事事件化されることがあり，悪質な場合には，加害児童生徒が逮捕され，身柄事件とされる可能性も高くなっているといえます。

また，いじめ防止対策推進法23条6項は，学校側の義務として，いじめが犯罪行為として取り扱われるべきものであると認めるときは，学校は，所轄警察署と連携してこれに対処すべきであること，また児童等の生命，身体等に重大な被害が生じるおそれがあるときは，学校は，直ちに警察署に通報し適切に援助を求めなければならないこと等を定めています。

本件においては，Ａくんの自殺未遂後の事情聴取により，ＢがＡくんに対して継続的にいじめを行っていたことが発覚したため，Ａくんの両親が警察署に対して被害届を正式に提出し，その後，Ｂは，Ａくんに対する脅迫・暴行容疑で逮捕されました。

❷ 少年審判手続

少年によるいじめ事件が刑事事件化され，検察官に送致された場合は，その後，検察官が嫌疑なし・嫌疑不十分と判断した場合を除き，事件は家庭裁判所に送致されます（全件送致主義）。家庭裁判所では，審判不開始となる場合を除いて審判が行われ，また不処分となる場合を除き，保護処分（保護観察，少年院送致，児童自立支援施設等送致），検察官送致，都道府県知事又は児童相談所長送致等の各処分が行われます（上記につき，【事例11】参照）。

本件の少年審判手続では，Ａくんの両親は，Ｃ弁護士の援助を受け，家庭裁判所からの照会に対する回答や，意見陳述（少年9条の2）を通じて，被害の実情，Ａくんや家族の心情，加害者であるＢの処分に対する考え方等をできる限り裁判所に対して伝えることに努めました。

結果として，家庭裁判所の少年審判により，Ｂについて，児童自立支援施設送致との処分が出され，約1年間の施設入所となりました。

[事例02] いじめ事案その2——自殺未遂事件での加害者との交渉

児童自立支援施設とは

　児童自立支援施設とは，不良行為をした児童又は将来不良行為をなすおそれのある児童，家庭環境その他の環境上の理由により生活指導等を要する児童を入所させ，あるいはそのような児童を保護者のもとから通わせることによって，必要な指導を行ったり，退所した児童について相談その他の援助を行ったりすることを目的とする施設です。

　児童福祉法上，児童とは，満18歳に満たない者をいいますが，家庭裁判所による児童自立支援施設送致の場合は，事実上義務教育修了前の児童が入所対象となっています。

　児童自立支援施設と少年院の違いはいくつかありますが，児童自立支援施設が開放処遇を原則とする開放施設であるのに対し，少年院は閉鎖施設である点が大きく違います（第二東京弁護士会子どもの権利に関する委員会編『新・少年事件実務ガイド〔第3版〕』243頁〜）。

場面 2　加害者側の民事責任について

　C弁護士らは，Aくんの両親から，「Bのいじめにより，息子は自殺未遂にまで追い込まれ，その結果体に重い傷害を受け，医者からは必ず後遺症が残ると言われています。また息子は心もひどく傷つけられ，また学校に通えるまでに回復するかどうかも現時点では分かりません。Bの悪質ないじめ行為については，親権者であるBの両親にも当然責任があるはずですから，私たちとしては，Bの両親に慰謝料を請求したいのですが」との相談を受けました。

　Bの両親はどのような民事上の責任を負うでしょうか。

> ◆この場面のポイント◆
> □ いじめ事件の加害者の親の民事責任等について

　本件における被害の重大性等に鑑みれば，被害者側が加害者側に対して慰謝料等の金銭賠償を求めたいという考えをもつのは当然のことです。
　まず，加害者である児童生徒が被害者である児童生徒に損害を与えた場合，加害者である児童生徒は，上記**場面１**で述べた刑事責任等のほか，民事面でも不法行為（民709条）に基づく責任を問われることとなります。
　しかしながら，加害者であるＢ本人は未成年であり，資力がありませんので，被害者側としては，Ｂ本人に加え，Ｂの保護者に対して損害賠償を求めたいところです。
　この点については，以下のとおり場合分けをして検討する必要があります。

(1) 加害児童生徒が責任無能力である場合の親権者等の責任

　責任無能力の未成年者がいじめにより他人に損害を与えた場合，加害者自身は損害賠償責任を負いませんが（民712条），その未成年者の親権者（民820条）等が民法714条１項による監督義務者としての責任を負うことになります。
　そこで，いじめの被害者側の立場で加害者側に対する民事責任の追及を検討する場合は，まずは加害者である児童生徒に責任能力があるかどうかを検討する必要があります。
　この点については，「これは年齢によって画一的に定まるものでなく各個人について具体的に判断され，更に，不法行為の態様（身体の傷害とか窃盗の場合と名誉の侵害や営業妨害の場合を想起されたい）によっても異なるのであるが，学説上は遅くとも小学校を終える12歳程度の年齢になれば通常的不法行為については一般的にみて責任能力があると考えてよいであろうとされている」との学説があり（太田剛彦「未成年者の不法行為に対する監督者の責任」山口和夫編『裁判実務大系(16)』289頁），実務的には有力な見解ではないかと思われます。
　上記立場に立つとすると，本件においては，加害行為時においてＢは中学１年生〜中学２年生であり13歳〜14歳ですから，責任能力を備えていると

[事例02] いじめ事案その2──自殺未遂事件での加害者との交渉

判断される可能性は十分あると考えられます。

(2) 加害児童生徒が責任能力を有する場合の親権者等の責任

しかし，未成年者が責任能力を備えているからといって，その場合，常に親権者等が責任を負わないというわけではありません。

未成年者が責任能力を有する場合の親権者等の責任について，最高裁は，加害者である児童生徒に責任能力が認められる場合であっても，監督義務者の監督義務違反と加害者である児童生徒の不法行為によって生じた結果との間に相当因果関係を認め得るときは，不法行為に基づく損害賠償責任を問う余地を認めています（最判昭49・3・22民集28巻2号347頁・判タ308号194頁。○別表に抜粋を掲載）。

そうすると，いかなる場合に監督義務違反が認められるのか，いかなる場合に監督義務違反と損害との間に因果関係が認められるのかが，さらに問題になります。

昭和49年判決は，具体的な未成年者の強盗殺人という加害行為に関する監督義務者の予見可能性を要件としていないように思われますが，その一方で，具体的な未成年者の強盗傷人という加害行為に関する監督義務者の予見可能性を要件としているように見受けられる最高裁判例も出ています（最判平18・2・24裁判集民219号541頁・判タ1206号177頁。○別表に抜粋を掲載。なお，平成18年判決については，被害者救済の観点から監督義務者の責任を民法709条の枠を超えて緩やかに認めようとすることは，監督義務者に過酷な責任を負わせることになりかねない等の観点から，敢えて監督義務者の責任を否定する事例判断を示したのではないかとの分析もあります）。

結局のところ，監督義務の内容については，加害者である児童生徒の年齢，性格，日常の言動，性癖等から，個別的に判断されると考えられ（櫻井登美雄「いじめと不法行為責任」山口和夫編『裁判実務大系(16)』219頁～），また，加害行為と損害との因果関係についても，加害者である児童生徒が加害行為にいたった経過，理由，監督義務者の対応の経過，被害者の対応の経過等によりケースバイケースに判断されるものと思われます。

この点に関し，平成18年判決後の下級審の裁判例としては，○別表のよう

第2章　事例解説　　第1節　学校生活関係

なものがあります（注：すべての裁判例を網羅するものではありません）。

○**別表**の裁判例を見る限りは，未成年者の日ごろの言動，非行行為の内容，監督義務者の指導監督の経過等を具体的に認定し，監督義務者の監督義務違反を認めるためには，実際に発生した加害行為に対する監督義務者の予見可能性をある程度要求する傾向があると思われます。

民法714条1項但書（免責規定）に関する近時の最高裁判例

　民法714条1項但書の監督義務者の免責規定は，被害者救済の観点からほとんど使われてこなかった，といわれていますが，最高裁平成27年4月9日判決（民集69巻3号455頁）は，当時11歳（小学6年生）の児童（責任無能力者）が，小学校の校庭に設置されていたサッカーゴールに向けて蹴ったサッカーボールが予期せず校庭から道路に転がって，これを避けようとしたバイクを運転していた高齢者が転倒して負傷し，その後死亡した事案について，児童の親権者は，民法714条1項の監督義務者としての義務を怠らなかった，と判断しました。

　この判例の射程範囲を検討するにあたっては，本件は，小学校が放課後に校庭を開放しており，本件児童は，小学校が校庭に設置していたサッカーゴールに向かってフリーキックをしていたところ，たまたまサッカーボールが校庭から転がり出てしまった，という事案であることに注意しておく必要があります。最高裁は，あくまで「通常は人身に危険が及ぶものとはみられない行為によってたまたま人身に損害を生じさせた場合は，当該行為について具体的に予見可能であるなど特別の事情が認められない限り，子に対する監督義務を尽くしていなかったとすべきではない。」と判断しているのであって，そうでない場合に，広く民法714条1項但書による免責を認めているわけではありません。

　したがって，責任無能力者である未成年者の加害行為がいじめ等の不法行為である場合には，監督義務者が民法714条1項但書を理

[事例02] いじめ事案その2──自殺未遂事件での加害者との交渉

> 由として責任を免れることのハードルは依然として高いと考えておいた方が無難でしょう。

場面 3　示談について

Bの少年事件について家裁における手続が進行する中で，Bに付添人としてついた弁護士から，C弁護士のもとへ，示談の申入れがありました。
示談に応じるべきでしょうか。

◇この場面のポイント◇
□　示談に際して検討すべき事情

　いじめによる加害行為がなされた事案で，特に刑事事件・少年事件として立件された場合には，審判の前に被害者側と示談が成立すれば有利な事情として主張し得ることもあるため，加害者本人の保護者や弁護人・付添人より，被害弁償や示談の申出がなされることが多くみられ，被害者本人の保護者から，加害者本人及びその保護者との示談交渉を依頼される場合があります。
　一般に，被害者側としては，示談を行うことによって，加害児童生徒やその親権者（保護者）から謝罪を受けることができたり，少年審判や民事訴訟手続では難しい事項について柔軟に具体的な約束をすることができるといった有利な面があります。
　金銭賠償の点についても，加害児童生徒の親権者（保護者）等との間で，いじめによる損害について賠償責任を負う旨の合意書等を取り交わすことができれば，上記**場面2**で述べたような，加害児童生徒の責任能力の有無の判断や，監督義務者の監督義務違反や因果関係といった難しい主張立証を回避できる可能性が高くなるため，この点も被害者側が示談に応じる理由の1つ

になり得ます。

本件では、弁護士が付添人として選任されており、当該付添人を通じて示談交渉の申入れがありました。

付添人との交渉の結果、児童自立支援施設送致との審判決定の前に、加害生徒の保護者が監督義務違反による責任を認め、慰謝料等を含めた被害弁償に応じる旨の合意書を取り交わすことができました。

示談後に履行がされない場合の対応等

加害者側が、民事の損害賠償等を約束したにもかかわらず、履行がなされない場合があり得ます。

この場合は、通常の民事事件と同様に、催告書の送付、加害者側の財産に対する保全手続、それでも履行をしない場合は、訴訟等の手続をとることも考えられます（示談が成立せず、損害賠償が得られない場合も同様です）。

ただし、特に、訴訟に関しては、事実関係の立証の可否・方法、訴訟遂行上本人尋問等が採用された場合の被害者の子どもの精神的負担等、加害者側の資力など回収可能性等について検討し、子ども本人や家族の意向も踏まえて、訴訟提起をするか否かの最終的な判断をする必要があります。

なお、東京簡易裁判所においては、請求金額が金額的に明確でない慰謝料等の請求については、支払督促の申立てを受理しないという運用をしているとのことでした。このような運用は、濫用的な支払督促が発令されることを防ぐという趣旨と思われたものの、法令の根拠に基づくものか不明でした。

この他、治療費等については、独立行政法人日本スポーツ振興センターから災害共済給付として一定の支払を受けられる可能性がありますので、具体的な事案においてはこの点も検討する必要があると考えます（【事例07】参照）。

[事例02] いじめ事案その2——自殺未遂事件での加害者との交渉

○別表 裁判例

裁 判 例	判 旨
広島高松江支判昭47・7・19（昭45（ネ）第94号）民集28巻2号362頁（次の最高裁判例の原審）	本件において，甲野一郎が責任能力者と認められることは前記のとおりであるが，未だ義務教育の課程を終了していない中学生であり，親権者である控訴人甲野太郎，同花子のもとで養育監護を受けていたものであるから，同控訴人らの一郎に対する影響力は責任無能力者の場合と殆ど変らない程強いものがあるというべきであり，一郎について中学二年生の頃から不良交友を生じ，次第に非行性が深まってきたことに対し適切な措置をとらないで全くこれを放任し，一方一郎のさほど無理ともいえない物質的欲望をかなえてやらなかったのみならず，家庭的情愛の欠如に対する欲求不満をつのらせ，その結果同人をして本件犯行に走らせたものということができるから，同控訴人らの一郎に対する監督義務の懈怠と乙山高男の死亡の結果との間における因果関係はこれを否定することができないものというべきである。
最二小判昭49・3・22（昭47（オ）第1067号）民集28巻2号347頁・判タ308号194頁（慰藉料請求事件）	未成年者が責任能力を有する場合であっても監督義務者の義務違反と当該未成年者の不法行為によって生じた結果との間に相当因果関係を認めうるときは，監督義務者につき民法709条に基づく不法行為が成立するものと解するのが相当であって，民法714条の規定が右解釈の妨げとなるものではない。そして，上告人らの甲野一郎に対する監督義務の懈怠と一郎による乙山高男殺害の結果との間に相当因果関係を肯定した原審判断は，その適法に確定した事実関係に照らし正当として是認できる。
最二小判平18・2・24（平17（受）第882号）裁判集民219号541頁・判タ1206号177頁（損害賠償請求事件）	Aらは，いずれも19歳を超えてから少年院を仮退院し，以後本件事件に至るまで特段の非行事実は見られず，AとBは，本件事件の約1週間前まで新宿のクラブで働き，本件事件当時は被上告人Y3宅に居住していたというのであり，Cは，本件事件当時，Fの父親の家に居住し，漁業の手伝いをしていたというのであるから，被上告人らにおいて，本件事件当時，Aらが本件事件のような犯罪を犯すことを予測し得る事情があったということはできない（Cが暴力団事務所に出入りするようになっていたことを被上告人Y5が知らなかったことは前記のとおりである。）し，Aらの生活状態自体が直ちに再入院手続等を

第2章 事例解説　第1節　学校生活関係

	執るべき状態にあったということもできない。
静岡地判平26・10・22（平24(ワ)第472号）LLI/DB判例秘書登載L06950514（損害賠償請求事件）	未成年者が責任能力を有する場合であっても，監督義務者の義務違反と当該未成年者の不法行為によって生じた結果との間に相当因果関係を認めうるときは，監督義務者につき民法709条に基づく不法行為が成立するものと解される（最高裁昭和49年3月22日第二小法廷判決・民集28巻2号347頁）。 　ただし，民法709条という一般不法行為の枠組みにおいて，監督義務者独自の不法行為責任として，監督義務違反を責任原因とするものである以上，ここで監督義務違反が認められるためには，例えば監督義務者に具体的な結果を回避すべき監督義務の違反までは認められなくても，民法820条の日常的な監督義務の違反が認められればよいとするのは相当ではなく，あくまで具体的な結果との関係において，当該未成年者が当該不法行為を行うことを予見し，それを阻止するための措置を執る注意義務があったにもかかわらず，当該注意義務を怠ったことが必要であると解される。 （中略） 　上記認定事実をもとに検討するに，被告アは，被告少年らが自宅をたまり場にしていたこともあり，比較的，被告Aの動向を把握しやすい立場にあったとはいうる。しかし，本件不法行為の時点で，被告アが把握していた被告Aの問題行動は，喫煙，飲酒，無断外泊，深夜徘徊，自転車窃盗であり，非行の程度が高まることで，何かしらのさらなる非行に及ぶ可能性は予見できたとしても，放火ないし失火のように大きな危険を生じさせる行為，すなわちそれ以前の問題行動と質的に異なる面のある問題行動にまで及ぶことを予見するのは困難と考えられる。 　また，被告Aは本件当時すでに18歳と未成年者ではあるが高齢であり，もともと保護者の指導監督により及ぼしうる影響は限定的であると考えられるところ，被告Aも，この当時は被告アの指導に対して非常に反抗的な態度をとっており，被告アの指導監督により影響を及ぼすことのできる範囲はより限定的であったと考えられる。
大阪地堺支判平26・2・6（平24(ワ)第604号，平24(ワ)第385	未成年者が責任能力を有する場合であっても，その監督義務者に監督義務違反があり，これと未成年者の不法行為によって生じた損害との間に相当因果関係を認め得るときには，監督義

[事例02]　いじめ事案その2──自殺未遂事件での加害者との交渉

号）LLI/DB 判例秘書登載 L06950031（損害賠償請求事件（甲事件），求償金請求事件（乙事件））	務者は，民法709条に基づき損害賠償責任を負う（最高裁昭和49年3月22日第二小法廷判決・民集28巻2号347頁参照）。 　被告Y1は，小学校のときに家庭内での窃盗行為や若干の暴力行為がみられたが，中学生になると暴力行為はみられず，高校入学後は，部活動での諍いを超えて，取り立てて問題視すべき暴力行為には及んでいない。したがって，被告Y1には，普段から粗暴な性向があったものとは認められない。 　本件事件は，被告Y1が，恋愛感情を抱いていた同じ高校の後輩女性を，その交際相手であるCの束縛から解放しようなどと考えて，計画的にCを殺害した事件である。被告Y1において，粗暴な性向があるとはいえないにもかかわらず，かくも重大な本件事件を起こした動機の形成過程には，被告Y1が広汎性発達障害であったという要因が大きく寄与していたとみるほかない。そのため，被告Y1は，Cや後輩女性を巡る恋愛関係における複雑な心情を理解できず，後輩女性をCの束縛から解放するための手段を殺害行為に絞るという異常な精神状態に支配されていたということができる。ところが，被告両親は，本件事件当時，そもそも被告Y1が広汎性発達障害であることを認識していなかった。 　以上の事実関係に照らすならば，被告両親において，被告Y1が，本件事件のような計画的な殺人を敢行することを予見することができなかったとしても，まことにやむを得ないところがある。したがって，被告両親には，被告Y1の監督義務に違反していたとは認めることはできない。
福島地判平25・6・5（平22(ワ)第443号）LLI/DB 判例秘書登載 L06850640（損害賠償請求事件）	もっとも，責任能力のある未成年者の監督義務者である親権者に対して未成年者の監督義務違反を理由として不法行為責任を問うためには，その親権者において，未成年者の加害行為をある程度具体的に予見することが可能であり，かつこれを防止すべき注意義務があったにもかかわらず，これを怠り，漫然と防止のための措置をとらなかったという具体的な加害行為の防止に係る過失が認められなければならないと解するのが相当である。
神戸地判平25・4・18（平22(ワ)第3177号，平24(ワ)第2120号）	確かに，被告Eは，当時未だ義務教育の過程を終了していない中学3年生であり，親権者である被告F及び被告Gのもとで養育監護を受けていたのであるから，同被告らの被告Eに対す

45

第2章　事例解説　　第1節　学校生活関係

LLI/DB判例秘書登載L06850419（損害賠償請求事件（第1事件，第2事件））	る影響力は責任無能力者の場合と大きく変わらないほど強いものがあったとは一応いえるし，被告F及び被告Gも被告Eに対し必ずしも効果的，適切な指導が取れず，結果として，被告Eの行動に改善があまり見られないまま，被告Eをして本件暴行に至らしめたとの評価もできないではないが，他方，上記したところからすると，被告F及び被告Gにおいて，被告Eに対する教育，しつけの欠陥が著しかったとか，被告Eの非行の徴候をただ手をこまねいて放置していたとまではいえず，被告Eが結果的に亡Hを死に至らしめた本件暴行のような重大な暴力事件を起こすことを被告F及び被告Gにおいて予見しうべかりしであったといえるかについては，なお躊躇を覚えざるを得ず，結局，被告F及び被告Gにおいて，本件暴行に結びつくような監督義務違反があったとまでは認めるに至らず，他に，同被告らに監督義務違反があったことを基礎づける事実を認めるに足りる的確な証拠はない。
前橋地判平22・8・4（平20(ワ)第735号）LLI/DB判例秘書登載L06550401（損害賠償請求事件）	本件のように，責任能力のある未成年者（少年）が他人に対し故意に暴行を加えて死傷させた場合の監督義務者である親権者の義務違反について考えると，少年の非行行為や粗暴行為は，多くの場合，少年の成長過程における人格や規範意識の生成，並びに自己抑制力等に関して生じた問題性が，思春期特有の不安定さや衝動性の高まりなどと相まって非行性や粗暴性に発展し，外部に発現したものとみられる。このような少年の非行行為及び粗暴行為の発現過程にかんがみれば，具体的な粗暴性癖の発露を認識できる状況であったにもかかわらず，これに対して適切かつ相当な監督・指導をしないまま放置していれば，他人を死傷させるような重大な暴行行為に発展することは，十分に予見しうるものといえる。また，少年の育成過程に深く関わり，少年の人格形成等に最も影響を与えるのが家庭環境であることを考慮すると，少年を監護及び教育する親権者は，少年に対する影響力を行使することによって，少年の非行性や粗暴性の実現化の障害になり得るものである。したがって，当該親権者は，少年の非行性又は粗暴性の発露を認識した場合には，その粗暴性等が進行して重大な結果を招く事件に発展しないように，非行性や粗暴性の改善に向けて少年を指導監督する注意義務があるものというべきである。

[事例02] いじめ事案その2——自殺未遂事件での加害者との交渉

京都地判平22・6・2（平20(ワ)第2207号）判タ1330号187頁（損害賠償請求事件）	1年生の段階では，被告Eは，被告Dがおかずをめぐって同級生を殴るという事件を起こしたと聞いたものの，被告Dはその同級生や親に謝罪をしており，それ以外に目立った問題行動はなかったこと，上記1(12)のとおり，2年生の段階では，夏休み後に被告Dが校則違反の髪型にしたときには，被告Eはやめるよう何度も注意し，本件合唱練習事件までには髪型が直ったこと，上記1(5)アのとおり，被告Eは，月に1回程度のF講師による家庭訪問のときに，被告Dの学校での様子を聞き，昼食の量が足りずに同級生のおかずを取るとは聞いたが，暴力や嫌がらせなどをしているとは聞いていなかったし，それ以降はおかずを作って持たせるようにしたこと，上記1(1)イのとおり，被告Dは被告Eに対して反抗することはあまりなく，暴力を振るうこともなかったことからすると，被告Eが，被告Dが原告Aら同級生に対して嫌がらせをしていると具体的に予見することは困難であって，被告Eには，原告らの主張するような，被告Dや同級生らに対して被告Dが学校で他人に嫌がらせなどをしていないか尋ねる義務はなかった。 　また，上記1(5)アのとおり，被告Eが，被告Dの昼食の量が足りないとのF講師の指摘を受け，おかずを作って被告Dに持たせるようにしたこと，被告Dが校則違反の髪型にしたときには，被告Eはやめるよう何度も注意したこと，本件合唱練習事件を知った後，被告Eは被告Dに対して「謝りに行かなあかんことしたから，ちゃんと謝りに行くから。」，「自分されたら嫌なことは人にしたらあかん。」などと諭したことなどからすれば，被告Eは，被告Dについて問題が起これば適宜誠実に対応していたのであって，被告Dを放任していたとは認められない。
東京地判平21・10・28（平20(ワ)第30405号）LLI/DB 判例秘書登載 L06430571（損害賠償請求事件）	被告Y1は小学3年生，中学1年生，中学2年生と，注意やカウンセリングを受けたにも関わらず万引を繰り返し，その頻度も徐々に上がってきていたのであるから，被告Y1の規範意識や自己抑制力が著しく低下していたことは，被告Y2にとって明らかであり，してみれば，同被告にとって，被告Y1が本件事件を起こすことは十分に予見可能であったはずである。また，被告Y1は，本件事件後のことではあるが，11歳の女子児童に対する強制わいせつ事件，9歳の女子児童に対する強制わいせつ未遂事件を繰り返し惹起しているのであり，してみれば，

47

第2章 事例解説　第1節　学校生活関係

	本件事件以前にも，本来，被告Y1の言動に本件事件につながる兆候が何らかの形で窺えたはずである。そして，被告Y1の本件当時の年齢やその生活状況等に照らせば，被告Y2の同Y1に対して及ぼし得る影響力は大きなもので，本件事件の結果回避可能性もまた存するところといわざるを得ない。
神戸地判平21・10・27（平18(ワ)第1905号）判時2064号108頁（損害賠償請求事件）	被告乙山らにおいては，梅夫が丙川中学において，けんかに発展しかねない遊びをしており，注意をするように甲川教諭から要請されていた上，丁川傷害事件において，梅夫が同級生の丁川に骨折の傷害を負わせる事件を起こしたために，甲川教諭から厳重に注意するよう要請されており，また，本件事故直前に神戸市内のゲームセンターにおいて，梅夫が戊原某に暴行を振るって，警察が出動する事件を起こしていたことを認識していたのであるから，従前どおりの指導を続けるのみでは，未だ一三歳の未成年者であり，自己抑制力の発達が十分でない梅夫が同級生とけんかをし，また，暴力を振るうなどして，同級生を負傷させる危険性があることを具体的に予見し得たものというべきであって，従前の指導教育に加えて，梅夫の日頃の動静を注意深く見守り，また，梅夫と普段の生活状況について十分に話をし，同級生に対して手を出すことがないように厳重に注意するなど適切に指導監督を行うべき義務を負っていたものと認めるのが相当である。 　しかるに，被告乙山竹子は，丁川傷害事件の後も，従前同様に，けんかになっても手を出さないよう漫然と注意するにとどまり，また，被告乙山松夫においては，特段の注意指導を行ったことが認められないのであって，いずれについても，梅夫が再び同級生を負傷させることがないように丁川傷害事件以前の指導教育に加えて，梅夫の動静や生活状況に気を配ったり，暴力を振るうことは決して許されないことであることを厳しく指導するなどしていないのであるから，親権者として梅夫に対して適切な指導監督を行うべき義務を懈怠したものといわざるを得ない。
長野地判平21・3・6（平18(ワ)第82号，平18(ワ)第363号，平20(ワ)第391号）LLI/DB 判例秘書登載 L06450123	被告A1は当時高校生で責任能力が認められるから，被告A1の両親である被告C1及び同F1に具体的な監督義務違反があり，これによって本件殴打行為が生じたといえる場合に，その責任が認められる。本件証拠上，被告A1が日頃から粗暴であったといった事実は認められないから，被告C1及び同F1

[事例02] いじめ事案その2——自殺未遂事件での加害者との交渉

（損害賠償請求事件（甲事件），損害賠償請求本訴事件（乙事件），損害賠償請求反訴事件（丙事件））	が被告A1による暴力を予見できたとはいえず，被告C1及び同F1が被告A1による暴力を防ぐべく監督する具体的な義務に違反したとは認められない。 　この点，原告は，被告C1及び同F1が，被告A1がH2に対して行った暴力を違法なものと認めず，原告に対して「ハンガーで殴るぐらいの暴力はたいしたことではない」「うちの子はパイプいすでたたかれた」などと述べ，被告A1の暴力を容認する態度を示しており，このような親の考えや態度が，本件殴打行為を許容し誘発した，被告C1及び同F1は，バレーボール部内で上級生が下級生に対し暴力を用いて規律を正したり，制裁を加えることが常態化しているのを認識しており，被告A1も暴力を用いて下級生を指導することを予見できたと主張する。しかしながら，仮に，被告C1及び同F1にこうした考えや認識があったとしても，被告A1が当然にこれに影響されて暴力をふるう可能性が高くなるとはいえず，被告C1及び同F1に被告A1の暴力を防ぐべく監督する具体的な義務があったことの根拠とはならない。

第2章　事例解説　　第1節　学校生活関係

事例

03　いじめ事案その3
── 加害者側からの相談

場面1　慰謝料請求の内容証明郵便が弁護士から来る

　小学4年生の男子Aくんの母親から相談がありました。AくんのクラスメートのBくんの両親の代理人弁護士から（Bくんの親権者法定代理人として）内容証明郵便が来たために、対応をどうすればよいかというものでした。その内容証明郵便には、AくんがクラスメートのBくんをいじめたことで不登校になったため、不法行為に基づく損害賠償として300万円を2週間以内に支払えという内容が書かれていました。

　Aくんの母親によると、Aくんは、元々Bくんとはこの小学校に入学してからの友達だったものの、3年生の頃からBくんに対して悪口を言ったり、時には叩いたり蹴ったりもしたことはあったそうです。ただ、Aくんの母親としては、Bくんにも原因があり、子どもの喧嘩の延長と考えており、いじめという認識はありませんでした。また学校からAくんの行為が「いじめ」だと言われたこともなかったとのことでした。ただ、Bくんはこの2週間ほど不登校となっていました。そこで、Aくんの母親は、1週間ほど前に学校に間に入ってもらいBくんの両親に謝罪をしようとしたものの、拒否されたとのことです。

　担当弁護士は、面談相談を設定し、事実確認を行うとともに、Bくんの代理人弁護士に受任通知と、内容証明郵便の回答を送ることとしました。

◇この場面のポイント◇
- □　いじめた側の子どもからの相談対応
- □　いじめの事実の確認方法
- □　慰謝料請求を受けた場合の対応

[事例03] いじめ事案その3——加害者側からの相談

1 最初の対応

　子どもがいじめを行ったと分かった場合は，学校と連携しながら，いじめられた子どもや保護者に誠意をもって謝罪するとともに，慰謝料が必要な場合は，誠意をもって対応することが必要でしょう。しかしながら，適切な対応をした，あるいはしようとする前から，弁護士を通じて慰謝料請求がなされる場合や，いきなり訴訟を提起されるというケースもあるでしょう。

　子どもが関わる事案では，子どものことを第一に考え，法的措置については双方が慎重かつ冷静に対応する必要があります。いじめを行った側でいえば，まずは事実を正確に把握するとともに，なるべく訴訟を避けるための謝罪・和解のアプローチを模索することも検討が必要です。

2 事実の把握

　相談を受けた弁護士としては，まずは，子どもと面談し，事実を確認するとともに，学校がどのような事実を認識しているか，把握する必要があります。事実を調査したら，それが「いじめ」に該当するのか，該当したとして，法的に賠償義務が発生するのか，したとして適切な賠償額はいくらなのか等について法的に検討し，対応策を練ることとなります。

　本件の場合，最初に検討することは，Aくん自身からのヒアリングです。しかし，本件のように小さな子どもは，必ずしも過去の記憶を正確に覚えているとは限らず，また，覚えていたとしてもそのことを大人のように適切に表現できるものではないことに留意が必要です。子どもに詰問するような調査になっては，結局Aくんからの言葉を引き出すことができないため，話しやすい雰囲気の中で事実を聞くことを心がけることが肝要です。

　その他証言者となり得る子どもや，保護者などが考えられますが，まずは相談者に近しい人で気軽に証言を得やすい人から話を聞くことが考えられます。あまり多くの人に証言を得ようとするのは時間がかかる上に，いじめられた側がそのことを知ると，かえって気分を害することになるので，初期段

階で広範な聴取調査をすることは控えることが望ましいでしょう。一定の情報を収集し，概要を把握したら，次の段階では最も情報を有していると考えられる学校の担任や校長などへの接触を検討することが考えられます。

証言以外の客観的な証拠の確認も重要です。例えば，日記，連絡帳，最近ではメールやSNSの過去のログを見ることで，起こった事実のヒントとなる記載がなされていることもあります。些細なことでもいいから確認してもらうように促し，あるいは相談者の許可を得て，当該いじめがあった前後の資料を直接確認するのも1つの方法です。

3 対応策の検討

本件の場合は，いじめ防止対策推進法上の「いじめ」（いじめ2条1項）に該当するのが明らかな事案であるものの，学校もいじめた子どもの保護者も「喧嘩の延長」程度であるとの認識でした。その認識が誤りであること，いじめられた子どもに寄り添った対応が必要であることを法律の趣旨を踏まえながら丁寧に説明する必要があります。初期対応で誤って「いじめではない」「訴訟では請求が棄却できる」「証拠がないから突っぱねられる」などと対決姿勢を突き通すことで，いじめられた子どもやその保護者の気持ちを害することになり，かえって争いがこじれてしまい，いじめた側にとっても不幸な結果となりかねません。いじめた側から受けている相談であり，もちろん，相談担当者としては相談者の気持ちに寄り添って話を聞き，味方になってあげることが第一ですが，いじめ事案の場合は，いじめられた側の子にも配慮して，双方にとって望ましい解決を提示し，いかに相談者・依頼者を説得して理解してもらえるか，ということにも弁護士は配慮する必要があります。

場面 2　学校を中心とした事実の確認

相談担当弁護士は，本件の交渉を受任した後，Aくんと両親から事実を確認

[事例03] いじめ事案その3──加害者側からの相談

し、速やかに学校に問い合わせ、事実を確認することとしました。話合いの場には、校長、副校長、Aくんの両親が同席しました。そこで、以下の事実が判明しました。

① 暴言が数回、叩いたり蹴ったりの暴力も2〜3回あった。
② 直近のいじめとしては、「プロレスごっこ」を数名でしているときに、AくんがBくんにラリアットをしたり、お尻を蹴ったりしていた。
③ 担任は気付いたものの、大きなケガがないようだったので、Aくんを注意するにとどめた。
④ Bくんは、その一件があった次の日から、不登校状態になった。
⑤ 学校としては、今は、これらの行為がいじめにあたると認識している。
⑥ Aくんの両親は、上記のいじめのうち何件かは担任から聞かされていたものの、「トラブル」「けんか」というような表現で聞いていたため、「いじめ」だとは認識していなかった。
⑦ Aくんの両親は、Aくんに対し、暴言や暴力行為については、絶対にやってはダメだと、担任からの報告がある度に、都度指導していた。

学校も、Aくんの両親とBくんの両親との和解に向け、仲裁をしようとしたのですが、謝罪は受け入れられず、またBくんの不登校状態を解消できないうちに、Bくんの両親がAくんの両親と学校に対して、代理人を通して不法行為に基づく損害賠償請求がなされた、という経緯でした。学校も当該内容証明郵便が来るまでいじめについての適切な調査をしておらず、損害賠償請求をされてから教育委員会の指導のもと、本格的な調査をし、過去のいじめについてもようやく判明したというものでした。

その後、学校は、Bくんの両親には報告書やいじめ再発防止策を書面にして提示したようですが、Aくん側には口頭での概要の報告があるのみで、学校とBくんの両親と、どのような話が進んでいるのか分からない状況でした。そこで、Aくんの両親は不安に思うようになりました。

◇この場面のポイント◇

☐ 学校に対するヒアリング等を通した事実確認
☐ 学校に対する情報開示請求
☐ 和解の模索

第2章　事例解説　　第1節　学校生活関係

 要件事実のみに偏らない調査

　法律家は，どうしても訴訟における要件事実を中心とした調査に偏ってしまうことがあります。もちろん，事実調査において法律の要件事実を意識することは重要です。しかし，子どもの事案においては，その目的は必ずしも訴訟遂行にとどまらず，過去の被害の回復や今後のいじめの予防，ひいては子どもたちが安心，安全に楽しく学校に通えるための環境を作ることにあるといえます。そのためには，要件事実にとどまらない背景事情や関係者の心情，学校における人間関係，そして家庭環境，学校環境，地域の環境など，幅広い視点で，当事者の子どもたちが置かれている状況について把握する必要があります。

　当事者からのヒアリングが終了したこの時点では，学校を中心にできる限りの情報を得ることが次なる目標です。担任，学年主任，主幹教諭，教頭，副校長，校長など，当該児童生徒に直接・間接的に関わっている教員は複数いますが，どの教員から情報を得ることが適切か検討する必要があります。最も情報を知っていると考えられる担任からあたることが一般的でしょうが，例えば担任から得られる情報が不十分であったり，情報を隠しているように思われる場合には，他の教員，例えば副校長，校長などからも情報を得られるようアプローチすることが考えられます。

　また，当該児童生徒がスクールカウンセラーやソーシャルワーカーと話をしていたのであれば，情報を得ることができるかもしれません。また，他に医師，部活動の監督・コーチ，学童保育の担当者など，関係者から，当該児童生徒の普段の生活について，ヒントになる情報が得られるかもしれません。

　本件では，親の監督義務者としての責任が法的な問題となっていたため，家庭での普段からの当該児童の状況をより詳しく聞くことも必要となります。

2　学校に対応を促すにあたって

　学校からは，できる限り当該いじめについてはもちろんのこと，依頼を受

[事例03] いじめ事案その3——加害者側からの相談

けているいじめた子ども側の情報も得られるようにすべきです。いじめはなかったと思っていたら，実は他に継続的ないじめがあったと発覚する場合もあるでしょう。したがって，いじめた側としても，いろいろな情報を学校から引き出すことが必要です。クラス日誌を担任に再確認してもらったり，いじめに関するアンケートをしている場合は（現在は，いじめ防止対策推進法が施行されてから，ほとんどの学校でアンケート調査は実施しているものと思われます）アンケートについて，当該児童に関する情報が書かれていないか確認してもらうなどの対応が考えられます。

担任が不十分な情報しか提供してくれない場合には，当該児童生徒に関する部分のみ（他の児童生徒のプライバシーにかかる個人情報の部分をみだりに見ないように留意する対応は必要です）そのまま開示を求めることも1つの方法でしょう。

なお，本件ではいじめ防止対策推進法上の「重大事態」（同法28条1項）に該当する可能性があります。同条項2号には「いじめにより当該学校に在籍する児童等が相当の期間学校を欠席することを余儀なくされている疑いがあると認めるとき。」とあります。この「相当の期間」の解釈が問題となりますが，「いじめの防止等のための基本的な方針」（文部科学大臣決定，平成25年10月11日）によれば，「第2号の『相当の期間』については，不登校の定義を踏まえ，年間30日を目安とする。ただし，児童生徒が一定期間，連続して欠席しているような場合には，上記目安にかかわらず，学校の設置者又は学校の判断により，迅速に調査に着手することが必要である。また，児童生徒や保護者からいじめられて重大事態に至ったという申立てがあったときは，その時点で学校が『いじめの結果ではない』あるいは『重大事態とはいえない』と考えたとしても，重大事態が発生したものとして報告・調査等に当たる。」という目安が定められています。

重大事態に該当する場合は，いじめ防止対策推進法上，学校は「質問票の使用その他の適切な方法により当該重大事態に係る事実関係を明確にするための調査を行う」（いじめ28条1項）とされていることから，このような調査を行っているか，学校から情報を収集するとともに，かかる情報の共有をいじめた子ども側としても求めることは必要です。

③ いじめ防止対策推進法に基づいた情報開示請求

　本件では，当初，学校は，いじめられた子どもの保護者にのみ，一方的に情報を開示していました。これでは，いじめた子ども側としては，どういう事実を学校が把握しているか分からず，適切な謝罪や和解に向けたアプローチがとりづらいです。いじめた子ども本人は，過去の記憶を正確に思い出せない，あるいは適切に表現できないこともあります。起こった事実について，いじめられた側，いじめた側が，学校とともに共通の事実認識をもつことで，より適切な形で謝罪や和解に向けた解決を模索できることが多いです。このような観点から，いじめた側としても，学校に対して情報の共有を求めることは必要でしょう。

　いじめ防止対策推進法においても，学校の教職員がいじめを受けた児童等とその保護者並びにいじめを行った児童等と保護者に対して，支援，指導，助言を行うにあたって，「いじめを受けた児童等の保護者といじめを行った児童等の保護者との間で争いが起きることのないよう，いじめの事案に係る情報をこれらの保護者と共有するための措置その他の必要な措置を講ずるものとする。」(同法23条5項)とされています。先ほど述べた趣旨からすれば，この「情報を……共有するための措置」というのは，学校に対していじめられた側といじめた側の一方が有している情報について，他方も開示するよう請求することができるものと考えるべきで，法律を根拠に情報の共有を求めることができるとの解釈が成り立ち得ます。

　具体的な共有すべき情報源としては，いじめに関する児童生徒たちへのアンケート，クラス日誌，子どもが記載した日記，連絡帳，学校が作成している報告書(担任が校長に報告するものと，学校として教育委員会等に報告するものとが考えられます)などが考えられます。また，各学校は，法律上，「学校いじめ防止基本方針」を作成することが義務付けられているため(いじめ13条)，その学校の指針を参照することで，学校がいじめを発見した場合，具体的にどのように調査し，対処したかを理解する上で役に立ちます。

[事例03] いじめ事案その3——加害者側からの相談

4 和解の方法（対学校・対被害者側）

　いじめの問題では，子どもの福祉を考えれば，裁判的手続はなるべく回避し，和解による解決が望ましいことが多いです。ただし金銭的賠償だけにとどまらない子どもと保護者の感情の問題もあり，和解の方法は慎重に検討しなければなりません。

　もちろん，金銭的賠償（けがをしている場合等は，慰謝料にとどまらず財産的損害としての治療費も含まれます）もその中心ですが，いじめられた側にとっては，お金の問題よりも，まず誠心誠意の謝罪や再発防止に向けた取組みがいじめた側から行われることを優先している場合もあります。金銭面のみ交渉しようとすると，かえっていじめられた側の気分を害し，和解に向けた解決が遠のく場合もあることに留意が必要です。結局，相手がどのようなことを望んでいるのか，誠心誠意耳を傾け，謝罪と金銭的賠償のバランスを考えて適切な解決策を提案することが必要です。

　和解に際して，（弁護士が入ったとしても）当事者同士では解決しない場合，学校に仲介に入ってもらうことにより，円滑な話合いが進む場合もあるので，学校とは敵対関係になることなく，コミュニケーションを取り合っておくことが望ましいです。もっとも，いじめられた子どもの側が学校に不満があって，学校にも謝罪や金銭的賠償を請求しているなど学校と敵対関係にある場合には，学校の動きによってかえっていじめられた子どもの側の不信が増す場合もあるので，ケース・バイ・ケースの慎重な動きは必要です。

5 いじめられた子どもへの配慮

　いじめた子どもの側としては，いじめられた子どもの心情等に配慮して，適切なアプローチをすべきことはいうまでもありません。特に本件のようにいじめられた子どもが不登校になっている場合，いじめられた子どもの教育を受ける権利を保障すべく，登校を再開してもらえるよう，学校に協力することも，和解に向けて必要な活動です。

第2章　事例解説　第1節　学校生活関係

　本件の場合，断続的にいじめがあったということなので，担当弁護士としては，クラス替えをする，指導員・補助員等の人員を配置してもらう，いじめた子どもには口頭又は書面で（ただし，小学校低学年の子どもに書面というのは，少し手段としては厳しいとも考えられます）二度といじめをしないと誓約させる，などの方法によって，いじめられた子どもが登校を再開してもらえるよう，学校に積極的に提案することも1つです。

場面3　いじめられた子どもからの訴訟の提起

　その後，担当弁護士は学校を通じて謝罪，和解の場を模索しましたが，Bくんの両親が謝罪を受け入れず，また金銭的にも折合いがつかず，和解は成立しませんでした。ただ，学校が補助教員をつけるなどの再発防止措置を講じることとし，Aくん側も協力する確約をしたため，Bくんが学校に復帰し，いじめはなくなりました。しかしその後1か月ほどして，BくんからAくんの両親に対し，不法行為に基づく損害賠償として330万円を求める訴訟の提起がありました。内訳は，慰謝料300万円，弁護士費用30万円です。法的構成としては，Aくんの一連のいじめが不法行為にあたるとし，民法714条1項本文に基づく監督義務者の責任として損害賠償請求したものです。
　担当弁護士は，当該訴訟についても被告訴訟代理人として受任し，対応することとなりました。当該訴訟において，被告はいじめを行った事実については概ね認めており，争いませんでした。
　訴訟における原告被告双方の主張のやりとりの中で，争点は①当該いじめ行為が民法上の不法行為として損害賠償責任を発生させる程度のものであるか，賠償責任が発生するとして，その金額はいくらか，②親の監督義務者としての責任の有無，の2点に絞られました。

[事例03] いじめ事案その3——加害者側からの相談

> ◇この場面のポイント◇
> □ いじめの損害賠償請求訴訟への対応
> □ 子どもを証人にすることの妥当性
> □ 「いじめ」と不法行為との関係
> □ 学校でのいじめについての保護者の監督義務者としての責任

1 いじめの損害賠償請求訴訟への対応

　損害賠償請求訴訟の被告になった場合は，弁護士としては被告訴訟代理人として粛々と法的な対応をとることとなります。答弁書には，こちらが把握している，真実だと思っている事実を述べて，法的な主張・反論を行います。
　ただし，訴訟の着地点も見据えながらの主張を行うことには留意が必要です。子ども同士のいじめ事案で最後まで争うことになれば，いじめを受けた側，いじめを行った側，双方の子どもも保護者も，精神的にも疲弊することとなり，必ずしも適切な解決とならない場合が多いです。訴訟になった後でも和解で解決する事案は多くあります。少しでも和解の可能性があるのであれば，被告の答弁書や準備書面の中で，過度に原告を刺激するような表現は避け，最低限の事実と法的主張にとどめ（ただし，把握している事実について曲げる必要まではないと思われます），和解を模索するというのも1つの方法です。判決やむなしとなった時点で，言い足りなかった部分についても補足する方法も，時機に後れた攻撃防御方法（民訴157条）にならない範囲では検討してもよいと考えます。

2 争点整理の方法

　本件の場合は，いじめた子どもには言い分（手を出したのは，遊びの延長だったなど）はあり，その点に関しては，原告・被告間では言い分に食い違いがありました。しかしながら，結局いじめを行ったことは事実であり，その点

に双方争いはなかったため、あまり背景事情には焦点を絞らず、起こった事実を前提として、その事実の法的評価や保護者の監督責任などに焦点が絞られることとなりました。

もし被告が法的に不利な立場にさらされるなら、被告を守るためにも適切な主張をすることは訴訟代理人として必要ではありますが、法的に問題がないのであれば、適切に争点を絞ることに協力する姿勢も必要な場面があります。

特に本件は、いじめた子ども、いじめを受けた子ども、ともに小学4年生と幼い児童です。一般的に幼児も供述内容によっては証言能力が認められています。しかし、幼い子どもが自身のいじめた、又はいじめられた体験を法廷で話し、また相手方から反対尋問を受けるというのは、精神的負担が極めて重いものです。このような視点から、事実の主張・反論は、判決を出すための要件事実として必要最小限のものにとどめ、なるべく幼い子どもが法廷で証言することとならないような配慮も検討されるべきでしょう。

一方、事実の有無が激しく争われる場合には、食い違いについて被告としてもしっかりと主張すべきです。ただし、子どもの精神的負担が大きい場合には、証言に替えて陳述書の提出のみで対応できないか、裁判所と協議することが望ましいです。子どもに精神的不安定の兆候が見られる場合には、医師の診断により意見書を裁判所に提出することも検討してよいでしょう。どうしても本人の証言が重要な場合でも、民事訴訟法で規定されている、付添い（同法203条の2）、遮へいの措置（同法203条の3）、映像等の送受信による通話の方法による尋問（ビデオリンク方式。同法204条）といった証人に精神的圧迫の少ない方法が検討されるべきであり、訴訟代理人からも裁判所に積極的に提案すべきです。

❸ 「いじめ」と不法行為との関係

いじめ防止対策推進法上、「いじめ」は「児童等に対して、当該児童等が在籍する学校に在籍している等当該児童等と一定の人的関係にある他の児童

[事例03] いじめ事案その3――加害者側からの相談

等が行う心理的又は物理的な影響を与える行為（インターネットを通じて行われるものを含む。）であって，当該行為の対象となった児童等が心身の苦痛を感じているもの」（同法2条1項）と定義され，その要件の主たる部分はいじめを受けた児童等の主観にかかっていることから，「いじめ」に該当する範囲は広範に及びます。

しかし，その趣旨は，いじめが，その対象となった児童等に深刻かつ重大な結果をもたらし得る行為であり，学校側にとって早期の段階における迅速な対応が必要であるという学校教育上の観点から，いじめの定義を広く置き，学校側の対応が遅れることを回避しようとしたものです。したがって，「いじめ」の定義は，必ずしもいじめた子どもの側に対して損害賠償等の法的責任を追及することを念頭になされたものではありません。

そうすると，同法の「いじめ」に該当，イコール民法709条の不法行為責任による損害賠償義務が発生するという構造にはならないでしょう。不法行為に該当するか否かは，民法上の観点から別に検討されるべきです。違法性は，一般的に被侵害利益の種類と侵害行為の態様との相関関係で判断されます。したがって，いじめの具体的態様に着目して，過去の裁判例に照らしケース・バイ・ケースの判断をすべきでしょう。

そして，当該いじめが民法上の不法行為に該当するとしても，そのいじめの態様の場合に慰謝料の金額として妥当な金額がいくらかということは，過去の裁判例に照らして適切に判断をすべきです。これは，訴訟中に和解を模索する上でも参考となります。

4　保護者の監督義務者としての責任

本件でもう1つ争点となったのは，保護者の監督義務者としての責任です。民法上，未成年者で，「自己の行為の責任を弁識するに足りる知能を備えていなかったとき」は賠償責任を負わないとされ（民712条），判例上，その目安は12歳程度といわれています（ただし，子どもの発達程度や判断能力によって判断は異なります）。したがって，小学生の児童の多くは，民法上不法行為に基

第2章　事例解説　　第1節　学校生活関係

づく賠償責任を負いません。その場合，当該児童を監督する義務を負う者は，かわりに賠償する義務を負います（民714条1項本文）。この監督義務者は，多くの場合親権者ということになります。ただし，その監督義務者が義務を怠らなかったとき，又はその義務を怠らなくても損害が生じていたであろう場合には，責任を負わないとされています（同条項但書）。

この監督義務者の責任が生じない場合というのは，判例上限定されており，未成年者が不法行為を行ったのであれば，監督義務者に賠償責任が生ずる場合が多いです（監督義務者の責任については，【事例02】参照）。

もっとも，本件の「いじめ」はすべて学校で行われたものでした。学校は，保護者による直接の監督範囲に服さない場所です。しかも，保護者は，普段から子どもに対していじめを行ってはいけない等のしつけや指導をし，さらに本件で学校から報告を受けたいじめについては，すべて子どもに注意し，いじめを受けた子どもの保護者にも謝罪しているといった対応を行っていました。このケースにおいて，他に保護者として何ができたであろうかということは検討されるべきでしょう。保護者としてやるべきことを尽くしたにもかかわらず，防ぎようのないことにまで監督義務を負わせることが適切かということと，一方で，いじめを受けた側の被害の回復の必要性という観点，その両方のバランスを考えなければならない非常に難しい問題といえます。

5　訴訟の終結

前述のとおり，訴訟の最中にあっても可能であれば引き続き和解を模索すべきです。しかし，双方の事実認識や金額面に溝があるなど，折合いがつかない場合は，判決に向けて，法律上の主張を適切に行い，争点を整理することとなります。

本件では，子どもに対する証人尋問は不要であると原告訴訟代理人，被告訴訟代理人，裁判所ともに一致した見解をもち，子どもへの証人尋問は行われませんでした。双方の主張が終わった後，裁判官の和解の呼びかけにより，訴訟中に和解期日が何回かもうけられ，結果としては裁判例から見てもかけ

[事例03] いじめ事案その3──加害者側からの相談

離れていない妥当な慰謝料の支払で和解が成立し，被告側が原告側に謝罪することで，本件訴訟は無事解決することとなりました。

column01 — いじめた子どもに対する別室指導といじめた子どもへのケア

1　別室指導と子どもへの懲戒

　いわゆる別室指導がいじめ防止対策推進法を根拠に実施される場合が見られるようになりました。同法23条4項に以下のように規定されています。
　「学校は，前項の場合において必要があると認めるときは，いじめを行った児童等についていじめを受けた児童等が使用する教室以外の場所において学習を行わせる等いじめを受けた児童等その他の児童等が安心して教育を受けられるようにするために必要な措置を講ずるものとする。」
　この「教室以外の場所において学習を行わせる」というのがいわゆる別室指導ですが，法律の規定は必ずしもこの措置に限定されておらず，あくまで例示列挙です。
　問題は，「必要があると認めるとき」というのが，どのような場合をさすのか，ということです。この点，「いじめを受けた子どもの学習権を守る必要があるのは当然であるが，一方でいじめを行ったこどもの学習権を侵害する可能性がある点に留意する必要があ」ります（第二東京弁護士会子どもの権利に関する委員会編『どう使うどう活かすいじめ防止対策推進法』83頁）。すなわち，いじめを受けた子ども，いじめを行った子ども，双方の教育を受ける権利，学習権に配慮したバランスある措置が必要です。本条項は，「児童等が安心して教育を受けられるようにするために」措置をとるという趣旨ですから，いじめを受けた子どもや他の子どもがさらなるいじめを受けて，身体，財産等重要な権利侵害が継続する蓋然性が高い場合に，児童等の安全を守るためにやむを得ない場合に限られる趣旨と考えるべきで，必要性を広く捉え過ぎて，いじめを行った子どもの教育を受ける権利の過度な侵害にならないよう慎重に適用すべきです。
　以上の趣旨からすれば，本条項は，いじめを行った子どもに対する懲罰的な意味合いをもって適用されるべきではありません。学校教育法11条に懲戒の定めがありますが，これとは趣旨を異にすることはいうまでもありません。
　また，別室指導を行うにあたっても，「別室での学習の態勢や期間等についても十分検討する必要があ」ります（第二東京弁護士会子どもの権利に関する委員会・前掲83頁）。例えば，クラスで他の子どもが受けている授業と全く別

[column01] いじめた子どもに対する別室指導といじめた子どもへのケア

の授業を行うことになれば，別室指導を受ける子どもの学習権を侵害するのは明らかであり，許容されません。また，クラスの他の子どもたちへの影響にも配慮が必要です。別室指導を受けている子どもが懲罰的に別室指導を受けているかのような誤解を与えることは，いじめを行った子どもが今度はクラスの他の子どもからいじめや差別を受ける原因となるため（二次被害），担任等からの説明には十分な注意を要します。

このような注意点は，担当弁護士としても事前に念頭においておくべきで，別室指導のカリキュラムや期間，担任等からの説明方法などについては，事前に学校と綿密に打合せを行うことが望ましいでしょう。

いじめ防止対策推進法25条の「校長及び教員による懲戒」の規定や，同法26条の「出席停止制度の適切な運用等」の規定も同様で，いじめた子どもへの過度の懲戒とならないよう，あくまでいじめの再発を防止し，子どもが安心して教育を受けられるようにするという趣旨に沿った適切な運用が望まれます。

2 いじめた子どもへの心のケア

いじめた子どもに対して別室指導や懲戒，出席停止の措置がとられた場合，学校としていじめた子どもにどのようなフォローをするか，いじめた子どもの代理人としては，事前の注意喚起と事後のフォローも必要です。例えば，別室指導の実施によりクラス内で噂が広まり，いじめた子どもが，今度は他の子どもから非難や差別の対象となるという二次被害が発生することもあり得ます。

カウンセラーや医師の診断など，必要な支援をするよう学校に求めたり，保護者に適切な機関を紹介するなど，精神面の配慮が必要です。また，引き続き，いじめた子どもが反対にいじめや差別を受けないように，注意深く見守ることも必要でしょう。

そして，いじめ問題が起こった場合，単にいじめた子どもを厳しく罰するだけではなく，いじめられた子どもが感じた辛い気持ちを考えさせ，反省させるとともに，いじめた側・いじめられた側の両者が対話を通じて和解し，関係性を修復させるという教育的なアプローチも必要です。理想を言えばいじめを契機として，両者が成長する1つの機会になるのが好ましいといえます。可能であれば，そのような対話・和解による子どもの成長に繋がるよう，代理人弁護士も学校と協力するとともに，間違った方向に進みそうなときは学校に意見を述べて適切な方向に軌道修正する活動も必要と考えられます。

第2章　事例解説　　第1節　学校生活関係

Q&A 01　ネットによる性的いじめ

◎　**中学2年生の男子の母親からの相談**

　うちの息子が学校の修学旅行に先週行ったのですが，そのとき，クラスメートにシャワー中の動画を撮影され，クラスのSNSに載せられてしまいました。

　学校からの連絡によると，動画を撮ってSNSに載せた子は，息子をいじめたことを認めているそうです。学校からは，その子と親御さんを交えての話合いを打診されています。どうやら仲直りをさせたがっているようなのですが，息子は修学旅行の後，学校に遅刻して行くようになっており，「いじめた子と顔を合わせたくない，まだ仲直りしたくない。」と言っています。

　息子のことが心配でなりません。息子の気持ちを考えると話合いはまだ早いと思うのですが，学校からの話合いの要請を断ってもいいものでしょうか。これから先も学校にお世話になることを考えると，その要請を断ることが先々息子にとってよくないのではないかと不安です。

◎　**弁護士の回答**

　息子さんはつらい目に合ってしまいましたね。お母さんの心配も当然です。

　まずは，今お母さんがされているように，いじめを受けた息子さんの気持ちを一番に考えてあげてください。

　学校に対しては，まだ子どもの気持ちの整理がついていないので話合いは遠慮したいということ，いじめた子に対する指導監督を徹底してほしいこと，などを要請することを検討してみましょうか。

　この場面のポイント

　□　性的いじめを受けた場合の心のケア
　□　ネットいじめの特徴
　□　SNS等に裸体写真や動画を載せることは犯罪行為に該当する
　　　可能性あり

解説

1 いじめの相談における対応

　いじめを受けたという相談では，子どもの気持ちに寄り添った対応を心掛ける必要があり，特に，いじめを受けてから間がなく，子どもの気持ちが整理されていない段階では，その必要性は一層高いといえるでしょう。

　相談者の母親は，子どもの気持ちを聞いた上で，学校からの話合いの要請が時期尚早ではないかと思いながらも，学校の要請を断ることで子どもに不利益が及ぶことを懸念しています。

　相談を受けた弁護士の対応は，いじめを受けた子どもの気持ちを尊重することが大切であることを指摘し，子どもの気持ちを考えている相談者を励ました上で，子どものためにできることは何か，という観点から，学校に対する返答及び要求についてアドバイスをしていますので，適切なものと評価できるでしょう。

(1) 性的いじめを受けた場合の心のケア

　もっとも，シャワー中，すなわち衣服を着けない状態で動画を撮られ，それをクラスのSNSに載せられたという性的な態様のいじめについては，また違った観点からの検討が必要な場合があります。

　性的いじめには，性的なからかい，性的行為の強要，性犯罪に該当するものまで多種多様なものがありますが，精神医学的な観点からは，性的いじめが被害者の子どもに深刻な心の傷を残す可能性が高いこと及び回復のために医師等の専門家の助けを得ることが重要であることが指摘されています。性的ないじめの場合，子どもが被害を受けたこと自体を恥ずかしいと感じて自分を責めていたり，周囲に相談しても「気にし過ぎ」というような無理解な反応がなされ，それにより一層傷ついている可能性があります。

　相談を受ける場合には，このことを念頭に置いた上で，子どもの心に寄り添う姿勢が大切です。そして，性的いじめの特殊性に鑑み，弁護士としての法的アドバイスにとどまらず，いじめの内容や程度，被害者の子の反応などの具体的事情によっては，子どもの心のケアのため，医師や臨床心理士等の専門家に相談することを勧めるなどのアドバイスも考えられます。

(2) ネットいじめの特徴

　また，本件はクラスのSNSを利用している点で，いわゆるネットいじ

めにもあたります。子どもにも利便性，機能性の高いパソコン，携帯端末が普及したことにより，特定の子の誹謗中傷を掲示板やSNSに書き込んだり，名前や写真，連絡先等の個人情報を流出させるなど，ネットを利用した態様のいじめが増えています。ネットいじめは，パソコンや携帯端末を操作するだけで，また匿名で可能なため，現実世界でのいじめよりも安易に加担してしまいがちです。その一方で，一度ネット上にデータが掲載されてしまうとその被害は永続的なものになりますし，不特定多数に拡散する危険性も非常に高く，被害は重大かつ深刻です。また，ネット上の情報の削除も可能とはいえ限界があります。さらに，ネットいじめは隠れて行われがちで，エスカレートしやすい，という特徴があります。被害者と加害者が流動的であることも指摘されます。

本件でも，そのようなネットいじめの特徴に鑑み，画像がネット上に残っていないか，流出していないかの確認と，必要があればネット上の画像の削除を加害者や学校に要求するといったアドバイスも考えられます。SNSに掲載された動画等の削除に関しては【事例10】を参照してください。

2 犯罪行為に該当する可能性

次に，加害児童に対する指導監督を学校に要請することや，加害児童やその親に対して損害賠償請求等の責任追及をすることを視野に入れた場合，当該いじめが犯罪行為にあたる可能性があることの指摘も有用です。

シャワー中の動画など裸体の写真・動画をSNS等に載せる行為は，たとえ加害者が児童であっても，児童ポルノ製造罪，児童ポルノ提供罪等（児童買春，児童ポルノに係る行為等の規制及び処罰並びに児童の保護等に関する法律7条）にあたる可能性があります。

また，文部科学省の通達においては，いじめが「犯罪行為として取り扱われるべきと認められるときは，被害児童生徒を徹底して守り通すという観点から，学校においてはためらうことなく早期に警察に相談し，警察と連携した対応を取ることが重要」とされ，犯罪行為の一例として，「パソコンや携帯電話等で，誹謗中傷や嫌なことをされる」という態様のいじめが児童ポルノ提供罪等にあたる可能性があると記載されています（「早期に警察へ相談・通報すべきいじめ事案について（通知）」（25文科初第246号平成25年5月16日）別紙1「学校において生じる可能性がある犯罪行為等について」）。

臨床心理士の視点から

性的ないじめにも様々な態様，程度がありますが，性犯罪に該当するようないじめはもとより，些細なことと受け取られがちなことであっても，性的ないじめを受けた子どもの心には深刻な傷が残り，その回復に時間がかかる，という特徴があります。性的なことを自分で決定できる，ということは人にとって大切なことで，特に思春期にある子どもにとって，自分の意図しない形で性的な情報が外に出る，といったことは非常に大きな苦痛をもたらします。

そのため，子どもに対して，安易に「それくらいのことで」とか，「気にしない方がいい」などと言うことは避けてください。性的いじめを受けた子どもに接するときに念頭に置いてほしいのは，「あなたは何も悪くない」というメッセージを伝える，ということです。性的な被害を受けた子どもは，被害を受けた自分を受け入れられずに自分を責めてしまい，自分を肯定できず，大きな喪失感を抱え続けてしまうことがあります。

保護者など周囲の大人からの相談を受けた場合にも，この点をよく説明して，子どもの気持ちを否定せずに，子どもの味方になってくれるようアドバイスをしてください。また，場合によっては，適切な医療機関につなげる必要があることにも注意してください。

子どもの信頼を得るには時間がかかります。あせらずに子どもの気持ちを尊重し寄り添うことから，子どもが自分自身で立ち直り自分を肯定できるような手助けが可能になります。

◆阿部　愛子(臨床心理士)◆

column02——弁護士によるいじめ予防授業

1 弁護士によるいじめ予防授業とは

　弁護士によるいじめ予防授業とは，弁護士が学校に出向き，生徒向けにいじめの予防を目的とした授業を行うことをいいます。当初はごく小規模で2004（平成16）年に始めましたが，その後，2008（平成20）年から東京の3つの弁護士会（東京弁護士会，第一東京弁護士会，第二東京弁護士会）が共同で取り組むことになり，多くの弁護士が関わることとなりました。2013（平成25）年度から2015（平成27）年度の3年間で，全国で630校に対しいじめ予防授業が行われ，1596人の弁護士が参加しており，その数は増加の一途を辿っています。

2 いじめられる側も悪い？

　子どもたちに，「いじめは許されないと思うか」と聞けば，許されない，との回答が返ってくるでしょう。にもかかわらず，いじめは子どもたちの日常として存在しています。いじめが絶対に許されない，ということを，表面的に理解させても，さしたる効果は望めません。

　一般的な弁護士いじめ予防授業の冒頭では，少し視点を変えて，「いじめられる側が悪い」という考えについてどう思うかを尋ねてみます。すると，概ねどの学校，どの学年でも8割以上の子どもが「場合によってはいじめられる側が悪い」という選択肢に手を挙げます。具体的には，暴力，暴言・悪口，いたずら，ちょっかいなど，「人のいやがること」をした場合は「いじめられる側が悪い」に当てはまると考えているようです。いじめられる側にもそれなりの原因があるのだとの考え，もっといえば，許容されるいじめもあるのだという考えが根深いことがよく分かります。

3 いじめはなぜ絶対に許されないのかを伝える

　このような意識を変えるのは容易ではありません。小学校高学年以上が対象であれば，いじめ自殺などの事例を示して，いじめの悲惨さを訴え，また，それが深刻な人権侵害であることを伝えていきます（もっとも，例えば近親者が亡くなったばかりの生徒がいる場合などには，事前に打ち合わせ，自殺以外の例を出すことも行っています）。小学校では授業時間は45分しかありません。

この短い間で，子どもたちの根深い考え方に影響を与えることは，容易ではありません。ただ，生の事案のもつ重みが，私たちを助けてくれます。

4　繰り返しの大切さ

このように，いじめ予防授業は，子どもたちの心の中の「あたりまえ」と思っている根深い考え方を変えることを目標にしているため，何度も繰り返してアプローチする必要があります。授業のあとには作文を書いてもらうというのもその一環です。また，1年限りで終わらず，小学校なら1年生から6年生まで，毎年いじめ予防授業を受けられるようにする制度設計も重要です。第二東京弁護士会子どもの権利に関する委員会では，「全校型いじめ予防プロジェクトチーム」を設置し，これに取り組んでいます。今後，この活動が全国的に広まることを期待します。

第2章　事例解説　　第1節　学校生活関係

事例

04　学校の行き過ぎた指導・懲戒処分

場面１　母親からの電話相談

　Ｃ弁護士は，弁護士会の子どもに関する電話相談で，中学３年生の女の子（Ａさん）の母親から相談を受けました。相談の内容は，Ａさんが他の生徒（Ｂさん）をいじめたとして，通っている私立Ｘ中学から自主退学の勧告を受けたというものです。Ｂさんは，Ｂさんの両親に対して，「Ａさんからいじめられているので，学校に行きたくない。」と相談し，Ｂさんの両親が学校に相談したということです。

　母親が，Ａさんにいじめたのかどうかを確認すると，クラスメートのＢさんの言動が変わっているので，その子の特徴をもじったあだ名で呼んだり，何人かでその子の言動を笑ったことはあるが，単なる悪ふざけのつもりで，いじめたという認識はないとのことです。

　母親によると，これまで，ＡさんがＢさんをいじめたとしてＸ中学から注意を受けたことはなく，今回，突然，自主退学の勧告を受けたことで非常に驚いているそうです。Ａさんの両親は，校長に処分の再考をお願いしましたが，校長は聞き入れてくれず，自主退学勧告に応じなければ，退学処分にすると言っています。Ａさん本人も，せっかく受験して入った学校なので，このまま通い続けたいという強い意思があり，自主退学に応じるつもりはありません。Ｃ弁護士は，母親から，Ａさんが何とか学校に通い続けられるように助けて欲しいとの依頼を受けました。

◇この場面のポイント◇
- □　いじめの有無
- □　本人の意思及び事実の確認

[事例04] 学校の行き過ぎた指導・懲戒処分

1 いじめの有無

　「いじめ」の定義については，従来，文部科学省が学校に対して実施する「児童生徒の問題行動等生徒指導上の諸問題に関する調査」において，その定義の変遷が見られていましたが，平成25年9月28日に施行された「いじめ防止対策推進法」(以下「いじめ防止法」といいます)において，初めて法律上の定義が示されました。同法2条1項によれば，「いじめ」とは，「児童等に対して，当該児童等が在籍する学校に在籍している等当該児童等と一定の人的関係にある他の児童等が行う心理的又は物理的な影響を与える行為（インターネットを通じて行われるものを含む。）であって，当該行為の対象となった児童等が心身の苦痛を感じているものをいう。」とされています。ここでいう「児童等」とは，小学校，中学校，高等学校，中等教育学校及び特別支援学校に在籍する児童（小学生）及び生徒（中学生以上）を指します。

　本件では，Aさんが同じクラスの女子（一定の人的関係にある他の生徒）に対して，特徴的なあだ名で呼んだり，言動を笑ったりしたという行為が問題となっています。かかる行為が「いじめ」に該当するかという点ですが，いじめ防止法に基づき策定された「いじめの防止等のための基本的な方針」（平成25年10月11日文部科学大臣決定）によると，「冷やかしやからかい」もいじめの態様の一例として挙げられています。したがって，Aさんの行為によって，Bさんが心身の苦痛を感じている場合には，当該行為は，いじめ防止法上の「いじめ」に該当するといえます。BさんがAさんの行為によって心身の苦痛を感じていたかどうかは，Bさんに確認する必要があるものの，Bさんは，「Aさんからいじめられているので，学校に行きたくない。」と両親に相談したことからすると，Bさんが心身の苦痛を感じていたといえます。

2 本人の意思及び事実の確認

　子どもに関する事案すべてに共通していえることですが，事実関係及び子ども本人の意向については，できる限り，子ども本人から直接聴取りを行う

第2章　事例解説　　第1節　学校生活関係

必要があります。

　母親によると、①娘はいじめを行ったという認識はない、②自主退学の勧告には応じたくないとの主張が窺えますが、まずは、これらについて、子ども本人に直接確認することが必要となります。

　したがって、電話で親からの相談を受けた場合は、その後、子どもを含めた面接相談の機会を設けることが望ましいといえます。そして、子どもが親の意見に影響を受けやすいことや、親の前では事実を話しにくい場合があり得ることから、子どもの真意を確認するために、親には別室で待機してもらい、子どもとだけ直接話をする機会を設けることも有効な方法と考えられます。

場面 2　子どもを含めた面接相談

　その後、C弁護士は、Aさん本人とAさんの両親と面接相談を行いました。Aさんから直接聴取りを行った結果、Aさんは、他のクラスメートの女子数名と一緒に、日常的にBさんをからかったり、Bさんの特徴をもじったあだ名で呼んだりしていることが分かりました。これに対して、Bさんは、「やめて」などということはなく、一緒に笑っていたりしたため、Aさんは、Bさんが嫌がっていることに気付かず、Aさんの行為は単なる悪ふざけの延長で、これがいじめにあたるとは考えていなかったとのことでした。

　Aさんは、以前から、学校で、服装の乱れや授業中の態度などについて注意されたことはありましたが、Bさんの件については、特に注意なども受けておらず、今回、いきなり自主退学勧告を言い渡されたとのことです。

　Aさんとしては、他に仲の良い生徒もいるし、X中学を辞めたくないという気持ちが強くありました。Aさんの両親は、Bさんの両親に謝罪をして、学校に対して処分の再考をお願いしたいと考えています。

　C弁護士は、Aさんの行為がいじめにあたることを指摘し、Aさんの反省を促しました。また、両親に対しては、学校との交渉を行うことにつき、弁護士が代理して行う方法や、第三者機関である子供の権利擁護専門相談事業を利用する方法がある旨を説明しました。また、仮に交渉がうまくいかなかった場合は、地位保全の仮処分などの法的手続をとることもできる旨を説明しました。

[事例04] 学校の行き過ぎた指導・懲戒処分

◇この場面のポイント◇
- □ 本人のいじめに対する認識
- □ 相手方保護者への謝罪
- □ 学校との交渉の方法

1 本人のいじめに対する認識

　本件では，本人が自分の行為について「いじめ」という認識がなく，単なる悪ふざけの延長との考えでした。これについては，前記場面1❶のとおり，いじめ防止法上の「いじめ」の定義には，「冷やかしやからかい」も含まれること，また，行為を行う側が悪ふざけのつもりでも，された方が苦痛を感じている場合には，「いじめ」に該当することを説明し，Aさん自身の内省を促すことが必要です。今後，学校交渉を行うにあたっても，Aさんが自分の行為を真に反省し，同じ過ちを繰り返さないという決意があることが，学校への復帰を認めてもらう大きなポイントになるといえます。

2 相手方保護者への謝罪

　本件のように，子どもが絡む事案において，その保護者が相手方となる保護者に直接連絡をとり，直接相手方への謝罪を行うことや，逆に直接相手方から謝罪を受けることを求めることが多々あります。
　確かに，こちらがいじめを行った側である場合には，直接謝罪を行うことで，相手方への誠意を示すことができるとの考えもあります。ただ，多くの事案では，当事者同士の直接のやり取りで，より関係がこじれる場合もあり，また，被害を受けた側の保護者が，相手方の保護者との直接のやり取りを望んでいないケースもままあります。
　学校で起こったいじめやその他のトラブルにおいては，通常，学校が間に入って両者の関係を調整することが多く，また，学校という第三者が間に入

ることで，両当事者間の直接的な感情の対立が避けられるというメリットがあります。

いじめ防止法23条においても，いじめの事実があると思われるときは，児童等の保護者は，学校へ通報する旨規定されており（同条1項），かかる通報を受けた学校は，いじめの事実の有無の確認，いじめを受けた児童等又はその保護者への支援及びいじめを行った児童等に対する指導又はその保護者に対する助言を継続的に行う（同条3項）ものと規定されており，学校には，いじめの事実の有無の確認とともに，両当事者に対しての働きかけを行うことが義務付けられています。

したがって，本件においても，相手方に謝罪を行うにしても，一度学校にその旨を申し入れ，学校が間に入って調整してもらえるかどうかを確認する必要があると考えます。

❸ 学校との交渉の方法

次に，本件では，両親が学校に対して処分の再考を求めたいと希望しており，これについて学校と交渉を行う必要があります。このような学校交渉を行う際には，大きく分けて2つの方法が考えられます。

1つは，学校と直接話合いを行うのは当事者（本件でいえば両親）として，それを，弁護士が後ろからアドバイスしながら支える方法であり，もう1つは，弁護士が当事者を代理して，直接学校と交渉を行う方法です。

学校にも柔軟な姿勢が見られ，学校と当事者との対話が比較的スムーズになされている事案においては，突然，弁護士が間に入って交渉を行うよりも，後方支援に徹する方が，両者の関係維持という点で望ましい場合があります。

ただ，両者間の協議が硬直状態にあり，学校が頑なな態度で当事者の話を聞き入れないような場合には，弁護士が間に入って当事者を代弁することが必要な場合もあります。

また，全く異なる中立的な第三者機関に支援を求めることも1つの方法です。東京都では，東京都児童相談センター内に，子供の権利擁護専門相談事

[事例04] 学校の行き過ぎた指導・懲戒処分

業（東京子供ネット）という，子どもの権利を守るための第三者機関が設置されています。子供の権利擁護専門相談事業では，弁護士や福祉関係者によって構成される権利擁護専門員による面接相談や，必要に応じて，事実関係の調査，関係機関への助言・調整活動等を行ってくれるので，このような第三者機関を利用することも検討に値します。

場面 3　学校との交渉

　面接の数日後，両親から連絡がありました。両親によると，Aさんが自分の行為について反省しており，Aさんの反省の気持ちをつづった手紙を学校及び相手方の保護者に送りたいとのことです。また，学校が両親の話を全く聞き入れてくれず，逆に，自主退学勧告処分を受け入れるかの回答期限を設定されてしまったことから，早急にC弁護士に依頼して，学校と話合いを行ってほしいと依頼してきました。
　そこで，C弁護士は，X中学に受任通知を送付し，学校を訪問してAさんのことについて協議を行いたいと申し入れました。
　その後，学校から連絡があり，C弁護士は学校を訪問し，学校長，副校長，担任教諭，生活指導教諭と話合いを行いました。交渉では，学校は以前からAさんの行動を問題視しており，何らかの処分を検討していたこと，Bさんは，Aさんが学校をやめないのであれば学校には来られないと言っており，X中学をやめることも検討していること，学校としても，いじめに対しては厳罰で臨む覚悟であり，Aさんに対する自主退学勧告を撤回するつもりはないことを伝えられました。
　これに対して，C弁護士は，X中学に対して，Aさんが真に反省していること，Aさんの反省文を持参したので学校とBさん及びBさんの保護者にこれを読んで欲しいこと，Bさん及びBさんの保護者に直接謝罪する機会を与えて欲しいことなどを要望しました。また,当該学校は私立とはいえ，中学校という義務教育課程にあること，Aさんに対して何らの事前注意も与えず，いきなり自主退学勧告を行ったことは，通常考えられないような厳しい処分であることを指摘し，一度，Aさんの反省文を読んだ上で，処分を再考して欲しいと要望しました。

第2章　事例解説　　第1節　学校生活関係

> ◆**この場面のポイント**◆
> □　交渉における出席者等について
> □　事実の確認等
> □　要望の伝達

1　交渉における出席者等について

　通常，学校交渉において想定される学校側の出席者としては，学校長，副校長，担任，学年主任，生活指導教諭などが考えられます。この点，いじめ防止法22条によれば，学校は，複数の教職員，心理，福祉等の専門家等によって構成されるいじめ防止対策のための組織を置くことが要求されています。したがって，同組織の責任者や構成員となっている教諭に出席をお願いすることも考えられますが，通常は，校長又は生活指導教諭がその職を兼ねていることが多いと思われます。また，公立学校における一定の重大事案においては，教育委員会の関与も考えられることから，教育委員会の担当者が交渉の場に出席していることもあります。

　なお本件では，特に共同受任の点については触れませんでしたが，本来は，緊急性や多様な視点からの関与が求められる学校交渉においては，弁護士複数で受任することが望ましいといえます。

　また，交渉での学校の発言内容については，記録に残して後から確認できるようにしておくことが必要です。

2　事実の確認等

　いじめ防止法によれば，いじめの通報を受けた学校は，いじめの事実の有無の確認を行うとともに，その結果を当該学校の設置者に報告することが義務付けられています（いじめ防止法23条2項）。学校の設置者とは，公立学校の場合は，地方公共団体（実質的な管理は教育委員会）であり，私立学校の場合は

[事例04] 学校の行き過ぎた指導・懲戒処分

学校法人です。

したがって，本件でも，当該いじめに関する学校の調査の有無，その態様（調査の主体，方法，時期等），調査結果（調査によって学校が認識した事実関係）を確認することが必要です。さらに，前述のとおり，学校には調査結果を学校の設置者に報告する義務があることから，当該報告を行ったのか否かを確認するとともに，報告がなされている場合は当該報告書の開示を求めることが考えられます。いじめ防止法23条3項においては，2項に基づく事実確認により，いじめがあったことが確認された場合には，学校は，いじめを受けた児童等又は保護者に対する支援及びいじめを行った児童等に対する指導又は保護者に対する助言を行うことが要求されていることから，C代理人弁護士としては，同条項を根拠に，かかる報告書の開示を請求することが可能です。

かかる開示要求に対し，学校は，個人情報保護との関係から拒否することが予想されますが，代理人としては，第三者に関する個人情報の部分は黒塗りにした上で，その他の部分の開示を求めるという方法で交渉を進めることが考えられます。

また，Aさんのこれまでの処分歴などの付随事情についても情報を得ることが必要です。本件では，学校が以前からAさんの行動を問題視していたという事情があるため，Aさんのどのような行動が問題であったか，それに対して学校は何らかの処分あるいは注意を与えたのか，また，Aさんの行動が他の生徒に与えた影響等についても確認することとなります。

3 要望の伝達

本件では，C弁護士は，Aさんの反省文を持参し，これを学校やBさんに対して読んでもらいたいこと，Bさんとその両親に直接謝罪する機会を与えて欲しいことをまず要望しました。Aさんは，いじめの加害者側であるため，まずは，Aさん自身の反省の辞を述べ，学校側に理解を求めること，そして，被害者であるBさんとの関係で調整に入ってもらうことが必要です。

このように，問題解決のためにAさんとしてできることを伝えた上で，学

校の対応についての不備を指摘することとなります。本件では，自主退学の勧告（自主退学勧告の法的性質については，後述します）といった，極めて厳しい判断が下されており，私立とはいえ，義務教育課程にある中学生の生徒の地位を奪うという究極的な処分は非常に不合理であるといえます。また，Bさんへのいじめに関してAさんに何の事前注意も与えず，突然自主退学の勧告を行ったことは，手続面においても問題があると指摘できます。

この点，交渉の段階でX中学の行為の違法性を強く主張し，交渉でまとまらない場合には，法的手段に移行することにつき言及するかは，判断の分かれるところですが，個人的見解としては，結果的にAさんが学校に戻ることとなった場合に，両者の良好な関係を維持しておく必要があること，法的手段をとるかについては，Aさんの最終的な意向を慎重に確認すべきこと，法的手段への言及を脅迫的と捉えた学校が態度を硬直化させるおそれがあることなどから，これについては，慎重にすべきと考えます。

場面 4　仮処分の申立て

　交渉の数日後，X中学からC弁護士に連絡がありました。学校は，Aさんの反省文も読んだ上で，処分について再考したが，やはりAさんに対する自主退学勧告は撤回しないとのことでした。また，回答期限までに自主退学勧告に応じないのであれば，Aさんを直ちに退学処分にする意向である，それまでは自宅謹慎を命ずると告げられました。C弁護士は，何とか交渉を継続しようとしましたが，学校の態度は頑なで，今回の処分につき法的に違法と判断されない限り，学校は結論を変えるつもりはないと述べ，C弁護士との今後の交渉には応じない旨宣告しました。

　学校の回答を受けて，C弁護士は，Aさん及び両親と面接相談を行いました。そこで，Aさんから「どうしても学校に戻りたい。そのために法的手段を含めたあらゆる方法を検討して欲しい。」との強い希望を受けました。C弁護士としては，法的手続を行うことについてのメリット・デメリット両方を説明した上で，Aさんの意思を再度確認したところ，Aさんが法的手続を行うことを強く希望したため，学校に対する仮処分の申立てを行うこととしました。

[事例04] 学校の行き過ぎた指導・懲戒処分

> ◇この場面のポイント◇
> - □ 自主退学勧告の法的性質
> - □ 学校（校長）の懲戒についての裁量権
> - □ 申立ての趣旨及び理由
> - □ いじめの具体的内容についてどの程度争うかについて

1 自主退学勧告の法的性質

「自主退学勧告」は，「退学処分」という懲戒処分とは異なるため，「処分」としてその違法性を法的に争うことが可能か否かが問題となり得ます。

この点，「自主退学の勧告」の適法性が争われた裁判例においても，自主退学勧告は退学処分とは異なるが，「主として退学処分を受けることによって生徒が被る様々な社会生活上の不利益を回避するために行われるものと考えられるが，これに従わない場合に実際上退学処分を受けることが予想されるようなときには，自主退学勧告に従うか否かの意思決定の自由が事実上制約される面があることは否定できないのみならず，自主退学勧告は，懲戒と同様，学校の内部規律を維持し，教育目的を達成するための自立作用として行われるものであり，生徒としての身分の喪失につながる重大な措置である」とした上で，「自主退学勧告についての学校当局の判断が社会通念上不合理であり裁量権の範囲を超えていると認められる場合には，その勧告は違法となり，その勧告に従った生徒の自主退学の意思表示も無効となる」と判示されており（私立高校パーマ退学訴訟事件：東京地判平3・6・21判タ764号107頁，東京高判平4・10・30判タ800号161頁，最判平8・7・18判タ936号201頁），勧告自体の違法性を争うことも可能です。

本件でも，「自主退学勧告」に従わない場合は，直ちに退学処分とし，それまではAさんに自宅謹慎を命ずると学校から告げられています。したがって，自主退学勧告の段階であっても，退学処分が下された場合と同視できるとして，X中学の生徒たる地位の保全を求める仮処分を申し立てることがで

きます。

　なお，退学処分については，私立の小中学校では認められますが，学校教育法施行規則26条3項により，公立の小中学校では認められません。

2　学校（校長）の懲戒についての裁量権

　前述のとおり，「自主退学勧告」であったとしても，退学処分に準じてその有効性につき判断されるべきです。その有効性の判断基準ですが，前掲私立高校パーマ退学訴訟事件においては，「自主退学勧告は，生徒の身分喪失につながる重大な措置であるから，とりわけ慎重な配慮が要求されるが，その判断にあたっては，学内の事情に通暁し，直接教育の衝に当たる者の合理的な裁量にゆだねられるものと解するべき」とした上で，「右判断が社会通念上，合理性を欠く場合」には，「自主退学勧告は違法性を帯びる」とされています。

　そして，裁量権の範囲を逸脱しているかどうかの判断については，「懲戒を行う場合に準じ，問題となっている行為の内容のほか，本人の性格，平素の行状および反省状況，右行為の他の生徒に与える影響，自主退学勧告の措置の本人および他の生徒に及ぼす効果，右行為を不問に付した場合の一般的影響等諸般の要素を特に慎重に考慮することが要求されるというべき」（前掲東京高判平4・10・30）や，「自主退学勧告は，退学処分ではないものの，その結果の重大性からして，退学処分に準ずる事由の存在する状況のもとにされるべきもの」との判断基準（横浜地小田原支判平12・8・29判時1736号94頁）などが参考になります。

3　申立ての趣旨及び理由

　本件のような学校への在学継続を目的とした仮処分申立てでは，以下のような申立ての趣旨及び理由が考えられます。

(1)　申立ての趣旨

① 債権者（Aさん）がX中学の第3学年の地位にあることを仮に定める。
② 債務者（X中学の設置者）は，債権者（Aさん）が〇〇中学校において授業を受け，その他の学校行事に参加することを妨げてはならない。

(2) **申立ての理由**
① 被保全権利　「債権者（Aさん）が〇〇中学校に在学中であることの地位確認請求権」（本件自主退学勧告処分は，処分にいたる経緯等などに鑑みても，学校の裁量権を逸脱した違法，無効なものである）
② 保全の必要性　(i)教育を受ける機会の喪失，(ii)学業に重大な支障をきたすおそれ，(iii)債権者が長期にわたって不安定な状態に置かれることによる回復し難い損害の発生

4　いじめの具体的内容についてどの程度争うかについて

　本件に限らず，いじめの具体的内容について，加害者側と被害者側で認識が異なることは多々あります。本来，特に仮処分等の法的手続においては，対象となる行為に争いがある場合に，こちらの主張を積極的に述べる必要があるのは事実ですが，それをあまりに強調し過ぎると，加害者側であるAさんが真に反省していないのではないかとの悪印象を与える場合もあり，判断が悩ましいところです。
　この点，明らかに事実と異なる点については指摘しつつも，「被害者側にも落ち度がある」「この程度の行為態様であればいじめに該当しない」などの主張は差し控えるべきと考えます。

場面 5　和解〜事件の終結

　仮処分の手続において，裁判官から，何らかの条件を設けてAさんがX中学での在学を継続できる可能性はあるかという和解の提案がなされました。これに対し，X中学からは，従前からAさんの素行が悪かったことや，Aさんが学

第2章　事例解説　　第1節　学校生活関係

校に戻った場合に周りに与える悪影響などについての強硬な主張が繰り返され，あらゆる条件を付してもＡさんが在学を継続することはあり得ない，また，仮に，Ａさんの生徒としての地位を認める仮処分決定が出されたとしても，Ａさんを別教室で指導するなどの方法をとるとの意向が示されました。

　これを聞いた裁判官は，たとえＡさんがＸ中学に戻れたとしても，Ａさんは果たして幸せな中学生活を送れるのかという点で疑問を感じるとの見解を述べました。また，Ａさん自身としても，法的手続におけるＸ中学の対応を見て，このような学校にはもう戻りたくないという意思を固めました。そして，別の学校に転学し，早く高校受験に向けて勉強を始めたいという希望を述べました。

　そこで，Ｃ弁護士としては，これ以上の長期の争いを続けるよりも，早期に転学手続を進めて，Ａさんが再スタートを切ることの方が大切であると考え，Ａさんが転学するという形での和解を進めることにしました。

　そして，ＡさんとＸ中学の間で，①Ｘ中学は，Ａさんの指導要録に本件に関する不利益な事実を記載しないこと，②Ｘ中学は，Ａさんの転学先の学校に本件に関する事実を開示しないこと，③Ａさんが既に支払った学費及びその他の費用については，自主退学勧告言渡し後については，その相当額を返還することなどを条件とした和解がまとまり，Ａさんは本件仮処分申立てを取り下げ，この件は終結しました。Ａさんは転学先もすぐに見つかり，新しい環境で，また新たなスタートを切ることになりました。

◇**この場面のポイント**◇
- □　転学を前提とする和解の選択について（子ども本人の意思の尊重）
- □　和解の条件について
- □　指導要録及び出席認定について

1　転学を前提とする和解の選択について（子ども本人の意思の尊重）

　本件では，Ｘ中学への在学継続を目的として仮処分の申立てを行ったものの，和解の話合いの中で，Ｘ中学の大変強硬な姿勢が見られました。このような中で，Ａさんの在学継続を認める仮処分決定をもらったとしても，Ａさ

[事例04] 学校の行き過ぎた指導・懲戒処分

んが気持ちよくＸ中学に通い続けることは困難であることが十分予測できます。

そこで，代理人としては，仮処分決定を受けた場合に起こり得る不都合も説明した上でＡさんの希望を確認する必要があります。その結果，Ａさんは，当初の目的を変更し，他校への転学を希望しました。このような場合には，Ａさんにできるだけ有利となるような条件で速やかに転学を行えるよう，和解条件を検討すべきと考えます。具体的には，転学のための書類に本件に関する不利益な事実を記載しないことや，自宅謹慎命令を受けて欠席していた日数の扱いについて出席扱いにすることなどが考えられます。和解条件については次項以降で詳述します。

❷ 和解の条件について

具体的な和解条件については，事案に応じて様々な内容が考えられるものの，本件のような転学を前提とした場合には，何よりも，スムーズに転学手続を進めることと，そして，転学先でＡさんがさらなる不利益を被らないよう考慮することが重要です。

そこで，一例ですが，以下のような和解条件を提示することが考えられます。

① 転学の書類（指導要録等）に本件に関する不利益な事実を記載しないこと
② 転学先に対して本件に関する一切の事実を開示しないこと
③ 自主退学勧告言渡し後の欠席については，全日出席扱いとすること
④ 自主退学勧告言渡し後の授業料相当額その他費用を返還すること

ここで問題となっている指導要録及び欠席日数の出席扱い認定については，❸及び❹で詳述します。

第2章　事例解説　　第1節　学校生活関係

❸ 指導要録について

　指導要録とは，学校教育法施行規則24条1項によって，校長に作成が義務付けられている児童等の学習及び健康の状況を記録した書類です。そして，同施行規則24条3項においては，校長は，児童等が転学した場合においては，当該児童等の指導要録の写しを作成し，その写しを転学先の校長に送付しなければならないと規定されています。文部科学省の通知によれば，指導要録は，児童生徒の学籍並びに指導の過程及び結果の要約を記録し，その後の指導及び外部に対する証明等に役立たせるための原簿となるものとされています。そして，その中に，当該児童生徒の行動の記録や，指導上参考となる諸事項，出欠の記録等が記載されます。

　本件においても，指導要録の中に，Aさんが「いじめ」を行ったことがきっかけで，自主退学をして転学することとなった旨記載されてしまうと，Aさんが転学先で当初から偏見をもたれ，転学先でも適切な指導・教育を受けることができず，Aさんの今後の学校生活に支障をきたすおそれがあります。そこで，C弁護士としては，AさんがX中学からの自主退学勧告を受け入れ，仮処分申立てを取り下げる代わりに，Aさんに関する不利益な事実を指導要録に記載しないこと，また，転学先にそのような事実を一切開示しないことを和解条件として求めることが考えられます。

❹ 欠席日数の出席認定について

　次に，欠席日数の出席認定についてですが，これについては，実際に授業に出席していない児童生徒を出席扱いとすることについて，学校からは反発が出ることが予想されるところ，その理由が，他の生徒に対するいじめを原因とするものである本件の場合，なおさら厳しい反応がかえってくることが十分，考えられます。

　この点，欠席を出席と認めることについて，法令上直接の規定はありませんが，学校教育法施行規則では，各学年の課程の修了又は卒業を認めるにあ

[事例04] 学校の行き過ぎた指導・懲戒処分

たっては、児童生徒の平素の成績を評価してこれを定める旨規定されており（学教施規57条）、この修了認定の判断は、「高度に技術的な教育的判断であることから、学校長の裁量に委ねられている」と解されています（神戸地判平5・8・30判タ883号177頁）。そして、出席の認定もまた、各学年の課程の修了を判断するための一要素であるため、同様に、学校長の裁量に委ねられるべきものと考えられます。

C弁護士としては、出席の認定が学校長の裁量に委ねられているという点を主張し、特に、私立中学である本件では、かかる裁量の幅が広いと解されること、今後のAさんの進学において、中学での出席日数が重要になってくることなどを強調した上で、学校の理解を得るよう努めることが必要です。

なお、不登校の場合の出席認定については、【column03】を参照してください。

第2章　事例解説　　第1節　学校生活関係

事例

05　私学の懲戒処分と少年審判手続

場面　1　母親からの相談

　Ａ弁護士のもとに，私立の中高一貫校Ｘ学園の高等部１年に通う息子Ｂくんの母親から次のような相談がありました。

　２週間ほど前，Ｂくんが駅の女子トイレで盗撮をしたということで警察に逮捕されてしまいました。幸い，逮捕の翌日には釈放され，一安心したのですが，事件から数日後，担任のＹ教諭と学年主任から呼び出しを受けました。どうやら警察から学校へ盗撮事件の連絡があったようで，当面の間，自宅で謹慎するようにと指示されました。
　自宅謹慎を言い渡されてから10日ほど経ちましたが，いつ謹慎が解けるのか，教えてもらえません。謹慎期間中も連絡をとっているＹ教諭に聞いてみたところ，「家庭裁判所の処分が決まらなければ学校も最終的な判断を下せないので，少なくとも家庭裁判所の処分が決まるまでは続くと思う。」とのことでした。それどころか，教師の間では，「もうクラスにも戻りづらいだろうし，自主退学した方がよいのではないか」という意見も出ているそうです。
　どうしたら早く学校に戻れるでしょうか。家庭裁判所の処分が決まるにはどのくらいの時間が掛かるのでしょうか。

> ◇この場面のポイント◇
> 　□　事実行為としての懲戒（自宅謹慎の法的根拠）

　生徒に非行があった場合において，学校が正式な懲戒処分を下すまでの間の暫定的な措置として，学校に登校させずに自宅待機を命じる，いわゆる「自宅謹慎」処分が行われることがしばしばあります。

[事例05] 私学の懲戒処分と少年審判手続

　自宅謹慎は，学校教育法及び同法施行規則が定める退学，停学，訓告といった定型的な懲戒に含まれない，事実行為としての懲戒の一類型と位置付けられ，その法的根拠は学校教育法11条に求められます。

　事実行為としての懲戒については，一定の手続的な要求がある退学，停学及び訓告とは異なり（学教施規26条2項及び5項），どのような手続を経て行うか，また学校が手続を定めるか否かも含めて学校教育法及び同法施行規則には定められておらず，学校（校長）の裁量に委ねられていると考えられます。また，私立学校の場合は，公立学校と比べて学校長の裁量の幅は広いと解されています。

　もっとも，学校が事実行為としての懲戒の手続を規則で定めている場合においては，当該手続に従わないでなされた懲戒処分は裁量権の逸脱と判断される可能性が高いと考えられ，学校に対して懲戒処分の根拠を示すように求めることは有益な手段といえます。

　また，本件のように，退学，停学等の終局的な処分を下すまでの暫定的な措置として自宅謹慎が利用されている場合は，客観的には終局的な処分をするために必要な情報が揃っているにもかかわらず徒らに不定期の自宅謹慎を命じ続けるのであれば，合理性を欠き裁量権の逸脱となる余地があると考えられます。

　そこで，このような場合には，学校が終局的な判断をするためには，どのような情報・条件等が必要なのかを尋ね，学校が求める情報を積極的に提供することで，学校側が処分を決定せざるを得ない客観的な状況を作ることが考えられます。

　もっとも，公的機関である家庭裁判所の判断を待つという学校の判断が明らかに合理性を欠くとまでは言い難く，また，自宅謹慎は暫定的措置だけでなく，復学できる状態になるまでの経過観察的な目的で行われることもあるため，このような学校への働きかけには限界があると言わざるを得ません。

　また，学校によっては，私立学校の運営に関して特に広範な裁量が認められるとの理解の下，生徒への懲戒処分が違法となる可能性の認識が一切なく，外部の者からの指摘を学校の自治に対する不当な干渉と捉えて極端な拒絶反

応を示すケースもないではありません。

　学校交渉の目的は生徒の復学であって学校側の行為の糾弾ではありません。客観的には学校に違法の疑いが強い行為があったとしても、それをいつ、どのような形で指摘すべきか（あるいはせざるべきか）は慎重な判断が求められるように思います。

場面2　学校及び家庭裁判所との折衝

　A弁護士がすぐに学校側に面談を申し入れ、学校側に説明を求めたところ、自宅謹慎は学則で定める正式な懲戒処分ではなく、正式処分をするまでの間の暫定的な措置とのことでした。

　A弁護士は学校側に、家庭裁判所の判断を待っていては自宅謹慎の長期化は避けられないこと、事案の程度からして長期の自宅謹慎は処分として重すぎること、BくんはY教諭からの指導を守ってきちんと生活しており事件に対しても真摯に反省していること等を説明して、早期に処分を終わらせるよう要請しました。学校側は、自宅謹慎は通常1、2週間程度で、今回のように長期にわたることが異例であることは認めつつも、家庭裁判所の判断が出るまでは処分は下せないという姿勢を変えませんでした。

　一方、A弁護士は、Bくんの少年付添人となり、調査官に電話で事情を説明するとともに、早期の調査実施と審判不開始処分を求める意見書を提出しました。裁判所は、状況に理解を示し、すぐに調査官による調査を行い、Bくん親子の真摯な対応も功を奏したのか、意見書提出から約1週間後、審判不開始の決定をしました。

◆この場面のポイント◆
□　学校交渉と少年付添人活動

　身柄事件の場合、観護措置の期間が決まっているため（少年17条）、少年審判手続終了までの期間は予測することができますが、在宅事件の場合は身柄

[事例05] 私学の懲戒処分と少年審判手続

事件のような厳格な期間制限がありません。そのため、少年審判手続に要する期間が身柄事件に比べ長くなることがしばしばあります。本件のように、少年審判手続が完了していないことが学校交渉上の大きな障害となっているケースでは、いつ少年審判手続を終わらせることができるかは非常に重要な問題になり得ます。

このような場合、在宅事件であっても、弁護士が積極的に少年付添人となり、早期に家裁調査官による調査を行ってもらうため、さらには、審判不開始決定を得るために裁判所を説得するための手助けをすることが重要です。

本件に即していえば、事件の発生から自宅謹慎状態にいたるまでの詳しい経緯を具体的に説明した上、自宅謹慎によって少年が重大な不利益を被っていること、（学校の対応の当否は別として）少年審判手続が進まない限りその状態が継続してしまうこと、自宅謹慎状態は事件送致の時点で家庭裁判所が観護措置をとらなかった趣旨・意図に反していること等を述べ、即時対応の必要性を説明する必要があるでしょう。また、審判不開始の決定をもらうためには、要保護性がないことが明らかであること（軽微事案である、過去の非行・補導歴がない、家庭環境が安定している等）を示す事実の具体的な説明に加え、上述した、審判を待った場合に少年が被る不利益の重大性を重ねて訴えることが必要と思われます。

また、審判不開始を得られた場合には、その結果を学校交渉により効果的に活かすため、裁判所に、審判不開始決定の通知書を作成し、通知書に「少年が深く反省している」「再非行のおそれがない」といった理由を記載してもらうことを要請することが考えられます。なお、少年審判規則上、審判不開始決定は「相当と認める方法によつて告知する」こととされており（少年規3条4項）、管轄裁判所によって運用が異なる可能性もありますが、上記のような要請も必要性を説明すれば、ある程度柔軟に対応してもらえるものと思われます。なお、東京家裁では、簡易送致（第二東京弁護士会子どもの権利に関する委員会編『新・少年事件実務ガイド〔第3版〕』94頁以降）の場合を除き、特に希望せずとも決定書を少年本人に送付する運用をとっているようです。

場面 3　学校による正式処分と転校の決断

　家庭裁判所の審判不開始決定を受け，A弁護士は，再度学校側に面談を申し入れ，早期の復学を要請しました。この時点で，Bくんが自宅謹慎を言い渡されてから1か月強が経過していました。
　しかしながら，その数日後，Y教諭からA弁護士に電話があり，学校の懲戒委員会に諮った結果，Bくんを無期限の停学処分とした旨を口頭で伝えられました。Y教諭の説明によれば，停学の解除時期・解除事由については具体的には言えないが，Bくんが再び登校しても問題ないだろうと学校が判断できるまでは解除されないのではないか，ということでした。
　自宅謹慎を言い渡されてから約2か月間が経過してからのこの処分に対してはBくんの両親も強く憤り，仮処分申立てなどの法的措置を講じることも考えました。
　しかしながら，他方で，自宅謹慎が長期に及んだため復学した後の学校生活にも不安がある，新年度が間近に迫っており別の学校に編入するには現時点が最適であるといった事情もあり，Bくんと家族は，引き続きX学園への復学を目指すか（さらには，法的措置をとるのか，法的措置はとらずに学校が停学を解除するのを待つのか），別の学校に編入するのかという選択を迫られることになりました。
　熟慮の結果，Bくんは，X学園が停学処分を取り消し，自宅謹慎期間中も欠席扱いとしないことを条件に，他校へ編入することを選び，これを学校に伝えたところ，学校側もこの条件を受け入れました。

◇この場面のポイント◇
　□　復学か転校か

　学校問題事件の中でも，退学や停学，自主退学勧告等が争われる事案においては，現在の学校に残ることを目指すのか，他校への転学を決断するのかは最も難しい問題の1つです。特に私立学校の場合は公立と比べて学校側の立場が強い場合が多く，本件のように不登校状態が先行してしまっているよ

[事例05] 私学の懲戒処分と少年審判手続

うな場合には，いかに学校側の行為が違法・不当なものだったとしても，仮処分等の法的手段では解決のためにある程度の時間が掛かることは避けられず，その間生徒やその家族に相当な物理的・精神的な負荷が掛かり続けます。また，法的手段に出ずに学校側が自宅謹慎や停学を解いてくれるのを待つのも，いつまで不安定な立場が続くか分からなければ，相当な負担にならざるを得ません。他方，生徒側が転学を選択する場合には，学校側も，指導要録への懲戒事実の不記載や出席認定等，転学のために便宜を図るケースも多いといえます。その結果，学校の処分を争わずに自主退学するケースは相当多いと思われ，その方が生徒や家族にとってよい判断であるといえる場合も多いと思われます。

　もっとも，見方を変えれば，このような選択は学校の違法・不当な行為を追認したともいえ，学校側としては，多少強引でも不登校状態を長引かせて復学しづらい状況を作り出せば，法的に争われることなく問題生徒を排除できるという，望ましくない傾向を助長する結果とならないともいえません。長期の不登校状態の既成事実化を防ぐためには，早期に法的手段に訴えることも考えられますが，任意交渉のみで復学できる可能性がある段階では（実際に任意交渉の結果復学できているケースも相当数あると思われます），リスクの高い選択肢であり，実際にはしばらく任意交渉を続けて学校側の対応を窺うケースが大多数であると思われます。

　弁護士は具体的な案件の依頼者の利益を第一に考えて働くものであり，また子どもにとって学校生活は二度とない大変貴重な時間ですから，現状の法制度の下では妥当な判断であるとは理解しつつも多少の歯がゆい思いが残る案件もあり，子どもをめぐる案件の難しさを感じさせられます。

第2章　事例解説　　第1節　学校生活関係

column03──出席認定

　近年，不登校により欠席をした場合であっても，学校が出席と認めるケースが散見されています。不登校の要因や背景は様々であり，無気力や非行・遊び，学業不振から，最近ではいじめや発達障がいなども指摘されており，学校は個別のケースごとに柔軟に対応する必要があります。
　法令上，出席に関する規定は次のようなものがあります。
① 児童等の出席状況を明らかにしておかなければならない（学教施令19条）
② 児童等について出席簿を作成しなければならない（学教施規25条）
③ 児童等の指導要録（「出欠の記録」を記入するものとされています）を作成しなければならない（学教施規24条1項）。
　ただ，欠席を出席と認めることに関しての直接の規定はありません。
　しかし，各学年の課程の修了を認めるにあたり，「児童の平素の成績を評価して，これを定めなければならない。」と規定されており（学教施規57条・79条・113条），この修了認定の判断は，「高度に技術的な教育的判断であるから，学校長の裁量に委ねられている」と解されています（神戸地判平5・8・30判タ883号177頁）。そして，出席の認定もまた，各学年の課程の修了を判断するための一要素ですので，同様に，校長の裁量に委ねられるべきものと考えられます。
　このように，欠席を出席と認めるかどうかについては，校長の裁量的な判断とされていることが重要です。
　文部科学省でも，不登校の児童生徒（高等学校の生徒も含みます）が，自宅でインターネットなどを活用して学習活動を行った場合やフリースクールなどの学校外の施設において相談や指導を受けている場合に，一定の要件の下で指導要録上の出席扱いとすることを認めています（平成15年5月16日文科初第255号，平成17年7月6日文科初第437号，平成21年3月12日文科初第1346号）。
　児童生徒がいじめや発達障がいなどを要因として学校を欠席した場合には，学校は，その要因の内容や学校外での学習状況等の諸々の事情を総合的に考慮して，出席と認めてもよいかどうかを柔軟に判断することが求められているといえるでしょう。

06 体　　罰

場面　1　親からの相談

母　親：中学2年生の娘Aが学校の担任のX先生に体罰を受けました。とても許せないので，学校と先生を訴えたいのですが……。

弁護士：なるほど。まず，落ち着いて，どのようなことがあったのか，教えていただけますか。

母　親：娘は，数学の宿題がきちんとできなかったということで，担任の先生に放課後残るように言われ，1人残され，何度もやり直しをさせられたそうです。娘はちょうど反抗期でもあり，担任の先生の日ごろからの嫌味な言い方や指導内容に納得がいかず，以前から反発していました。このときも，担任の先生から「こんなこともできないのは小学生レベルだ」などと嫌味を言われ，傷ついて，頭に来て，途中で帰ろうとしたそうです。そうしたら，担任の先生に，終わるまで教室から出さないと言われ，もみ合いになりました。そのときに，担任の先生はかなり強く娘の腕をつかんだようで，娘の腕に打撲傷と大きなひっかき傷ができました。娘の話では，先生もかなり感情的になっていたそうです。こんなやり方は指導ではないと思います。学校にも抗議をしましたが，娘の態度を問題にするだけで，娘の怪我も娘が暴れたためにできただけだと言って，相手にしようともしません。

弁護士：体罰は決して許されないことです。怪我をした当時の写真などはとられていますか。また，娘さんご本人にも当時の状況をもう少し具体的にお聞きしたいのですが，大丈夫でしょうか。その上で，今後どうするか，方針を検討したいと思います。

第2章　事例解説　　第1節　学校生活関係

> ◈この場面のポイント◈
> □　体罰の定義，体罰の絶対的禁止

1　体罰とは

　教員等が児童生徒に対して行った懲戒の行為が体罰に当たるかどうかは，当該児童生徒の年齢，健康，心身の発達状況，当該行為が行われた場所的及び時間的環境，懲戒の態様等の諸条件を総合的に考え，個々の事案ごとに判断する必要があり，その懲戒の内容が身体的性質のもの，すなわち，身体に対する侵害を内容とする懲戒（殴る，蹴る等），被罰者に肉体的苦痛を与えるような懲戒（正座・直立等特定の姿勢を長時間にわたって保持させる等）に当たると判断された場合は，体罰に該当するとされています（「問題行動を起こす児童生徒に対する指導について（通知）」平成19年2月5日初等中等教育局長通知（18文科初第1019号）――学校教育法第11条に規定する児童生徒の懲戒・体罰に関する考え方より）。

2　体罰の絶対的禁止

　そして，体罰は，学校教育法11条によって，絶対的に禁じられています。また，体罰は，体罰を受けた子どもの尊厳を傷つけ，屈辱感，恐怖心等を抱かせる等，子どもの人権を侵害し，子どもに深刻な精神的苦痛を生じさせるおそれがあります。その意味においても，決して許されない行為です。

3　本件について

　本件についても，Aさんが，実際に怪我を負ったというのですから，X先生による行き過ぎた指導が体罰になる可能性があります。ただ，実際の怪我の状況や，どのような状況で怪我を負ったのか，詳細を確認する必要があります。事故直後の写真などの確認や，Aさん本人の説明もじっくり聞いた上

[事例06] 体　罰

で、慎重に方針を決めることになります。

場面 2　事情聴取，方針決定

(1) 具体的事情

　弁護士は、Ａさん本人から話を聞きました。また、怪我を負った当時の写真も残っていました。Ａさんの主張は具体的で信用できると思われ、体罰に当たる可能性が高いと思われました。また、実際に、Ａさんは、Ｘ先生に対する恐怖心が芽生え、学校に行きたがらなくなり、精神的にも不安定になり、パニック症状を起こすこともあるという深刻な状態にあることが分かりました。弁護士が、Ａさんの意思を確認したところ、とにかく、Ｘ先生のことが許せず、直接の謝罪を受けたいと強く希望していることが確認されましたが、他方で、学校側は認めておらず、Ａさんの話を裏付ける客観的な証拠も乏しい状況でした。

(2) 見通しの説明

　このような結果を踏まえ、弁護士は、本件で、Ｘ先生や学校側の責任を任意に認めさせることは相当困難と思われること、仮に訴訟等の法的手続をとったとしても、立証が困難で、Ａさんに相当の精神的負担を強いることになることを、Ａさん及びＡさんの両親に説明しました。

(3) 方針決定

　その結果、Ａさん及びＡさんの両親は、法的手続をとることまでは望まないが、Ａさんが現在も苦しんでいることを学校やＸ先生に伝え、責任を自覚させ、できる限りＡさんの希望する内容が実現するよう、交渉して欲しいとのことでした。

　それゆえ、弁護士は、Ｘ先生のＡさんに対する対応の問題を指摘し、Ａさんの被害内容について理解し、Ｘ先生及び学校側にＡさんの希望する内容の実現を求める書面をＸ先生と学校に送ることとしました。その後の対応については、Ｘ先生や学校側の反応をみて、改めて検討することにしました。

第2章　事例解説　　第1節　学校生活関係

> ◆**この場面のポイント**◆
> □　方針決定の際に考慮すべき事項

　体罰はいかなる理由によっても（教師は指導のつもりであったとしても）許されないものであり、不法行為となります。
　それゆえ、不法行為に基づく損害賠償請求をすることが考えられます。
　訴訟による場合で、学校が公立の場合には、国賠請求をすることになります。ただし、訴訟をするかどうかの判断は慎重にする必要があります。そもそも、訴訟は紛争を長期化させ、経済的な負担のみならず、精神的な負担も大きく、特に、当事者が子どもである場合、成長過程にある子どもへの影響や負担は甚大です。さらに、証拠が不十分であれば、請求棄却となることも考えられ、子どもの傷は癒されないばかりか、さらに深まる危険性もあり、注意が必要です。
　本件では、弁護士が、上記の点を踏まえ、証拠の有無などを確認し、立証が困難であることを説明し、Aさんの精神的負担が相当となること、訴訟に適さないことを助言しています。
　訴訟によらない場合には、本人たちの希望も聞いた上で、学校側との交渉によって、問題を解決する方法を模索することが考えられます。交渉の場合には、訴訟と異なり、柔軟な解決が得られる可能性がある点がメリットといえます。また、本人たちが直接交渉すると双方が感情的になり、解決できない場合でも、弁護士が間に入ることで、双方が冷静になり、解決のために努力できる場合も多くあり、子どもが前へ進むための手助けになる場合も多いです。
　本件では、AさんやAさんの保護者の希望を聞いた上で、法的措置はとらず、学校側の問題点を指摘し、Aさんの状態を伝え、適切な対応を求める方向で、学校側と交渉をする方針が決定されています。単純に、訴訟をやるかどうかということで終わらせるのではなく、現に苦しんでいるAさんが次の一歩を踏み出せるためにどうすればよいのか、AさんやAさんの保護者の意

向も汲んだ上で,方針を決定しています。

場面 3　学校交渉

(1) 手紙の送付

弁護士は,①Ｘ先生に対しては,Ａさんに対する謝罪,慰謝料,本件についての話合いの機会を設けることを求めるもの,②学校に対しては,Ｘ先生のＡさんに対する行為が安全配慮義務に違反していることの指摘,Ｘ先生の行為についていかなる方法によって事実調査をし,どのような判断をしたのか,現在も多大な精神的苦痛を抱えているＡさんに対して教育機関としてどう考えているのか明らかにすることを求めるものを内容とする手紙を送りました。

(2) 学校側からの最初の回答

これに対して,学校からの回答は「とりあえず,代理人と話をするのは良いが,Ａさんの主張は事実と異なる。既に学校側は,Ａさん及びＡさんの保護者に対して十分かつ適切に対応している。それゆえ,要望には応じられないと思う。」というものでした。

(3) 学校での面談

弁護士は学校を訪問し,教頭,学年主任,Ｘ先生と面談しました。学校側は弁護士に対して警戒し,対決姿勢を示してきて,「学校側はこれまで誠実に対応してきた。Ａさんの主張は事実と異なる。証拠があるのか」などと言ってきました。

弁護士は,①まず事実関係について主張すべき点を主張し,②Ａさんが現実にＸ先生の行為が原因で深く傷つき,恐怖を感じ,学校に行きづらくなっていること,③こちらとしては,いたずらに対立することが目的ではなく,Ａさんが少しでも元気になり,本件について1つの区切りをつけ精神的に安定し元気に学校に通えるようになるための協力や援助が目的で活動をしていること,学校側もその点では同じ立場のはずであることを強調しました。

これに対して,学校側は③については同意したものの,これまでのＡさんやＡさんの保護者のＸ先生や学校に対する言動から,交渉での解決は困難ではないか,訴訟を提起されるのであれば,それでもかまわないと述べるなどして,固い態度のままだったため,話合いはこの1回だけで打切りになるという雰囲気になりました。

しかし，弁護士は，Ａさんのためには，可能な限り話合いによる解決が望ましいと考えていたため，まずは，学校に対し，Ａさんや保護者に対して十分な説明をしたというのであれば，学校が調査し，Ａさんらに説明した内容について書面で提出して欲しいと依頼しました。それを踏まえて，解決策が提案できるか，本人たちと検討したいと申し入れたところ，学校側もこれを承諾したので，次の話合いにつなげることができました。

◇この場面のポイント◇
- □　通知文の内容，送付方法
- □　学校交渉に臨む際のスタンス

1　通　知　文

　最初の通知文をどのような内容で送るのか，内容証明郵便で送るのか普通郵便で送るのかについては事案ごとに慎重に検討する必要があります。

　話合いが目的である場合には，必要以上に攻撃的な内容の書面を送ることが，学校側を警戒させ，逆効果になる場合がありますので，注意が必要です。また，弁護士介入前に，当事者間でどの程度話合いがなされたのかによっても，状況が異なり，場合によっては，これまでの話合いの内容を書面で整理しておいた方が良いという場合もあるでしょう。

　最終目的を念頭に置きつつ初動を行うことは，成人の交渉事件でも同様ですが，当事者が学校に通っている子どもの場合は，より慎重かつ丁寧に検討すべきであるといえます（【事例01】参照）。

2　学　校　交　渉

　最初の面談は，ほとんどの場合，学校側は固い姿勢であることが多いです。事情をよく知らない「弁護士」が乗り込んできて，今後何をされるか分から

[事例06] 体　　罰

ないとして警戒してしまうのは，ある意味，やむを得ないことであると思います。

　これに対して，こちらとしては，主張すべき点は主張しなければなりませんが，むやみやたらに攻撃をするために来たのではないこと，弁護士がむしろ双方の懸け橋となることにより，話合いによる解決を実現し，何よりも子どもが元気に学校に通えるようになることを目指していること，そしてその点では教師や学校も同じ立場のはずであることについて，辛抱強く説明し，理解してもらうことが第一歩となります。

　既に，当事者間での交渉が先に行われている場合，お互いに感情的になり，問題がこじれてしまっている場合もありますが，単に，こちらの言い分を学校に認めさせるのではなく，学校側が当該問題についてこれまでにどのような調査・対応を行ってきたのかを改めて聴取することにより，見解が一致する点，異なる点など，事案を整理することができ，その中で，さらに学校ができることを確認するなどして，少しずつ双方が歩み寄ることができる可能性があります。

　本件でも，事前に当事者間で激しいやり取りがあったためか，学校はなかなか頑なな態度を崩しませんでしたが，できる限り話合いにより解決すべき事案であると考えられたことから，弁護士は，まずは，学校側に，どのような調査をし，どのような結論を導いたのかについて，書面での説明を求めることに解決への糸口を見出しています。それであれば，学校もこれまで行ってきたことをまとめればよいのですから，それほど難しいことではなく，承諾をしました。書面が提出されれば，これに対して，改めてAさんや保護者に内容を確認してもらうことにより，どこに食い違いがあるのか，Aさんの認識を理解してもらうために，どのように説明をするのか等，事案が整理されていくことになり，解決への道筋も見つけやすくなります。

場面 4 和解へ

(1) 学校側からの回答

学校側からの回答は下記のとおりでした。

「Aさんの怪我は，Aさんが宿題を済ませないまま強引に出ようとし，それを引き留めるために，XがAさんの腕をつかんだところ，Aさんが暴れだし，その結果，怪我をしてしまったものである。ただし，Aさんが怪我をしたことについては，Xは当時，口頭でAさんに対して謝罪をしているし，その後もAさんに対して声をかけるようにしている。また，保護者に対しても何度も説明を行っている。」

(2) Aさんの希望

上記学校側からの回答を踏まえ，再度どうするか，弁護士はAさんとAさんの保護者と相談しました。Aさんは，X先生から「大丈夫？」と声をかけられたが，きちんとした謝罪を受けたとは思っていないとのことでした。また，怪我をしたのに，きちんと謝罪されなかったことについて，自分が子どもだから馬鹿にされているような気がしてとても悔しい思いがあるとのことでした。怪我を負わせたことについて，きちんと謝罪を受けることがAさんの一番の希望であるということが確認できたので，それを求める解決案を改めて提案することにしました。

(3) 和　解

弁護士は学校側に，Aさんが謝罪を受けたと思っていないこと，そのために傷ついていたことを伝え，X先生がAさんに謝罪をすることで，和解できないか提案しました。

これに対して，X先生としては既に謝罪したつもりであること，今後も何度も同じ要求をされるのではないかとの不信感があることから，最初は要求には応じられないとのことでしたが，弁護士は，Aさんが前に進むためにX先生からの謝罪が不可欠であること，和解ができなければ今後もこの問題は解決できないままとなるが，謝罪を受け，和解書に双方が調印することで最終解決ができるのではないかと再度説得したところ，学校及びX先生は和解に応じることとなりました。

[事例06] 体　罰

> ◇この場面のポイント◇
> □　子どもの意思の尊重と和解の内容，進め方

　子どもの事件の場合，子ども本人との信頼関係が重要です。特に，本件のように，子どもが，新たな一歩を踏み出すための援助をしている場合には，子どもと歩調を合わせながら，どのような和解ができれば，子ども本人が納得できるのかについて一緒に考えていく必要があります。子どもの場合，現実的とは思えない希望を出してくる場合もあると思いますが，直ちにはねつけるのではなく，子どもの真意を聞き出し，子どもの真意に沿った現実的な解決策を再度提案したり，辛抱強く話合いをする必要が出てくるでしょう。大人の都合で子どもの意思を無視した形で強引に和解を進めても真の解決にはなりません。

　弁護士が，子どものために，一生懸命に一緒に考え，知恵を絞る姿は，必ずその子どもにも伝わるものであり，仮に，和解ができなかったとしても，自分のために，一生懸命考えてくれた大人がいたということは，本人にとって，新たな一歩を踏み出すための励みになることが多いようです。

　本件では，弁護士は，子どもの意思を十分に尊重しつつ，学校側を説得し，和解の場を設定することに成功しました。そして，弁護士立会いの下，X先生がAさんに謝罪し，和解書に調印し，無事に終わらせることができました。また，Aさんは，その後，精神的にも安定するようになり，元気に学校に通えるようになりました。

事例

07 授業中の怪我と保険

場面1　小学6年生の女の子（Aさん）の父親からの相談

相談者：娘のAが，小学校の体育の授業でソフトボールの練習試合に参加していたのですが，クラスメイトのBくんがバットでボールを打った後に投げたバットが，Aのところまで飛んできて，Aの顔を直撃する事故がありました。

弁護士：それは大変でしたね。Aさんの様子はいかがですか。

相談者：顔には傷は残らなかったのですが，上の前歯2本が大きく欠けてしまい，すぐに歯医者で被せ物を付けてもらいました。しかし，神経が痛んでいる可能性があるらしく，定期的に通院して経過を見てもらう必要があり，最悪の場合，将来的にインプラント治療が必要になるかもしれないとのことでした。

　　　　A本人は，歯が欠けてしまったことに気落ちして，事故直後は元気がありませんでした。Aの気持ちを思うと，かわいそうでなりません。

弁護士：今回の事故に関連して，Bくんや学校側と何かやり取りはありましたか。

相談者：事故後にBくんも保健室まで一緒に付き添ってくれたということですし，Aに対する直接の謝罪もあったということでした。また，Bくんの両親からもその日のうちに丁寧な謝罪を頂きました。Bくんやその両親に対して，何かを言うつもりはありません。

　　　　学校に対しては，事故の原因は何だったのか，学校の責任についてどう考えているのかを問い質しましたが，事故後数か月経っても「調査中です」などと繰り返すばかりで十分な説明は何もありません。そもそも今回の事故の際，担任の先生は見ていなかったと聞いていますし，また，バットが飛んでくるような所に生徒を待機させていたことも問題です。今回の事故は，学校がもう少し注意していれば起こらなかったと思っています。その上にこのような不誠実な対応をされ，家内も

[事例07] 授業中の怪我と保険

> 　　　　私も腹を立てています。
> 　　　　Aは将来的にも相当長期間通院しなければなりません。将来的に掛かる治療費も含めて、学校に請求したいと思っています。
> 弁護士：調査中ということですが、学校はどのような調査をしているのですか。
> 相談者：事故当時に居合わせたクラスメイトへの聴取り調査を行って、調査報告書を作り、X市の教育委員会に提出したそうです。
> 弁護士：その報告書の写しを、学校からもらっていませんか。
> 相談者：見せてくれるように頼んだのですが、検討すると言われただけで、まだ見せてもらっていません。

◇この場面のポイント◇
- □　学校事故
- □　学校事故と学校の責任

1 学校事故

　学校事故は、はっきりとした定義が定まっているわけではないものの、法令や通達において、概ね「学校の管理下における事故」として捉えられています。例えば、文部科学省の「学校事故対応に関する指針」においては、明確な定義はないものの「学校の管理下における様々な事故や不審者による児童生徒等の切りつけ事件、自然災害に起因する死亡事故など」学校の管理下において事件・事故災害が発生した場合が取り上げられています（文部科学省の平成28年3月31日付「『学校事故対応に関する指針』の公表について（通知）」27文科初第1785号）。また、後でも説明する「独立行政法人日本スポーツ振興センター法」（以下「センター法」といいます）では「学校の管理下における児童生徒等の災害」が災害共済給付の対象とされています（センター法15条1項7号）。さらに、センター法によって設置された独立行政法人日本スポーツ振興センター（以下「スポーツ振興センター」といいます）は、インターネット上で、上記の災害共済給付の対象事例を「学校事故事例」として公表しています（詳細

は，スポーツ振興センターの「学校事故事例検索データベース」のウェブサイトをご参照ください）。これらを踏まえて，本稿では学校事故を「学校の管理下における事故」と捉えることとします。

2 学校事故と学校の責任

　学校事故においては，学校が被害児童生徒に対して民事上の損害賠償責任を負うことがあります。責任発生の根拠としては，不法行為構成（国公立学校については国賠1条1項，私立学校については民715条など）も，債務不履行構成（民415条，安全配慮義務違反）もあり得ます。法律構成の違いにより，消滅時効の起算点や期間などの点で違いが生じますが，いずれの場合にも，学校側の注意義務の範囲，義務違反の認定基準などに実質的な差が生じるわけではありません。また，本件そのものとは離れますが，学校の施設の瑕疵によって事故が生じた場合は，国公立学校については営造物責任（国賠2条），私立学校については土地工作物責任（民717条）の成立が問題となります。もちろん，安全配慮義務違反を主張して債務不履行構成をとることも可能です。

　しかし，学校事故であれば当然に学校の損害賠償責任が認められるわけではありませんので，学校事故の相談を受けた際に，相談者に過度な期待を抱かせるような発言をすることは厳に慎まなければなりません。事故の類型や法律構成によって具体的な判断枠組みは様々ですが，基本的には，事故発生について学校（教職員）に予見可能性があったかどうか，そして，そのような結果の発生を回避するための具体的な方法をとる義務を学校が怠ったといえるかどうかによって，学校の責任の有無が判断されます。その判断を行うためにも，相談者から，事故の態様や，その前後の事実経過，学校側が事故防止のためにとっていた対策，その他学校側の対応などについて，できるだけ詳しくヒアリングし，関連する資料があればその提供も受けて，可能な限り事実関係を把握することが必要です。

　また，被害児童生徒が負傷し通院加療を受けている場合には，診断書を提出してもらうなどして，損害の状況を把握する必要があります。

[事例07] 授業中の怪我と保険

　なお，本件のように学校が公立学校であり，調査報告書を市区町村の教育委員会に提出しているという場合には，同市区町村が定める情報公開条例に基づく情報公開請求により，調査報告書を入手できる可能性がありますので，活用を検討してみてください。

場面 2　学校交渉

　弁護士は相談者からさらにヒアリングを行い，事実関係の概要を把握しました。また，X市の情報公開条例に基づき情報公開請求を行い，学校が作成した調査報告書の開示を受け，その内容も検討しました。
　弁護士は，このようにして確認できる範囲で事実関係を把握した上で，事実関係の説明及びAさんの治療費等の支払を求める文書を学校長宛に内容証明郵便で送付し，学校に対して交渉を申し入れました。
　学校交渉において，学校長は，学校の責任について明言しませんでした。しかし，学校長は，災害共済給付制度や傷害保険を利用した損害の補填について，学校としてできる限りの協力をすると約束しました。
　弁護士から相談者に報告したところ，相談者からは，「損害の補填について話が進んだことは良かったと思いますが，私としては，学校が教職員の責任を明確に認めた上で，Aに謝罪してもらいたいと思っています。その点が曖昧なまま，学校との交渉を終わらせることはできません。」との回答がありました。

◇この場面のポイント◇
- ☐ 交渉における獲得目標
- ☐ 独立行政法人日本スポーツ振興センターの災害共済給付制度
- ☐ 傷害保険

1　交渉における獲得目標

　本件において，相談者は，学校が明確に教職員の責任を認めた上で謝罪す

ることを望んでいます。学校事故に限ったことではありませんが、不法行為等の損害賠償交渉は、被害者側が損害を補填するために金銭的補償を得る過程であると同時に、理不尽にも負傷などの損害を被ってしまった被害者が、少しでも納得感を得てその事件事故を心理的に乗り越えていくための過程でもあります。その意味で、加害者側からの謝罪を被害者側が重視する心情を、代理人もよく理解しなければなりません。

しかし他方で、学校からの謝罪を得るための交渉を行うことにはデメリットもあります。謝罪を強く求めることで学校側の態度が硬化し、事実関係の調査への協力を得られにくくなることも考えられますし、金銭的補償を得るための交渉が進まなくなる可能性も考えられます。また、法律上、謝罪を請求することは（名誉棄損における謝罪広告などの若干の例外を除けば）原則としてできないことも念頭に置く必要があります。特に本件のように、金銭的補償に向けた協力を得られそうな場合に、交渉の獲得目標をどこまで設定すべきか（さらに謝罪を求めるべきかどうか）は、以上のようなデメリットの可能性も踏まえて慎重に決定すべきです。

2 独立行政法人日本スポーツ振興センターの災害共済給付制度

学校長が言及する災害共済給付制度とは、スポーツ振興センターの災害共済給付制度のことを指していると思われます。スポーツ振興センターは、昭和35年に設立された日本学校安全会を起源とし、その後の変遷を経て、平成15年にセンター法に基づき、スポーツの振興と児童生徒等の健康の保持増進を図り、もって国民の心身の健全な発達に寄与することを目的として改組・設立された独立行政法人です。

スポーツ振興センターの災害共済給付制度は、スポーツ振興センターと学校設置者（公立の場合は教育委員会、私立の場合は法人の理事長等）との契約により、学校の管理下における児童生徒等の災害に対して、医療費、障害見舞金又は死亡見舞金の給付を行う互助共済制度です。給付の対象となる学校等は、「小学校、中学校、義務教育学校、高等学校、中等教育学校、高等専門学校、

特別支援学校，幼稚園又は幼保連携型認定こども園」（センター法3条）であり，平成27年度において，全国の学校等の児童生徒等の総数の95.7％が加入しています（ただし，個別に加入状況をみると，幼稚園が80.0％，幼保連携型認定こども園が87.9％，保育所等が83.2％と，やや少なめになっています）。

災害共済給付制度は，災害が「学校の管理下」で発生したことを要し（センター法施行令5条1項），「学校の管理下」とは次の場合を指すとされています（センター法施行令5条2項）。

① 学校が編成した教育課程に基づく授業を受けている場合
② 学校の教育計画に基づいて行われる課外指導を受けている場合
③ 休憩時間中に学校にある場合その他校長の指示又は承認に基づいて学校にある場合
④ 通常の経路及び方法により通学する場合
⑤ これらの場合に準ずる場合として文部科学省令で定める場合

災害共済給付制度のもとで支給される給付金は，負傷・疾病に対する医療費，障害見舞金（第1級から第14級に区分されます），死亡見舞金，供花料，通院費などですが，そのうち医療費の給付金額は，医療保険並みの療養に要する費用の額の4割です（センター法施行令3条1項1号）。保険診療の場合の自己負担は3割ですので，スポーツ振興センターの災害共済給付制度により医療費の給付を受けることができれば，被害児童生徒側の自己負担は実質的になくなります。

上記のとおり，公立学校だけでなく私立学校も含む，ほとんどの学校が災害共済給付制度に加入していますので，学校事故が発生した場合には同制度の利用を積極的に検討すべきです。

災害共済給付制度は学校の法的責任の有無にかかわらず給付がなされますので，学校の法的責任の有無を問題とせずに金銭的補償を得られるというメリットがあります。一方で，同制度のもとで支給される医療費は，医療保険（国民健康保険や健康保険等）の被保険（扶養）者として受けられる治療を対象としていることから（センター法施行令3条1項1号参照），保険外診療分については給付の対象外となります。つまり，本件で検討されているインプラント治

療は保険外診療となりますから，本制度ではカバーできないこととなります（なお，いじめによる自殺事件に対する災害共済給付制度による死亡見舞金の支給については，【事例01】参照）。

3 傷害保険

　学校や学校を設置している地方公共団体が傷害保険に加入している場合，その内容によっては学校事故による傷害が補償の対象となることがあります。原則として，事故が起きた場合，学校が窓口となり，加入している保険会社に対して事故報告が行われ，生じた結果に応じて保険金が支払われることとなります。

　学校事故が起きた学校がこのような保険に加入していなければそもそも利用することができませんので，学校を通じて加入の有無を確認し，加入している場合には保険約款の提出を求めて保険の内容を確認することが考えられます。

　傷害保険の内容にもよりますが，医療保険の対象とならない治療を行う場合についてもそれが必要な治療であれば保険金が支給される場合があります。したがって，災害共済給付制度ではカバーできないインプラント治療なども，傷害保険ではカバーできる可能性があるということになります。

　他方で，このような傷害保険は，通常，学校が被害児童生徒に対して法的責任を負っていることを前提としているため，学校の法的責任について争いがあり得るケースにおいては利用できない可能性があることに注意を要します。

　このように，災害共済給付制度と傷害保険は，ともに学校事故に対する補償制度として有用ですが，利用できる場合を異にしますので，それぞれの特徴をよく把握した上で利用を検討してみて頂ければと思います。

　なお，学校が傷害保険に加入しておらず，かつ，災害共済給付制度も利用できない場合であっても，補償を得る方法は他にも考えられます。例えば，直接の加害者（本事例ではBくん）の家庭で損害賠償責任保険に加入している

[事例07] 授業中の怪我と保険

場合，それを活用する可能性が考えられます。したがって，本件のように被害者が加害者側に対して損害賠償等を強く求める気持ちがないという場合であっても，損害賠償責任保険の利用について加害者側と交渉する可能性も念頭に置いておいた方がよいでしょう。

また，保険等の補償制度を一切利用できない場合であっても，学校や加害者に対して訴訟を提起し，損害賠償を求めることができるのはいうまでもありません（訴訟提起の場合の留意点については【事例02】参照）。

第2章　事例解説　　第1節　学校生活関係

事例

08　不登校と内申書

場面 1　相　　談

　小学生の娘はいじめにより長期にわたり不登校の状態にありました。小学校に改善を何度も訴えましたが，担任教師は娘の欠席の原因がいじめではなく本人や家庭にあるかのような対応をとってきました。今回，中学校進学を控え，娘は気持ちを切り替えようとしています。ただ，小学校から中学校に申し送られる内申書において，小学校の誤った認識に基づき，長期の欠席の理由がいじめではなく本人の懈怠や家庭の事情であると記載されているのではないかと心配です。内申書にどのような内容が記載されているか確認することはできないでしょうか。

◇この場面のポイント◇
- □　内申書とは
- □　小学校指導要録抄本の開示請求

1　内申書とは

　各学校の校長には，学校教育法施行規則に基づき各児童の指導要録（児童等の学習及び健康の状況を記録した書類）を作成する義務があります。そして，児童が進学した場合は，この指導要録（原本）の抄本又は写しを作成の上，進学先の校長に送付する必要があります（学教施規24条2項）。この進学先に送付される抄本又は写しが一般的に内申書と呼ばれているものです。
　指導要録に記載される事項は，氏名・住所や経歴等を含む学籍に関する事項から，各教科の評定，総合所見などを含む指導に関する記録まで多岐にわ

たります。

　記載事項のイメージをつかむ上では，文部科学省が通知している様式が参考になります（「小学校児童指導要録，中学校生徒指導要録，高等学校生徒指導要録，中等教育学校生徒指導要録並びに盲学校，聾（ろう）学校及び養護学校の小学部児童指導要録，中学部生徒指導要録及び高等部生徒指導要録の改善等について（通知）」13文科初第193号平成13年4月27日）。もっとも，具体的な記載事項は，各学校において定められるため，該当する学校に書式の開示を依頼した方が正確です（交渉の過程において弁護士限りとして書式を任意開示してもらえたこともあります）。

2　内申書の開示手続

　内申書の内容を確認するための法的手続としては，各自治体の個人情報保護条例等に基づいて開示の請求を求めることになります。

　個人情報保護法施行前に公文書開示条例に基づく小学校児童指導要録の開示請求について最高裁まで争われた例があります（最判平15・11・11裁判集民211号451頁）。判決では，「観点別学習状況」欄，「評定」欄及び「標準検査の記録」欄に記録された情報については開示を認めたものの，「所見欄」，「特別活動の記録欄」及び「行動および性格の記録」欄に記録される情報については評価者の観察力，洞察力，理解力等の主観的要素に左右され得る内容を児童，保護者等に開示することを予定せずに記載しており，開示により記載内容が形がい化，空洞化するおそれがあるなどとして非開示が是認されました。

　もっとも，実務上，特に**場面1**のような進学までに間がなく，児童の利益に影響するときは，どの部分についてなぜ開示が必要なのかという理由を学校及び教育委員会に説明して開示を求めることが早期の解決につながると考えられます。

場面 2　面接相談

弁護士：今回小学校指導要録抄本に記載する予定の内容の一部を開示してもらいましたね。

父　親：開示された長期欠席の理由にはいじめだけでなく様々な理由が挙げられていました。これは，学校側のいじめに対する責任を回避するものです。

母　親：このような記載では娘は懈怠で休みがちなのではないかと疑われるおそれがあります。

父　親：この記載を変更してもらうことはできないでしょうか。

弁護士：そうですね。ご両親の考えられる文章そのままを小学校が採用するか分かりませんが，問題点を指摘してこちらの文案を伝えてみましょう。

◇この場面のポイント◇

□　小学校指導要録抄本の訂正請求

1　訂正請求

指導要録に記載された内容の訂正を求めたい場合，本来は，各自治体の個人情報保護条例に基づいて個人情報の訂正の請求を求めることになると考えられます。

個人情報非訂正決定が審査会で争われた例として横浜市情報公開・個人情報保護審査会答申（答申第450号）などがあります。

2　学校交渉の中での訂正

❶の横浜市の事案では，欠席の理由をいじめではなく体調不良とした記載の訂正を争う過程の中で，校長の職権により体調不良という出欠の記録が抹

消されています。別件でも，教育委員会の関与のもと学校と交渉する経過において，出欠理由に関する記載が変更された例もあります。

このように内申書の記載及びその変更には校長の裁量が働くことから，まずは，なぜその記載の変更が児童にとって重要なのかということを説明して，任意で記載を変更してもらえるよう働きかけた方がよいと考えられます。その際には，変更の目的が過去の学校の対応や教育委員会に対する攻撃ではなく，進学する児童にとっての利益にある点を積極的に共有することで，学校や教育委員会の協力を得られやすくなると考えられます。

場面 3　学校との交渉

中学校への進学時期が近づいていることも踏まえ，弁護士は，両親と話し合って小学校に提案する文案を詰めました。その上で，指導要録抄本への記載の問題点を指摘するとともに文案を書面で申し入れました。小学校は最終的に，希望された文案をそのまま正確に記載することを約束しました。

◇この場面のポイント◇
- □ 記載変更のタイミング

場面1のように進学前の内申書の記載の訂正を要望する場合，中学校に指導要録の写し又は抄本が送付されてしまうと，時期を逸してしまいます。

したがって，内申書送付のスケジュールを確認しながら，迅速に対応することが必要になります。依頼者が要望する場合は，訂正後に自己情報開示請求を行ってもらい，訂正内容を確認してもらうことが考えられます。

第2章 事例解説　第2節　インターネットやカメラ付携帯電話などから生じる現代的問題

第2節　インターネットやカメラ付携帯電話などから生じる現代的問題

事例

09　男女問題がこじれて脅迫されたケース

場面 1　本人（Aさん）からの電話相談

　私は，中学3年生の女子です。
　SNSを通じて知り合って，年上の男性と交際していたのですが，よく考えてみると，彼のことでよく分からないところもあるし，これ以上付き合うのは無理だと思って，別れ話をしたら，突然，彼が逆上して，私の写真をネットで流してやると言い出しました。
　実は，交際しているときに，遊びで私の下着姿の写真も撮られたりしましたが，そのときは軽い気持ちだったし，まさかずっと保管されていると思っていませんでした。
　今は，その男性のことはとても怖くなっているけれど，本当に私の写真をネットで流されたら困るし，親とか学校とか友達にばれたら嫌だし，これ以上彼を怒らせないように，適当にSNSでやり取りをしています。でも，彼は，すぐ返事をしないとものすごく怒るし，すぐ写真をばら撒くと脅すようになっています。もうどうしたらよいのか分かりません。

◇この場面のポイント◇
- □　SNSの落とし穴
- □　「親に知られたくない」
- □　面談につなぐ

[事例09] 男女問題がこじれて脅迫されたケース

1 SNSの落とし穴

　最近，SNS（ソーシャル・ネットワーキング・サービス）を通じて，会ったこともない人物と，どんどん友達になっていくケースが増えています。特に，若い子たちほど，知らない人とネット上で友達になることにも抵抗がありません。

　確かに，SNSは，会ったことがなくても，共通の趣味や嗜好を通じて繋がったり，人脈が広げられたりするなど，人と人とのコミュニケーションを促進させるための大変便利なツールです。しかし，他方，その手軽さの反面には，恐ろしい面があることも認識していただきたいところです。

　SNSを通じて知り合った友達は，学校の友達などと異なり，素性が全く分からない場合が多く，プロフィールの記載があっても，これが事実であるとは限りません。悪意のある人物が，何らかの意図をもってターゲットと友達になるために，あえて身分などを偽っているケースもあります。

　さらに深刻な問題は，親が全く知らないところで，子どもたちがSNSを通じて知り合った，身元が確かではない人物とのトラブルに巻き込まれてしまっている可能性があるということです。本件も，この時点では親が把握していません。

2 「親に知られたくない」

　子どもには，親にばれたら叱られるかもしれない，心配をかけてはいけない，恥ずかしいなどの理由により，親には知られたくないという心理が強く働く場合があります。そのため，既に子ども本人では解決できない深刻な事態になっているにもかかわらず，子どもは，親にすぐに相談できないケースも少なくありません。そして，子どもが親にも相談できず1人で何とか対処しようと思っているうちに，トラブルの相手方である人物からの要求がエスカレートしていき，身動きがとれなくなってしまうケースもあります。

　例えば，子どもがSNSを通じて知り合った人物と仲良くなり，互いの写

真を送り合い，ふざけた写真なども送っているうちに，下着姿も見たいなどという軽い冗談のような相手方の要求に，ふざけ半分興味半分の気持ちで応じて写真を送ってしまい，その後，相手方の態度が豹変し，「今ある写真をネットでばら撒かれたくなかったら，今度は別の写真を撮って送れ」などという要求がエンドレスに続いていくケースがあります。子ども本人は，写真がばら撒かれたら終わりだと思い，相手方の要求に応じざるを得なくなります。相手方は，子どもの未熟で無防備な面を巧みに利用し，自分の思い通りに従わせようとするのです。

以上のようなケースでも分かるように，子どもが1人で太刀打ちすることはほとんど不可能であり，事態を悪化させないために一刻も早く保護者に相談をするべきなのですが，「親に知られたくない」という心理が，我々大人が想像する以上に大きな障壁になってしまう場合があることは知っておく必要があります。

❸ 面談につなぐ

電話だけですと，なかなか，被害状況の全容が把握しにくいので，なるべく早期に本人と面談して，状況を確認する必要があります。

本来は，保護者の方も一緒に面接をした方が望ましいので，本人に，親と一緒に来ることができるかどうか確認します。

ただ，❷で述べたように，「親に知られることだけは絶対に避けたい」と，本人が頑なになってしまっている場合もあります。にもかかわらず，親と一緒でないと話ができないとすると，本人が，ここで，電話を切ってしまう可能性もあり，結果的に本人をますます追い詰める結果となりかねません。

最優先させるべきことは，本人と会って話をすることです。子どもが1人で対処できることではありませんので，大人を関わらせることが何より重要ですが，親にはまだ絶対知られたくないということであれば，緊急事態なので，本人だけとでも会って事情を聴くことが大事です。それにより，これからやらなければならないことを整理します。

場面 2　面接相談での事情確認

Aさん：あれから自分でも考えて，やっぱりずっと隠すことはできないし，思い切ってお母さんに話して，弁護士さんとの面談に一緒に来てもらうことにしました。

母　親：自分の娘が，そんな見ず知らずの人と交際して，こんなトラブルに巻き込まれるなんて，思ってもみませんでした。本当に情けない……。

弁護士：初めて聞かれたのですから，ショックでしたよね。でも，お子さんにとっては，お母様にお話することはとても勇気のいることだったと思います。その点は偉かったと褒めてあげてください。
　　　　それでは，詳しく経緯を教えてください。

〔Aさんからの説明内容〕
① 1か月くらい前，Aさんは相手の男B（自称，大学1年生，19歳）と掲示板で知り合って，SNSのIDを交換した。
② Bは，いろいろと相談にも乗ってくれて，優しく，趣味など共通の話題も多かったので，Aさんは，Bと直接会い，交際を始め，まもなく，Bの求めに応じて肉体関係をもった。
③ Bは，Aさんが服を着ていない姿を，きれいだから写真で撮りたいといい，Aさんは，Bを信頼していたため，Bの求めに応じた。
④ 次第にBはAさんを束縛するようになり，Bからの電話にすぐに出ない，メールへの返信が遅れるなど些細なことで怒り，嫉妬深くなり，Aさんの行動を常に監視するようになった。AさんはBとの交際を続けることがつらくなり，別れ話を切り出した。
⑤ すると，Bは激昂し，「別れるなら，おまえの裸の写真をネットに流してやる」とAさんをメールなどで脅した。
⑥ 驚いたAさんは，写真が流されないようにするため，Bを怒らせないよう必死になったが，Bの態度はひどくなる一方で，少しでも自分の思い通りにならないと，すぐに写真を流す，これで外を歩けなくなるなどといったり，その他にもAさんが恐怖を感じるような暴言を吐くようになった。
⑦ Aさんは，Bとは縁を切りたいが，自分の写真がばら撒かれるかも知れ

第2章 事例解説　第2節　インターネットやカメラ付携帯電話などから生じる現代的問題

ないと思うと，恐ろしくて，どうしたらよいのか分からない。

弁護士：Bの行為は，脅迫罪に該当する犯罪行為です。また，Bがもっている写真の画像がどのような写真の画像なのかにもよりますが，児童ポルノ製造罪に該当する可能性があります。今の段階で，弁護士がBと交渉をすることもできますが，Bが逆上して，写真の画像を流出してしまうと取返しがつかないので，まず，すぐに警察に相談してください。

◇この場面のポイント◇
□　犯罪行為であること（脅迫罪，児童ポルノ製造罪など）

　Bの行為は，犯罪行為です。それゆえ，これ以上，被害が拡大する前に，まずは，警察に相談することが重要です。

　交際相手とのけんかがエスカレートしただけなのに，警察に相談して大事にしてしまっては，相手に逆恨みされるのではないかと心配する保護者もいるかもしれません。しかし，今回のケースの場合，既に，子どもが犯罪に巻き込まれてしまい，極めて深刻な事態に陥っていること（単なるけんかのレベルではないこと）を認識してもらう必要があります。

① 脅迫罪　　まず，BがAさんに対して，Aさんの写真の画像をネット上に流してやると脅している行為は，Aさんの名誉に対し害を加えることを告知してAさんを脅迫した行為ですので，脅迫罪（刑222条）に該当します。脅迫罪は2年以下の懲役又は30万円以下の罰金に処せられます。

② 児童ポルノ製造罪　　次に，Bが，Aさんが服を着ていない写真を撮ったという点について，児童ポルノ製造罪（「児童買春，児童ポルノに係る行為等の規制及び処罰並びに児童の保護等に関する法律」（児童ポルノ禁止法）7条4項）に該当する可能性もあります。ここでいう児童とは，18歳未満をいいます。「児童ポルノ」に該当するのは，(i)児童を相手方とする又は児童による性交又は性交類似行為に係る児童の姿態，(ii)他人が児童の性器等を触る行為又は児童が他人の性器等を触る行為に係る児童の姿態

[事例09] 男女問題がこじれて脅迫されたケース

であって性欲を興奮させ又は刺激するもの，(iii)衣服の全部又は一部を着けない児童の姿態であって，殊更に児童の性的な部位（性器等若しくはその周辺部，臀部又は胸部をいう）が露出され又は強調されているものであり，かつ，性欲を興奮させ又は刺激するもの（児童ポルノ禁止法2条3項）です。今回のケースでは，(iii)に該当する可能性があるのではないかと思われます。この場合には，3年以下の懲役又は300万円以下の罰金に処せられます。

③　その他　18歳未満の児童とのみだらな性交あるいは性交類似行為は各都道府県の青少年保護育成条例により禁じられています（東京の場合，2年以下の懲役又は100万円以下の罰金）。

　また，仮にAさんが中学3年生ではなく，13歳未満で，性交渉をした場合，合意の上であっても，強姦罪（刑177条）が成立します（3年以上の有期懲役）。

場面 3　警察への相談後

母　親：あれから，警察にすぐに相談しました。警察でも，Bからの脅迫のメールを確認してもらい，娘も色々と事情を聴かれましたが，その後，警察がすぐに動いてくれて，Bを逮捕してくれました。今も勾留されているようです。
　　　　まだ，画像が流される前だったようです。娘がずっと脅迫されていた状態からは解放されたので，まずは，ほっとしました。
弁護士：それはよかったですね。
母　親：ところで，Bは偽名でした。
　　　　また，19歳で大学1年生といっていたのも嘘で，23歳のフリーターだったようです。
　　　　娘は，名前も身分も偽られていたことに，とてもショックを受けています。
　　　　それで，先日，Bの弁護人という人から連絡が来ました。Bが謝りた

いと言っているということなのですが，どう対応したらよいのでしょう？　とにかく，気持ちが悪いので，関わり合いたくないのですが，娘が今後仕返しされることだけは避けたいです。
弁護士：Bの弁護人としては，示談をしたいということで，Aさんが未成年なので，Aさんの保護者であるお母様に連絡をとってきたのですね。
母　親：示談するというのは，お金を払ってもらうということですか。Bにとって有利になるんですか。そんなことよりも，娘を守るためにも，二度とBには出てきてもらいたくないというのが正直な気持ちです。
弁護士：お気持ちは分かりますが，Bもずっと身柄が拘束されているわけではありません。それに，示談をするというのは，お金を払ってもらう他にも，例えば，二度と娘さんに関わらないことを約束させたり，写真のデータを破棄させることを要求するなど，条件次第で，娘さんを守りやすくなることも考えられますよ。
母　親：私ひとりでは対応できないので，弁護士さんに交渉をお願いしてもいいですか。
弁護士：分かりました。では，どういう条件がよいか，一緒に考えましょう。

◇この場面のポイント◇
□　示談交渉

　Bと示談をすることは，Bの利益にもなるため，被害者であるAさんやその保護者としては，抵抗がある場合もあります。しかし，示談をすることで，Aさんを守ることもできる場合がありますので，弁護士としては，示談をすることのメリットを伝え，どのような点が心配なのかよくヒアリングし，なるべく，Aさんがこれから安心して生活できるための条件を考えていく必要があります。
　今回のケースでは，これ以上の被害を防ぐために，Aさんの写真の画像データをすべて破棄させることが不可欠となります。また，ほとんどの被害者は，加害者と二度と関わりたくないと希望します。それゆえ，電話番号，メールアドレス，SNS等のアドレス等，一切の連絡先データを削除させるこ

[事例09] 男女問題がこじれて脅迫されたケース

とも必要です。なお、これらのデータ削除には、Bに弁護人がいる場合には弁護人立会いの下で削除してもらったり、警察で確実にデータが削除されたかどうかを確認してもらうなどの方法が考えられます。

　しかし、それでも逆恨みされて付きまとわれるのではないかと心配するケースもあります。特に、自宅や学校の場所が知られている場合は、いつどこから近づいてくるか分からないという不安が付きまといます。そのような場合には、例えば、一定の場所を指定して立ち入らないことを約束させたり、もう少し広い範囲で、自宅等を基点にして半径○○メートル以内には立ち入らないなどという取決めが有効である場合もあります。ただし、これはあくまで一例であり、被害者と加害者がもともと同じ生活圏内である場合などには、加害者の今後の生活も考慮しなければならない場合もあります。他にも、接触しないことを誓約させ、違反した場合には、違約金を発生させたり、場合によっては親族を違約金等の連帯保証人にする方法も考えられます。

　大事なのは、個別の事情に応じて、最大限、被害者が安心して生活できる条件を交渉で導き出すことです。

第2章 事例解説　第2節　インターネットやカメラ付携帯電話などから生じる現代的問題

○ 示談書の記載例

示　談　書

　甲法定代理人親権者父〇〇及び同親権者母〇〇の代理人弁護士〇〇（以下「甲代理人」という）と乙弁護人弁護士〇〇（以下「乙弁護人」という）とは，平成〇〇年〇月〇日〇時から〇時までの間に発生した脅迫被疑事件及びこれと一連の行為としてなされた一切の行為（以下「本件」という）につき，下記のとおり示談した。

記

第1条　乙は，甲に対し，本件について深く謝罪し，甲に二度と近づかないこと，甲に連絡しないこと，甲に危害を加えないこと及び本件を第三者に口外しないことを確約する。

第2条　乙は，甲に対し，本件の示談金として，金〇〇万円の支払義務があることを認める。

第3条　本日，乙は，甲に対し，前条の金〇〇万円を支払い，甲は，これを受領した。

第4条　乙は，警察からスマートフォンの還付を受けたときは，直ちに，〇〇の方法（例：双方代理人の立会いなど）により，甲の画像及び甲の連絡先等をすべて消去することを確約する。

第5条　乙は，〇〇の半径〇〇メートル以内には今後一切立ち入らないことを確約する。

第6条　乙は，第1条，第4条及び前条に違反した場合には，違反行為1回につき，〇〇万円の違約金を，甲に支払う。

第7条　甲は，本件に関し，乙の謝罪を受け入れ，乙を許すこととし，乙の刑事処罰を求めない。

第8条　甲と乙は，本件に関し，本示談書に定める他に何らの債権債務が存しないことを相互に確認する。

[事例10] プライベート写真がネットに流出したケース

事例

10 プライベート写真がネットに流出したケース

場面 1 　電話相談（プライベート写真ネット流出のケース）

　高校の友達が，交際相手とのプライベート写真の画像データがネット上に流出してしまったということで大変困っています。何とかしてあげられないでしょうかとの電話相談がありました。
　事情を聞いてみると，次のようなことでした。
　友人の交際相手の男性が，その友人との性的に親密な行為をプライベート用にデジカメで撮影し，その写真の画像データをお互いに共有するため，ネット上でよく利用されている無料大容量データサーバ上にパスワードをかけて保管していたのですが，そのパスワードが第三者により破られてしまったため，フォルダ内のプライベート写真の画像データに第三者がアクセス可能な状態になってしまいました。その結果，プライベート写真の画像データがネット上に流出してしまい，彼女ではどうしようもないため，毎日泣いています。
　どうにもならないのでしょうか。

```
◇この場面のポイント◇
　□　事案の聴取
```

　本人との面談の重要性

　性関係の問題は，本人がなかなか本当のことを言いたがらず，例えば，友達の話として説明するなどの場合があります。できるだけきちんと話を聞いて信頼関係を作った上で，最終的には本人から話を聞かないと，事案の正確な把握ができない旨を説明する必要があります。

その上で，できるだけ本人との直接面談の機会を設けます。

2 事実確認

　ネットの問題は，具体的な画像等を実際に見てみないと事案が把握しづらいです。しかし，直接本人の前で問題となる写真の画像データを確認するのも，本人もつらいでしょうから，事前に問題の写真の画像データがあるウェブサイトのURL等をメールその他で送ってもらい，面談の前に確認をしておくことが望ましいでしょう。

3 今何ができるかがポイント

　本件のような場合，いくら２人で共有するためとはいえ，なぜネット上のサーバーに保存したのかなどは理解し難い部分です。とはいえ，その理由を追及してもあまり意味がないように思います。このような不合理性を追及すると，本人としては，過去の行為を責められ，自分の被害者としての気持ちを理解してくれていないと感じてしまいますから，あまり，過去の事情に拘らず，どうしたら画像の削除ができるかなど，今後の対策に注力していることを示すことが重要です。

4 受任と保護者の同意

　最終的な受任にあたっては，原則として保護者の同意が必要なため，保護者と話をしなければなりません。本人は通常，自分のこのような問題を保護者に知られるのを非常に嫌がりますので，このような場合，本人を説得する方法を考える必要があります。

[事例10] プライベート写真がネットに流出したケース

場面 2 具体的な問題の確認

　本人を説得して，面談にこぎ着け，実際の写真の画像データの転載状況などを教えてもらうことになりました。
　本人によれば以下のとおりです。
　第三者が面白がって名前などを特定した上，写真の画像データとともに転載をしているため，本人の名前で検索すると問題の写真の画像データにヒットするような状況になっています。
　写真の画像データがアップロードされているサーバーは，国外サーバーもあるようです。
　次から次へと転載されていくためどうしたらいいか分かりません。

◇この場面のポイント◇
- □ ネット上の情報に関する相談機関
- □ 具体的な削除方法
  - ・ リベンジポルノ防止法，児童ポルノ禁止法の活用
  - ・ 著作権侵害請求の活用
  - ・ 検索結果からの削除請求の試み

1　完全削除の困難性

　いったんネット上に流出してしまったデータを完全に消すことは残念ながら不可能です。
　とはいえ，削除のためにできるだけの対策をとることが大切です。

2　ネット上の問題に関する相談窓口

　相談者がどうしても面談を嫌がる場合は，問題の写真の画像データのあるURLを教えてもらい，問題状況を確認し，ある程度合理的と考えられる対

第2章 事例解説　第2節　インターネットやカメラ付携帯電話などから生じる現代的問題

策を考えた上で，相談者に対する電話，メールなどを通じて，今後の見通しを説明するなどして信頼関係を作ることが考えられます。

　また，相談者との信頼関係がどうしても確立できず受任にいたらない場合には，ネット上の相談機関を教えることなどが考えられます。

　ネット上の違法有害情報に関する相談機関や通報窓口として以下のようなものがあります。

　① 法務省インターネット人権相談受付窓口
　　http://www.moj.go.jp/JINKEN/jinken113.html
　② 違法・有害情報相談センター
　　http://www.ihaho.jp/
　③ インターネット・ホットラインセンター
　　http://www.internethotline.jp/
　④ 一般社団法人セーファーインターネット協会セーフライン
　　http://www.safe-line.jp/

　このうち，①，②は，具体的な事案に関する相談に応じてくれる窓口です。①は事案によっては本人に代わって削除請求等をしてくれますが，あまりに大量の画像などだと対応しきれない可能性があります。②は，削除方法を教示してくれるなどの助言はしてくれますが，本人に代わって削除請求等をしてくれるわけではなく，削除請求そのものは本人が行わなければなりません。

　③及び④は，違法・有害情報の通報を受け付け，内容によって警察等への連絡その他適切と思われる対応を行ってくれるものですが，具体的な事案についての相談を受け付ける窓口ではなく，通報された情報を，各機関が設定したガイドラインに応じて分析し，必要な場合は，削除依頼などを行う機関であるため，本人が望む対応を行ってくれるとは限りません。

　相談にあたっては，このような相談窓口の特性を理解しておく必要があります。

[事例10] プライベート写真がネットに流出したケース

3 削除方法

具体的な削除方法ですが，プロバイダーや画像が搭載されているサーバー管理会社等に削除を求める形になります。サーバー管理会社等の特定方法などは，ドメインネームを検索する方法などにより，特定することになります*1。

(1) 児童ポルノ禁止法

削除を求める場合，プライバシー侵害，名誉毀損等の権利侵害情報として削除請求を求めるより，刑事罰の対象となるような情報である旨を通知した方が削除に応じてくれる可能性が高いです。

本件ですと，対象が高校生ということですから，同人の年齢が18歳未満であれば，その性的行為の画像は児童ポルノにあたります。児童ポルノは，一般に非常に熱心な対策が行われていますから，児童ポルノとしての削除を求める方法も効果的です。児童ポルノであれば，上記相談機関としてあげた③，④なども積極的に削除要請を行ってくれると考えられます。

また，外国でも児童ポルノ対策は熱心に行われているので，国外サーバーに画像がアップされている場合，児童ポルノとして削除請求を求めるのが効果的かもしれません。ただし，外国で児童ポルノの対象となる児童は，日本より低年齢に設定されている場合も多いため，いわゆるハイティーンですと，当該外国では児童ポルノとは解釈されない可能性もあります。

(2) リベンジポルノ防止法

問題の写真は，公開を前提とせずに，その当事者たるカップルの間での保存等を目的として，その性的行為等を撮影した画像ということですから，「私事性的画像記録の提供等による被害の防止に関する法律」（いわゆるリベンジポルノ防止法）にいう「私事性的画像記録」にあたります。同法では，対象者の年齢は関係ありませんので，仮に「児童」にあたらない場合でも，リベンジポルノ防止法での対策は可能です。

私事性的画像記録をインターネットで提供した場合には刑罰が科せられていますから，サーバー管理会社等に対し，刑罰の対象となる行為により画像

がアップロードされている旨をはっきり通知するようにします。「リベンジポルノ」という表現から，同法は，別れた恋人等が復讐のためアップするような場合のみに適用されるように思いがちですが，法令上は，インターネットにアップロードした主体を限定していませんので，本件のように，面白半分の第三者がネット上で拡散させた場合でも適用可能です。

　また，警察でも，私事性的画像に係る相談を受理した場合，閲覧防止のため迅速な措置をとることを推奨する旨の通達[*2]を出していますので，かかる通達にも言及するなどして，警察へ相談することなども一考の余地があるかもしれません。

　国外サーバーに画像がアップされている場合も，日本では刑事罰をもって禁止されている画像である旨を積極的に主張してみるのがいいかと思います。

(3) 著作権に基づく削除請求

　撮影者は相談者又は相談者の交際相手ですから，本件で問題となった画像の著作権は，相談者又は相談者の交際相手がもっています。とすれば，第三者がこれをネット上にアップロードすることは著作権侵害となります。本件での著作権侵害の主張は，本筋ではないと思われるかもしれませんが，国外，特に，米国のサーバーの場合，著作権による主張が効果的です。というのは，米国連邦著作権法の Digital Millennium Copyright Act（通称DMCA）では，オンラインサービスプロバイダーが自ら著作権侵害の責任を負わないようにするためには，著作権侵害である旨の請求を受けた場合，まず閲覧不可にするよう求める内容になっているからです。米国のサーバーであれば，このような著作権侵害通知用の窓口がありますので，そこから著作権侵害である旨の通知をすると，迅速に消えることがあります。DMCAによる削除請求の場合，相手方にかかる削除等の要求の通知がされる可能性がありますが，面白半分でアップロードするような第三者はこのような通知には対応しないことがほとんどと考えられます。

(4) 検索結果からの削除

　上記を試みてもまだ画像が残っているなどの場合，その他，個人名が何らかの形で特定されて拡散されている場合などは，検索結果からの削除という

[事例10] プライベート写真がネットに流出したケース

方法も検討してみてください。

　検索結果からの削除はなかなか認められにくいですが，本件のような場合であれば，裁判所も検索結果の中立よりも，被害者の救済の方を重くみてくれる可能性はあると思います*3。

　この方法では各画像そのものは消えませんが，現在，インターネットアクセスのほとんどは検索サイトを通して行われますから，検索結果から削除されれば，実際上，問題の情報へのアクセス手段はほとんどなくなるといっていいと思います。

(注)
* 1　これらの具体的な方法はネットトラブルに関する書籍，例えば，清水陽平『サイト別ネット中傷・炎上対応マニュアル〔第2版〕』(弘文社，2016年) や，中澤佑一『インターネットにおける誹謗中傷法的対策マニュアル〔第2版〕』(中央経済社，2016年) などが参考になります。
* 2　警察庁平成26年11月27日付「私事性的画像記録の提供等による被害の防止に関する法律の施行について(通達)」(丙生企発等120号等)
* 3　最高裁判所は，児童買春で罰金刑を受けた個人からの，児童買春により逮捕されたという報道記事が検索結果に表示されることに対する削除請求につき，以下のとおり判断しています (最三小決平29・1・31裁判所ウェブサイト)。

　「検索事業者が……検索結果の一部として提供する行為が違法となるか否かは，当該事実の性質及び内容，当該URL等情報が提供されることによって……その者の社会的地位や影響力，上記記事等の目的や意義，上記記事等が掲載された時の社会的状況とその後の変化，上記記事等において当該事実を記載する必要性など，当該事実を公表されない法的利益と当該URL等情報を検索結果として提供する理由に関する諸事情を比較衡量して判断すべきもので，その結果，当該事実を公表されない法的利益が優越することが明らかな場合には，検索事業者に対し，当該URL等情報を検索結果から削除することを求めることができるものと解するのが相当である。」

　当該事案では，5年を経過したことを考慮しても，児童買春は今なお公共の利害に関する事項として削除を認めていませんが，本件のような場合には，削除の可能性はあると思われます。

第2章　事例解説　　第2節　インターネットやカメラ付携帯電話などから生じる現代的問題

Q&A 02　不登校とネット依存

◎　**高校2年生の男子の母親からの相談**

息子が最近パソコンのゲームにはまってしまって学校にも行かず，部屋からもほとんど出てきません。どうやら夜中にゲームをしていて，昼間に寝ているみたいです。ご飯もろくに食べません。お金も毎月何万円もかかっているし，すぐにもやめさせたいのですが，どうしたらいいのか分かりません。パソコンを取り上げてしまえばよいのでしょうか。

◎　**弁護士の回答**

それは困りましたね。本人がそこまで熱中している状況だとすると，突然パソコンを取り上げてしまうのはかえって危険です。まずは本人が自分で問題に気付くことが出発点になるでしょうが，家族だけでできることには限りがあると思います。場合によっては病院を受診する必要があるかもしれません。対応について相談していきましょう。

この場面のポイント

☐　不登校とネット依存

解説

今は大人でも子どもでも，インターネットと完全に切り離されて生活することは難しい世の中であり，ゲームやSNSに時間を費やし本来の生活がおろそかになるという弊害も生じています。

報道によれば，厚生労働省の研究班が全国の中学校140校と高校124校の約14万人を対象として実施し，約10万人から有効回答を得，平成25年に発表した調査結果では，約8.1％がネット依存（ネットの使い過ぎで健康や暮ら

[Q&A02] 不登校とネット依存

しに影響が出る状態）が強く疑われる「病的な使用」と認定され，これをもとに，全国のネット依存の中高生は51万8000人に上ると推計されたとのことです（平成25年8月1日付日本経済新聞）。

総務省情報通信政策研究所が都立高校を対象として実施し，約1万5000票の有効回答を得，平成26年7月に発表した調査結果では，ネット依存傾向「高」の生徒は全体の4.6％でした。日常生活への影響としては，ネット利用全般について，「ネットのしすぎが原因で，学校に遅刻したり欠席しがちになっている」との回答が全体の8.8％（ネット依存傾向「高」では35.8％），「ネットのしすぎが原因で，ひきこもり気味になっている」との回答が全体の12.4％（ネット依存傾向「高」では49.0％）を占めていました。スマートフォンによるネット利用について，「ネット利用が原因で，何度か学校をずる休みしたことがある」との回答が全体の2.4％（ネット依存傾向「高」では13.9％），「ネット利用が原因で，長期にわたる不登校や休学を経験したことがある」が全体の0.9％（ネット依存傾向「高」では3.9％）を占めていました（「高校生のスマートフォン・アプリ利用とネット依存傾向に関する調査報告書」）。

日常生活に支障が生ずるほどの依存は病気として治療の対象となるものであり，例えば独立行政法人国立病院機構久里浜医療センターでは「ネット依存治療部門（TIAR）」を立ち上げ治療にあたっています（http://www.kurihama-med.jp/tiar/）。

相談の事例でも，学校にも行かず，昼夜逆転の生活を送っているようであり，受診を勧めるべき状況と考えられます。本人に病院を受診させることが難しくても，家族相談という形から入ることもあり得るとされています。

突然パソコンやスマートフォンを取り上げるということについては，根本的な問題解決にならず，家族関係の悪化を招いたり，場合によっては傷害行為等に及んだりするような例もあるので注意が必要です。

治療について弁護士ができることは適切な医療機関に「つなぐ」ところまでですが，本人の環境調整については弁護士が助力できることがあります。

具体的には，医療機関と適切な連携をとりつつ，本人の状況を学校に正しく伝え，調整をはかること（単なる「怠け」ではなく「病気」であり今後治

第2章 事例解説　第2節　インターネットやカメラ付携帯電話などから生じる現代的問題

療を行うので学校側でも配慮頂きたいこと等）が考えられます。

医師の視点から

　一般的に，思春期以降，「自分」というものの確立が生きる上での課題として意識されるようになります。そのような中で，自分ではかかえきれない不安や葛藤の解消を，それらの解消手段としては不適切な対象に求めると，解消される閾値が次第に上がってしまうために，自分では対象への依存を抑制できなくなるという嗜癖の心性が本格的に生まれてきます。もちろんこの時期に，現実への直面を回避させてくれるバーチャルなネット空間は十分に依存対象となり得る資格がありますし，ネット依存と呼ばれる青年たちが数多く生まれていて，それに対しては依存症としての治療が有効です。

　問題は，そうした年齢以下の子どもたちに蔓延するネット漬けの状態で，この場合は，ネットが不安や葛藤を解消する対象でもありませんし，自己抑制をしようとする動機も高くないので，依存症治療の戦略がなかなか通用しないのです。

　そもそも社会全体のネットへの依存度がかなり高くなってしまっており，わずか十数年前までは当たり前だったネットなしでの生活が，現在では全く想像すらできないものになってしまっています。そうした中で，子どもにだけ自己抑制を強いるのは，現実的とはいえません。大人が一方的にではなく子どもと問題を共有してともに守れる枠組みを模索することをしない限り，ネット依存状態の子どもが健康な成長を取り戻すのは難しいのではないかとさえ思います。ネットが有害なのではなくて，ネットに依存しきった社会が有害なのです。

◆田中　哲(医師)◆

[おさえておきたい知識01] インターネット社会において家族がサポートできること

おさえておきたい知識 01 インターネット社会において家族がサポートできること

「うちの子どもはスマホを使いすぎでしょうか？」

ある講演会でこのような質問をされる方がいらっしゃいました。

学校から帰ってきてからほとんど家族とも話さず，スマホから目を離さない子どもの姿を見て心配になってしまったようで，長時間利用を止めさせる効果的な手段を教えて欲しいといった要望でした。

この質問者のように，世間でもスマホの長時間利用がたびたび話題に挙げられていますが，子どもたちがスマホを長時間利用してしまう原因はどこにあるのでしょうか。

子どものいわれるままに保護者がスマホを与えてしまったり，ルールを決めずに使用していたり，利用時間制限ができるアプリを使っていなかったり，様々な意見や指摘があるかと思います。

ただ，ここで考えてみたいのは，同じような状況に置かれていても，すべての子どもが長時間利用をするわけではないことです。

では，スマホを長時間利用してしまう子どもと，それほど使わない子どもの違いはどこにあるのでしょうか？

今回は私が行政や地域と取り組んでいる課題解決法を紹介しながら，子どものスマホ長時間利用問題との向き合い方についてお伝えしたいと思います。

1 課題へのアプローチ

現代社会では一般的に問題が発生すると，対策が次々と発案されます（〇図表1参照）。

これは，発生している問題に対して縮小を試みるものですが，弱点としては根底の課題（リスク）が解決しない限り，同じことを繰り返してしまったり，他の問題に移る可能性があることが挙げられます。

第2章　事例解説　　第2節　インターネットやカメラ付携帯電話などから生じる現代的問題

　また，想定される原因に該当しても問題を起こさない人も存在したり，逆に対策を行っても問題が発生することもあります（〇図表2参照）。
　様々な分野の思春期問題に関わっている方たちと話をしていると，子どもたちには共通の悩みがあり，そしてリスクを抱えていることが分かりました。
　そして時代背景で使われている道具やコミュニケーション方法に違いはあるものの，根底にある課題は時代に関係なく同じようなことであることも分かりました。
　〇図表3は発生している問題は別々でも，共通の課題があることをまとめたものです。
　トラブルに巻き込まれる人や問題を起こす人の特徴として「コミュニケーション力」「人間関係の作り方」「自己肯定感のもち方」などが共通の項目として挙げられています。
　今回はインターネットの使いすぎ（依存）を例としましたが，他の社会問題も根底を探っていくと同じところに行き着くことが〇図表3から分かります。
　つまり，トラブルを起こさない人と，起こす人の違いはまず根底に「コミュニケーション力が足りない」「人間関係の作り方がわからない」「自己肯定感がもてない」といったリスクが存在することといえるでしょう。
　そして，このことは自分の悩みを相談できずにいたり，自分を客観的に見ることができずに，自己肯定感がもてなかったり，実体験が少ないために想像力が乏しくなってしまうこともあり，自分を認めてもらいたい，承認欲求，所属欲求，安心欲求といった思春期の重要な欲求が満たされなくなり，やがてストレスを溜めていきます。
　ストレスが限界に達すると，目の前にある逃避行動に発展し，これが様々な社会問題として挙げられています。
　課題解決方法のもう1つは，リスクが問題の発生の有無に関連しているという考え方で，このリスクを減らしていくことです。まず当事者の悩みからリスクを考えてみましょう（〇図表4も参照）。

[おさえておきたい知識01] インターネット社会において家族がサポートできること

図表1 社会の課題解決（対策）的発想(1)
医師岩室紳也氏の資料を改変

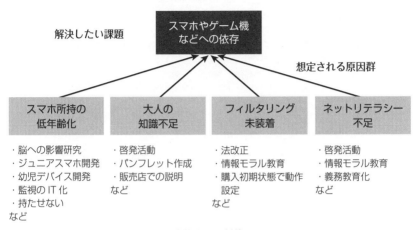

図表2 社会の課題解決（対策）的発想(2)
医師岩室紳也氏の資料を改変

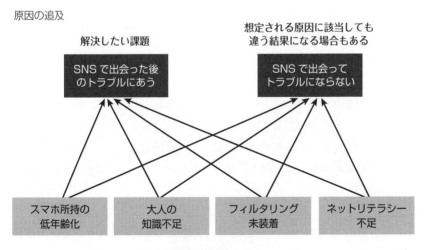

図表3　青少年問題発生のプロセス

医師岩室紳也氏の資料を改変

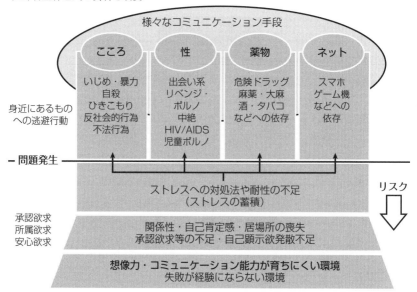

① 当事者が本当に悩んでいること
- 勉強に興味がもてない
- 孤独感を感じる
- 親にほめてもらえない
- 楽しいと思えることが少ない
- 親や友達と面と向かって話すことが難しい
- 進学のことに関して親と意見が合わない
- 話すと怒られるので失敗を親に話せない
- 好きな人ができたけど反対されるのが分かっているので親には話せない
- 人と違ったことをする勇気がない
- 周りはSNSを使っているのに自分はスマホをもっていないので仲間に入れない

[おさえておきたい知識01] インターネット社会において家族がサポートできること

- いじめられないために，いじめに参加している
- 仲間から外されないためにいつもSNSをチェックしなければならない
- 仲間に認められたいから，面白いネタを探して写真を撮らなくてはいけない

② 悩みや行動から想定する子どものリスク
- 居場所がないというリスク
- コミュニケーションのとり方が分からないというリスク
- 人との関係性の作り方が分からないというリスク
- 生きづらいと感じているリスク
- 自己肯定感がもてないというリスク
- 考えることをあきらめてしまうリスク

③ リスクが解決できないままでいると起こり得る行動
- 無料ゲームをやり続けたり動画を見続けたりしてしまう
- SNSだと本音が話せるが，直接話すことができない
- ネットで自分を認めてくれる人を探してしまう
- 親に相談できず不正請求の支払に応じてしまう
- 会ったこともない人と突然会ってしまう
- 裸の画像を送信してしまう
- 性行為だけの付合いを繰り返してしまう
- 仲間に入れず孤独感を感じてしまう
- グループチャットで1人を追い詰めてしまう
- お風呂に入ってもスマホから目が離せなくなってしまう
- 反社会的な行為をSNSで公開して炎上してしまう

冒頭でご紹介したスマホを使いすぎてしまっている傾向の子どもの具体的な対策は，根本のリスクを分析する必要があり，単純に取り上げたり，利用時間の約束を交わしても，臨時的な対策にしかなりません。

○図表4　社会の課題解決　リスク低減的発想
医師岩室紳也氏の資料を改変

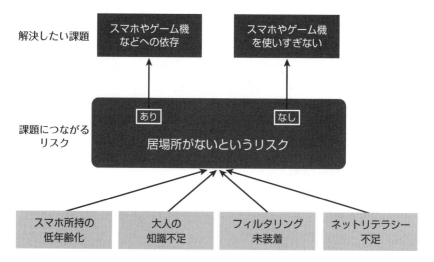

2　子どもが成長する上で家族ができるサポート
―― 大切なのは見守られている感覚

　では，子どもの抱えるリスクをどのように低減していけば良いのでしょうか？

　よく，保護者の方からの意見で，インターネットの問題はインターネットの知識がないと解決できないのではないか，といわれることがあります。

　私はセミナーや講演会では「傾聴」の大切さをお話ししています。

　「傾聴」は耳を傾けると書きますが，待っていてもなかなか子どもは話してくれません。

　話してくれるのを待つだけでなく，可能な限り敷居を低くして，挨拶や簡単な声かけからでも良いので，子どもたちを見守っているという意識が伝わることが必要です。

　それは，失敗をしたときに支えられたとき，小さくても良いので成功体験

[おさえておきたい知識01]　インターネット社会において家族がサポートできること

をして，褒められたとき。そのように感動や喜びで心が動かされた時に話したいといった気持ちが芽生えるでしょう。

　対策と予防（リスク低減）は対峙する課題解決ではなく，常にその両面を考えていく必要があります。

　例えば，インターネット上に画像や個人情報が流出した場合の回収はとても難しいことです。したがって，既に発生している問題に対しては，対策法をうまく利用して，被害を最小限に抑える必要があります。その一方で，スマホをもたせる前に，リスク低減を意識することは非常に重要であり，結果として，インターネット上でのコミュニケーションや画像を投稿することに注意を払う想像力をつけることも重要です。

　不運にも子どもがトラブルに遭遇してしまった場合，保護者が子どもに寄り添う「傾聴」のタイミングと思い，子どもの悩みに近づいてください。その時，さらにインターネットの知識が必要と感じられれば，あらためて学べば良いと思います。

　一見，特効薬とならないリスク低減法は非効率と思われがちですが，問題発生のプロセスを多くの方が知ることにより，実はインターネット問題だけではなく，他の多くの問題も発生しにくい世の中を作れる，これだけ効率の良い考え方はありません。

　スマホデビューを迎える子どもがいる保護者の方は，ぜひインターネットの安全利用講習とともに，子どもの居場所作りや自己肯定感をテーマとしたセミナーも受講してみてください。

　　　　　　　　　　　◆宮崎　豊久（インターネット博物館代表）◆

第3節　非行・少年事件

事例

11　少年事件その1
―― 身柄拘束事件でみる審判までの一般的な流れ

場面 1　当番弁護の出動

　当番弁護の出動要請の連絡が入りました。少年（15歳）のAくんが，警察署から要請を出しているということです。
　B弁護士が，急ぎ警察署に向かい，Aくんと接見したところ，①「友達を恐喝したということで逮捕された。これから，僕はどのようになってしまうのか。いつここから出られるのか。」②「確かに，僕は，塾友達のCくんに『お金をよこせ』と強く言って，Cくんからお金をとった。だから，僕がやったことに間違いない。」③「学校の部活の先生は信頼できるから，僕が捕まったことを伝えてほしい。」④「弁護士は必要なのか。警察の人は，弁護士に頼んでも意味はないと言っている。それに，僕も両親も弁護士に依頼するお金はない。」と言われました。

◇この場面のポイント◇
- ☐　少年事件における弁護士の役割
- ☐　少年事件における身体拘束の手続，全件送致主義
- ☐　少年の自白の危険性，迎合性，被暗示性
- ☐　学校との対応
- ☐　弁護士による受任について（国選弁護制度，法律援助制度）
- ☐　発達障がいと少年事件について

[事例11] 少年事件その1——身柄拘束事件でみる審判までの一般的な流れ

1 少年事件における弁護士の役割

　弁護士は，少年の「弁護人」・「付添人」として活動することになります。そして，弁護士の役割は，少年に対する適正な手続の確保と，少年の権利の擁護を念頭に置き，多彩な弁護人・付添人活動を実践することにあります。

　とりわけ，少年は，成人に比して，一般に防御能力が低く，法的知識や社会経験も乏しいことから，弁護士は，少年のそばに寄り添って法的な援助をすることが求められます。

　また，少年事件手続は，「保護主義」の考え方を基本としています（少年1条参照）。この「保護主義」とは，少年審判の手続や家庭裁判所が行う処遇決定を通じて，少年の健全な成長発達を図るという考え方です。少年は，これまでの成長過程において，何らかの悩みや問題を抱えたまま非行に及んでしまう子が少なくありません。そのため，付添人は，事件・非行事実のみに目を向けるのではなく，非行の原因・背景となっている少年の抱える悩みや問題にも一緒に向き合い，少年事件手続を通してこれの解消の一助を担って，当該少年が，将来，きちんと社会の一員として歩んでいくことができるようサポートをすることに意味があります。

　したがって，弁護士には，少年個々の発達可能性を活かし，発達や成長を保障するという目的に合致した適切かつ効果的な介入が求められるのです。

　以下においては，少年審判手続の場面ごとに，弁護士が弁護人・付添人として留意するポイントを解説します。

2 少年事件における身体拘束の手続，全件送致主義

　少年とは，20歳未満の者をいいます（少年2条1項）。

　そして，刑事実体法上の構成要件に該当する非行を犯したとされる行為時14歳以上審判時20歳未満の少年は，犯罪少年とされ（少年3条1項1号），捜査機関による犯罪捜査の対象となります。

　犯罪少年の事件は，少年法の特則が適用されるほかは，一般の刑事訴訟法

が適用されることになります（少年40条）。

一般的な犯罪少年に関する身柄拘束の手続は，以下のような流れとなります。

①逮捕（48時間以内）→②検察官送致（24時間以内）→③裁判所における勾留質問→④勾留（10日以内。延長の場合はさらに10日以内）→⑤家庭裁判所送致（観護措置決定）→⑥少年鑑別所において観護措置（たいてい4週間，最大で8週間）→⑦少年審判

この点，検察官が，当該少年について，犯罪につき嫌疑なし又は嫌疑不十分であると判断しない限り，すべての事件は家庭裁判所に送致されます（「全件送致主義」。少年41条・42条）。そのため，成人の事件と異なり，不起訴処分（起訴猶予）はありません。

また，観護措置決定後，成人のような保釈の制度はありません。

3 少年の自白の危険性，迎合性，被暗示性

Aくんの言い分によれば，逮捕された被疑事実については，間違いがないと言っています。しかし，弁護士としては，その事実が本当に間違いないのか，捜査機関によって無理矢理自白させられていないかを念頭に置き，きちんと少年の言い分を聴き取ることが大切です。また，少年の言い分が，「捜査機関から聞かされている事実」なのか，「少年自身の記憶に基づく事実」なのか，きちんと峻別されずに話されている場合もあるため，注意が必要です。

少年から見れば，捜査機関と弁護士は，同じ「大人」です。そのため，弁護士は少年の味方であること，少年の秘密を守る義務があること等，きちんと説明しましょう。

また，黙秘権，供述拒否権，弁護人選任権があることをきちんと分かりやすい言葉で説明します。とりわけ，この先に予定される少年審判においては，起訴状一本主義（刑訴256条）や伝聞法則（刑訴320条）の適用がなく，署名指印のない供述調書や取調べ時の会話を記録したとする捜査報告書を含むすべて

[事例11] 少年事件その1──身柄拘束事件でみる審判までの一般的な流れ

の捜査記録が家庭裁判所に送られ，同意の有無が問われることなしに裁判官はその記録すべてから心証を得ることになります。そのため，少年事件の捜査段階においては，少年の認識とは異なる証拠が作成されることのないよう特に気をつけなければなりません。

4 学校への対応

Aくんは，本件について，信頼できる学校の部活の先生に伝えて欲しいと言っています。

この点，まず，弁護士は，少年が中学生なのか高校生なのか，公立の学校か私立の学校か等をきちんと確認しましょう。

そして，とりわけ高等学校や私立学校の場合，学校に知られると少年が停学や退学処分をされてしまう可能性があります。そのため，弁護士が，部活の先生を含め学校に対して事件について知らせるか否かは，少年や保護者らと協議の上，慎重に判断しなければなりません。他方，少年が公立中学校の生徒である場合は，停学や退学の心配がないため，学校の先生には連絡の上必要に応じて協力を依頼することもあります。

なお，最近では，警察と学校との連携と称し，任意捜査の段階で安易に学校に在籍照会をしたり，警察が学校に連絡をすることがあります。そのため，弁護士としては，早い段階で警察に連絡をし，学校への連絡の有無を確認した上で，今後の学校への連絡は避けるよう申入れをする必要があります。

5 弁護士による受任について（国選弁護制度，法律援助制度）

Aくんは，弁護士は必要か否か，弁護士費用はどうするのか，といったことを気にかけています。

(1) 弁護士受任の必要性

少年は，成人に比して，迎合的で，一般に防御能力が低く，社会経験も乏しいといえます。そのため，弁護士が弁護人（付添人）として就任し，少年

に対する手続が適正になされるよう付き添うことに加え，少年の社会環境を整えることの必要性は極めて高いといえます。したがって，弁護士の選任が全く無意味である少年事件はありません。

接見をした弁護士は，少年に対して，弁護士を選任すると極めて有用であって少年にとって必要であること，弁護士は少年の立場に立って活動することをきちんと説明し，少年の抱いている疑問や不安があればこれを解消して，積極的に受任するよう努めなければなりません。

(2) **弁護士費用について**

弁護士費用に関しては，被疑者国選対象事件（死刑又は無期若しくは長期3年を超える懲役・禁錮にあたる事件）の場合，勾留後〜家裁送致までの間は，被疑者国選弁護制度（刑訴37条の2），家裁送致（観護措置決定）〜少年審判の間は，国選付添人制度（少年22条の3）があります。

被疑者国選弁護制度・国選付添人制度の利用ができない場合であっても，補充的に，日本弁護士連合会の「法律援助制度」（刑事被疑者段階は「刑事被疑者弁護援助制度」，少年事件の審判段階では「少年保護事件付添援助制度」）の利用が可能であるため，少年が，弁護士費用の負担を気に掛ける必要はありません。

接見した弁護士は，このような制度についてもきちんと説明し，少年が費用の問題で弁護士への依頼を断念しないよう，配慮しなければなりません。

6 発達障がいと少年事件について

近年，非行をしてしまう犯罪少年には，「発達障がい」を抱える少年の割合が多くなっていると指摘されています。

発達障がいは，多種多様です。発達障がいには，学習能力の発達に問題がある「学習障がい（LD）」，注意力や行動のコントロールに問題がある「注意欠如／多動性障がい（ADHD）」，コミュニケーションや対人関係，社会性等に問題がある「自閉症スペクトラム障がい（ASD）」などがあり，近年，比較的耳にすることも多くなりました。

発達障がいそのものが，非行の直接の原因となることはありませんが，障

[事例11] 少年事件その1——身柄拘束事件でみる審判までの一般的な流れ

がいに対して適切な対応や支援がなされないことによって、二次的に家庭や学校又は社会での不適応が引き起こされ、これが非行の原因となっていることもあります。

障がいの内容（例えば、自閉症スペクトラム障がい）によっては、少年が、対人相互性やコミュニケーション能力等が阻害されてしまうため、相手の言うことや気持ちが理解できないといったことや、冗談や皮肉が理解できずに言葉をそのまま受け止めてしまうことがあります。そのため、少年が、内省を深めることが難しい場合もあるでしょう。弁護士は、これらの点に留意して面会するようにしなければなりません。

場面 2　家庭裁判所送致～観護措置決定

　Aくんは、勾留ののち、検察官によって家庭裁判所へ事件と少年の身柄を送致されました。
　これまでのB弁護士との接見において、Aくんは、「僕は、必ず少年鑑別所に行ってしまうの？　学校の試験もあるのに、どうしたらいいの？」と心配していました。
　Aくんの両親も早期にAくんが帰宅できるよう望んでいます。B弁護士は、Aくんと両親に対し、「少年鑑別所に行かずに帰宅できるよう、弁護士として努力はする。しかし、裁判所が、少年鑑別所に行く必要があると決定したら、Aくんは3～4週間は少年鑑別所に収容されてしまうことになる。」と説明しました。

◇**この場面のポイント**◇

- □　観護措置決定における付添人活動
- □　付添人選任手続

第2章　事例解説　　第3節　非行・少年事件

 観護措置決定における付添人活動

(1) 観護措置決定について

　検察官によって犯罪少年が家庭裁判所へ送致された後，家庭裁判所によって観護措置決定をするか否かが決められます。この時，観護措置決定が必要だと判断されれば，当日，少年は少年鑑別所に収容されることになります（少年17条）。

　観護措置は，実務上，以下の点を考慮して，家庭裁判所が職権で行います。
① 審判条件があること（年齢超過でないこと等）
② 審判に付すべき事由が存在する蓋然性があること（非行事由の蓋然性）
③ 審判開始決定を行う蓋然性があること
④ 観護措置の必要性があること

　このうち，判断においてとりわけ重要であるのは④の必要性です。これは，(i)身体拘束の必要性（住所不定，逃亡又は罪証隠滅のおそれ等），(ii)緊急保護の必要性（自傷のおそれや家族からの虐待や悪影響のおそれ等），(iii)収容して心身鑑別を行う必要性（継続的な行動観察や外界から遮断して鑑別を行う必要がある等）などから判断されます。

　観護措置が決定されてしまうと，少年はおおむね3～4週間ほど身体拘束が継続してしまいます。

　そのため，少年に対して，観護措置決定がされた場合，その日のうちに少年鑑別所に収容され，引き続き身柄拘束がなされることを説明しておく必要があります。

　なお，家庭裁判所が当該少年について観護措置の必要性がないと判断した場合，当日，少年は釈放されます（実務上「一時帰宅」といわれています）。

(2) 観護措置決定に対する付添人活動

　弁護士は，それまでに可能な限り少年の要保護性に関する事項（学校との調整，被害者との被害弁償，家族問題の整理など）を積極的に取り除く活動をします。そして，少年の身体拘束が不当に長期化される危険性や少年が受ける不利益を踏まえ，観護措置の必要性がなければ，家庭裁判所に対し，その旨説

[事例11] 少年事件その1——身柄拘束事件でみる審判までの一般的な流れ

得しなければなりません。

そのため，弁護士は，家裁送致当日には，家庭裁判所に，観護措置を必要としないことを記載した「意見書」を持参します。また，保護者を同行し，担当裁判官と面会の上少年が帰宅しても問題のないことを説得し，観護措置がとられないよう活動をします。

(3) 観護措置決定に対する不服申立制度

なお，家庭裁判所による観護措置決定に対する不服申立てとして，「異議申立て」と「取消申立て」があります。

(a) 「異議申立て」　異議申立ては，裁判所の応答義務のある独立した不服申立手続です（少年17条の2）。

これには，観護措置決定担当裁判官を含まない合議体が審理します（同17条の2第3項）。

弁護士としては，事件担当以外の裁判官に審査してもらう方がよい場合や，原決定に違法があることを理由とする場合は，こちらの手続を選択することになります。

(b) 「取消申立て」　一方，取消申立ては，観護措置取消決定の職権発動を促す手続に過ぎず，独立した請求権ではありません（少年17条8項）。

ただし，原決定後に生じた事情の変化をも酌んで判断されるため，観護措置決定後の事情をもって取消しを求めたい場合は，こちらの手続を選択することになります。

2　付添人選任手続

弁護士は，家裁送致後は，付添人として活動することになります。

国選付添人対象事件であれば，仮に観護措置がとられてしまうことを踏まえ，国選付添人として活動できるよう家庭裁判所に申入れをしておきます（もっとも，国選付添人の選任は，検察官関与事件でない限り裁量とされているため（少年22条の3），家庭裁判所から選任がされない場合があります）。

国選付添人非対象事件又は国選付添人が非選任とされた場合は，少年から

第2章　事例解説　　第3節　非行・少年事件

付添人選任届を受け取った上で，日本弁護士連合会の「少年保護事件付添援助制度」等を利用して，付添人に就任することになります。

場面 3　少年鑑別所での面会

　観護措置決定がされ，Ａくんは，少年鑑別所に入所しました。その後すぐに，Ａくんの審判の期日について，家庭裁判所から連絡があり，観護措置期間満了の２日前に審判期日が設定されることになりました。また，担当の調査官も決定したとの連絡がありました。
　審判期日までには，約４週間と時間があまりありません。そこで，Ｂ弁護士は，さっそく裁判所に記録の閲覧に行き，担当調査官にも連絡をとりました。
　そして，鑑別所においてＡくんと面会したところ，「僕は，ここで何をするのですか。」と聞かれました。
　また，Ｂ弁護士が，Ａくんに現在の気持ちを尋ねたところ，Ａくんは，「反省はしているよ。自分がやったことは悪いと思っているよ。Ｃくんにもちゃんと謝りたいと思っているよ。」とぶっきらぼうに答え，『反省しています。もうこういう事はしません。』とだけ書かれた手紙を渡されました。
　Ｂ弁護士は，「もう少し，今回の事件やＣくんの気持ちについて考えてみよう。もしＡくんがＣくんの立場だったら，どう思うかな。また，Ａくんが，今回の事件と同じようなことをしないで，社会で普通の生活をしていくためにはどうしたらいいか，少し難しいけれど，考えてみよう。」と言い，考えたことを反省文として書き直すアドバイスをしました。

◇この場面のポイント◇
- □　審判に向けての付添人活動
- □　法律記録，社会記録の閲覧
- □　調査官による社会調査
- □　少年鑑別所における少年との面会
- □　少年鑑別所における鑑別調査
- □　環境調整活動

[事例11]　少年事件その1——身柄拘束事件でみる審判までの一般的な流れ

1　審判に向けての付添人活動

　審判に向けての付添人の活動は，様々なものが考えられます。

　まず，少年審判の対象は，「非行事実の存否」と「要保護性の有無及び程度」です。そのため，弁護士は，「非行事実があるか否か」とともに，「少年を保護する必要性があるか否か」という観点から少年の健全な成長・発達を目指して付添人活動をする必要があります。

　この点，考えられる付添人活動としては，少年との面会，環境調整（保護者や学校・職場関係者との面会及び協力依頼），担当家裁調査官，鑑別技官との面会及び協議，担当裁判官との面会及び意見交換，被害者との接触（被害弁償）など，多岐にわたります（これは一例であってすべてではありません）。

　付添人活動は，弁護士の工夫次第で種々の活動が可能な分野ですので，型にとらわれず，少年の属性に応じた活動を行うことが肝要です。

2　法律記録，社会記録の閲覧

　観護措置決定がされ，審判期日が決まったら，弁護士は，まずは記録を閲覧して事件についてきちんと把握する必要があります。なお，前述のとおり，少年審判は，成人の事件と異なり，起訴状一本主義（刑訴256条）や伝聞法則（刑訴320条）は採用されておらず，審判までに記録はすべて裁判官が閲覧することになります。

　少年事件における記録は，大別して「法律記録」と「社会記録」が作成されます。

(1)　「法律記録」

　捜査機関が作成・収集する捜査記録（少年保護事件記録）です。この記録は，少年の家裁送致とともに家裁に送られており，非行事実の存否や要保護性を認定するための資料となります。

　付添人は，家庭裁判所において閲覧することが可能となります（少年規7条2項）。また，基本的には，裁判官の許可を受けて，謄写することも可能で

す。

付添人となった弁護士は，家庭裁判所に確認の上，すぐに法律記録の閲覧・謄写をし，少年の非行事実や要保護性の問題をきちんと確認しましょう。なお，記録には関係者の個人情報が記載されていることが多いため，謄写したものは安易に少年に差入れはせず，どのように取り扱うか慎重に検討しましょう。

(2) 「社会記録」

少年に対する鑑別結果や調査官の行う社会調査の結果を記録した書類を中心とした記録です。少年の要保護性の判断資料となるものです。

前歴のある少年の場合は，前件の社会記録が存在する場合があり，当該前件記録はすぐに閲覧できます。

しかし，本件に関する社会記録は，各調査が済み次第，調査結果が順次記録として綴られていくため，観護措置決定直後は何も綴られていません。審判期日まで調査官らと随時連絡を取り合って学校照会，鑑別結果通知書，少年調査票等が綴られる時期を確認し，それらが閲覧可能となったら，すぐに閲覧できるようにしましょう。

なお，運用上，社会記録は，謄写の対象となっていませんので，注意してください。

3 調査官による社会調査

家庭裁判所は，審判条件及び非行事実の存在について蓋然的心証が得られたときは，少年の要保護性の判断のための「社会調査」として，裁判所の職員である調査官に調査命令を発します（少年8条）。

そして，調査官は，調査結果を裁判所に報告し，処遇意見を述べることになります。この調査結果（「少年調査票」）は，少年審判の数日前に社会記録に綴られることになります。

この点，少年審判では，調査官による調査結果及び処遇意見が極めて重要視されます。

[事例11] 少年事件その1——身柄拘束事件でみる審判までの一般的な流れ

　そのため，付添人は，調査が進行する前に，早い段階で調査官と連絡をとって，少年に関する情報交換をする必要があります。そして，付添人が把握している少年の問題点や要保護性について意見を述べ，付添人活動の経過や状況等も小まめに伝えます。また，調査官が捉えている問題点を聞き，今後調整すべき要保護性のポイントや処遇選択の方向性・検討事項を調査官と共有します。

　なお，調査官のスタイルも人それぞれで，付添人との面会に消極的な場合や，一方で，付添人に具体的な活動を要請する場合もあります。付添人としては，できる限り調査官と意見交換し，少年のために適切な社会調査がされ，審判までの処遇意見が形成されるよう，働きかける必要があります。

4　少年鑑別所における少年との面会

　弁護士は，少年との面会を通じて，少年に事件について深く考えさせ，これまでの自身の生活や今後のことに目を向けさせることで再非行が防止できるよう，少年の内省を深める働きかけをします。そのため，少年鑑別所には足しげく通い，できる限り少年と面会をするようにします。なお，少年鑑別所では，警察署の留置施設と異なり，アクリル板越しでの面会ではなく，1つの面会室において面会をすることができるため，より密な面会が実施できます。

　この時，反省文や手紙として，少年には自分の考えを実際に書かせてみることも有効だと考えられます。弁護士は，少年の反省の気持ちや，反省文の内容を踏まえて，繰り返し問答したり何度も書き直しをさせたりして，少年の認識を深めていくことになります。また，反省文として書かれた内容の変遷を確認することで，少年の反省の深化の様子が明確に表れることがあります。

第2章　事例解説　　第3節　非行・少年事件

 少年鑑別所における鑑別調査

　少年鑑別所では，少年に対し，「行動観察」「心身鑑別」（心理テスト等）が行われます。このとき，保護者との面会の様子や手紙の授受も記録されます。

　その結果，審判のおおよそ1週間程度前には，「鑑別結果」として，少年鑑別所における種々の試験の結果や鑑別技官による処遇意見が提出され，前述の社会記録に綴られます。

　少年鑑別所の担当鑑別技官との面会によって，鑑別所における少年の様子を聞いて広く少年の情報を得たり，弁護士が気づいた点を伝えて少年への接し方などについて適切な対応を要請したりすることが考えられます。

 環境調整活動

　弁護士は，少年との面会を通じて少年の意識を変えるだけでなく，一方で，少年の再非行を防止し，少年個々の発達可能性を活かし，発達や成長を保障する目的に合致した適切かつ効果的な環境調整を積極的に行う必要があります。例えば，保護者と面会し，保護者の監督のもと少年の生活態度が改められないか等を考えてもらい，少年との面会も促し，少年と保護者の間の関係を調整することが考えられます。一方で，少年と保護者の関係が悪化しているケースや虐待をされているというケースでは，保護者との対応は慎重に行う必要があります。

　また，退学等のおそれがなければ，学校と連絡をとって，学校への出席を確保できるよう働きかけることも考えられます。学校には通学せず就業をしていた少年の場合は，職場に連絡をとって，再び仕事ができるよう依頼したり少年の今後の生活を監督してもらうよう依頼することもあります。

　そのため，弁護士としては，少年の再非行防止，少年の成長・発達の観点から，広く少年の具体的な社会的資源の可能性を探求し，少年の環境調整に取り組む必要があります。

[事例11] 少年事件その1――身柄拘束事件でみる審判までの一般的な流れ

場面 4　審判期日に向けての準備

　B弁護士は，その後もAくんとの面会を重ね，様々な視点からの問いかけを繰り返したり，それを踏まえた反省文を書いてもらったりしました。また，この間，B弁護士は，AくんがCくんに謝罪することを強く望むようになったこともあり，両親の協力を受け，Cくんと示談しました。

　そうしたところ，Aくんは，今回の事件による周りの人たちへの影響，今回の事件について深い後悔を感じること，Cくんの立場になって考えたときの気持ち，Cくんが示談に応じてくれ，Aくんを許してくれたことに対する感謝の気持ち，これから再非行をしないために自分なりに考えた具体的な対策等が書かれた反省文を作成しました。

　B弁護士から見ても，Aくんは真意から反省文を作成しているように見え，内省を深めているように見えました。

　ところが，面会後にAくんの担当の調査官と電話で連絡すると，調査官からは，「Aくんの内省が十分深まっていない。」という指摘を受けました。もっとも，調査官との面会の様子を聞く限りでは，Aくんは緊張してしまって調査官になかなかうまく説明ができていないようでした。

　そこで，B弁護士は，すぐにAくんが作成した反省文を「報告書」という形にして裁判所に提出した上で，調査官との面談をしました。

　また，B弁護士は，審判期日にはAくんの学校の先生も出席を希望していることもあり，Aくんの処遇意見に関する付添人の意見を伝えるため，裁判所において裁判官と面談をしました。

◇この場面のポイント◇
- □　被害者との示談の意義
- □　調査官との面談
- □　裁判官への「意見書」の提出，面会，協議
- □　付添人からの処遇意見

第2章　事例解説　第3節　非行・少年事件

1　被害者との示談の意義

　成人の場合，被害者との示談（被害回復）は，当該事件の行為責任を検討する上で大きな事情となることがあります。一方，少年事件における被害も回復されるべきは当然であり，弁護士付添人も専門家としてこれに関わることが期待されています。

　ただ，少年事件では，「要保護性」が審判対象であり，付添人には，この視点での活動がまず求められているのだということを忘れてはなりません。単に被害回復がなされたという事実だけでは，必ずしも少年の要保護性を減じることにはならないことに注意する必要があります。例えば，少年自身が非行事実に全く向き合っていないのに，少年の意に反して両親の協力のもと被害者に被害の弁償をしたとしても，それは，少年の要保護性に何ら影響を与えていないからです。

　そのため，弁護士としては，形式的な被害回復を急ぐのではなく，少年に対し，面会を通じて，「なぜ被害の弁償をしなければならないか」「どのような気持ちで示談を望むのか」「謝罪をするとは，どういうことなのか」「被害者や，被害弁償金を出してくれる両親の気持ちはどのようなものか」といったことを少年に働きかけ，少年自身の真摯な反省と謝罪の気持ちを引き出し，それに基づく被害者対応をすることによって，少年の要保護性の減少につなげることが望ましいと考えられます。

2　調査官との面談

　前述のとおり，付添人は，観護措置決定がされた直後から，調査官と適宜連絡をとり合い，小まめに情報交換や意見交換を行います。

　もっとも，少年に対する社会調査が進むにつれて，調査官が誤解をしてしまったり，うまく少年の気持ちが伝わっていなかったりすることもあります。

　そのため，付添人は，少年の書いた反省文を「報告書」として提出したり，調査官と直接面談するなどして，調査官に少年の状況を具体的に説明しまし

[事例11] 少年事件その1──身柄拘束事件でみる審判までの一般的な流れ

ょう。

なお，前述のとおり，審判の数日前までに，調査官は，「少年調査票」として調査結果及び少年に対する処遇についての意見をまとめます。それまでに，付添人は，これまでの付添人活動を調査官に報告し，場合によって，適切な処遇選択をされるよう，調査官を説得する必要があります。

❸ 裁判官への「意見書」の提出，面会，協議

前述のとおり，少年審判には，起訴状一本主義や伝聞法則の適用がありません。

そのため，裁判官は，順次記録を確認し，調査官調査や鑑別結果を踏まえて，審判までに心証を固めてしまいます。

そこで，付添人としては，裁判官が誤った方向性で処分を検討しないよう，早期に付添人としての意見を述べる必要があります。また，示談交渉の結果や少年の反省の状況について，「意見書」や「報告書」等にまとめ，随時裁判所に提出するようにしましょう（伝聞法則の適用がないため，付添人からもいつでも証拠の提出が可能です）。

そして，審判期日の前には，裁判官とも直接面会し，忌憚なく意見を述べ協議し，裁判官の捉えている問題点を修正するよう働きかけましょう。なお，この時に，審判当日の進行の確認をすることも必要です。特に，保護者以外の者の出席を予定している場合や被害者等の傍聴がなされる場合には詳細に確認しましょう。

❹ 付添人からの処遇意見

審判前までには，付添人は「意見書」や「報告書」を適宜提出していますが，審判直前の時期には，これまでの付添人活動を踏まえ，付添人としても処遇に関する意見を述べる意見書を提出します。

この意見書においては，単に付添人として処遇意見を述べるだけではなく，

調査官意見や裁判官との面会の結果を踏まえながら，非行事実や要保護性の存否及び程度に照らし，説得的に論じる必要があります。

なお，前述のとおり，裁判官は，審判までに順次記録等を踏まえて心証を固めていますので，付添人からの意見書は，審判期日よりも前に提出することが肝要です。

場面 5　審判期日当日

審判期日がやってきました。当日までAくんの反省も深まったように見え，学校に復帰することの目途も立っています。

審判期日には，Aくんの両親のほか，学校の先生も出席してくれました。Aくんは，時折涙を浮かべて反省の弁を述べるなど，裁判官からの質問にもきちんと受答えができました。

しかし，非行事実の態様が悪いとして，Aくんに対する審判決定は，「少年院送致」というものでした。

審判後に面会したところ，Aくんは，この決定に納得ができず，高等裁判所に不服申立てをしたいという旨を述べました。

◇この場面のポイント◇
- □　審判日について
- □　審判の処遇の種類
- □　少年審判の不服申立て

1　審判日について

審判は，家庭裁判所において，少年出頭のもと，非公開で行われます（少年22条2項）。そして，裁判官，裁判所書記官，調査官，少年，保護者，付添人が出席することとされています。

[事例11] 少年事件その1——身柄拘束事件でみる審判までの一般的な流れ

　また，少年の親族，教員その他相当と認める者（例えば，少年の雇い主など）は，裁判長の許可を得て審判に在席することができます（少年規29条）。そのため，弁護士は，少年にとって審判に在席させることが有効であると考える人がいれば，事前に，裁判所に対し，在席許可の申請をします。

　なお，審判期日の手続の一般的な流れは，以下のとおりです。

① 人定質問・黙秘権の告知・非行事実の告知とそれに対する少年，付添人の陳述
② 非行事実の審理（証人尋問等），要保護性の審理（少年本人質問，保護者や関係者への質問等）
③ 調査官の処遇意見の陳述，付添人の処遇意見の陳述，少年の意見陳述
④ 決定の言渡し

　付添人は，審判の流れについて面会を通じて事前に少年や保護者に説明をしましょう。

　また，付添人の処遇意見については，「意見書のとおりです。」とのみ述べるのではなく，少年の更生や立ち直りに必要な部分や強調したい部分は，少年に伝わるように，その場できちんと述べましょう。

2 審判における処遇の種類

少年審判における決定の種類は，主に以下のとおりです。
① 終局決定
　（ⅰ）不処分決定（少年23条2項）
　（ⅱ）保護処分（少年24条）
　　（a）保護観察
　　（b）児童自立支援施設・児童養護施設への送致
　　（c）少年院への送致
　（ⅲ）児童福祉機関（都道府県知事・児童相談所長）への送致（少年18条・23条1項）
　（ⅳ）検察官への送致（逆送）（少年20条・19条2項）

② 中間決定
・ 試験観察（在宅試験観察・補導委託）（少年25条）

なお，本件では，「少年院送致」の決定が出されましたが，たいていのケースでは，調査官意見や裁判官との面会を通じ，おおよその処遇決定が予想できます。

仮に「少年院送致」など，施設処遇が引き続き見込まれる場合は，少年との面会の中で，処分の可能性として審判前に説明しておくことが必要です。

3 少年審判の抗告申立て

家庭裁判所による「保護処分の決定」は，抗告申立ての対象となります（少年32条）。そして，抗告申立ては，高等裁判所宛ての抗告申立書を家庭裁判所に提出することになります。

抗告期間は，決定の言渡しの翌日を起算日として2週間以内です（少年32条）。この点，成人の場合と異なり，単に「抗告を申し立てる」，「抗告理由は追って主張する」とのみ記載された書面では足りず，抗告期間内に抗告理由を具体的に記載した申立書を提出しなければなりません。

また，決定の言渡しの時点で，必ずしも裁判所によって決定書が作成されているとは限りません（実務上，作成されていないのが通常です）。また，決定書謄本は，交付申請をしなければ入手できません。

そのため，決定の理由については，これまでの裁判官との面会の結果を踏まえ，審判言渡しの際にきちんとメモをとり，決定書の入手を待たずに抗告理由書の作成に着手する必要があります。

なお，抗告されるか否かにかかわらず，少年院送致の決定がされた少年の身柄は，審判の翌日，翌々日頃には少年院に移されてしまいます。そのため，引き続き少年鑑別所で面会ができるわけではありませんので，注意が必要です。

column04──少年事件における身柄関係について

少年事件において，逮捕後の身柄措置に関しては，「勾留」と「勾留に代わる観護措置」の大きく2つがあります。以下，それぞれ説明していきます。

1 勾留について

勾留には，成人と同様，少年事件においても刑訴法60条所定の要件が必要です。

また，少年事件特有の要件として「やむを得ない場合」でなければ勾留を請求することはできません（少年43条3項）。

この「やむを得ない場合」とは，①鑑別所の施設上の理由（鑑別所の場所・収容能力，引当り等の捜査が困難，共犯者との通謀の可能性など），②少年自身の事情（年齢・前歴等成人と同様の処遇でも問題がないなど），③捜査上の理由（複雑・重大・関係者多数・否認などの事情から勾留延長が見込まれる，接見禁止処分を行うなど）といった事情を踏まえ，総合的に判断されます。

また，検察官が勾留請求する場合，成人と同様，警察署の留置施設を勾留場所として請求することが多いのですが，少年事件の場合，勾留場所を鑑別所に指定することもできます（同法48条2項）。

なお，鑑別所に勾留されても，あくまで勾留なので，勾留延長は，当然可能です。

2 勾留に代わる観護措置（少年43条1項）について

少年事件の場合，検察官は，勾留請求と併せ予備的に，又は勾留請求に代えて，観護措置を裁判所に請求することもできます。

なお，「勾留に代わる」ものであるため，勾留に代わる観護措置でも，刑訴法60条の勾留の要件は必要です。

そして，この措置は，あくまでも観護措置なので，収容場所は鑑別所になります。

なお，この措置は，勾留とは異なり，拘束期間は10日間のみであり，延長することはできません（少年44条3項）。

第2章　事例解説　第3節　非行・少年事件

事例

12　少年事件その2
　　　──在宅事件の場合

場面 1　電話相談

相談者：18歳になる息子のことなんですが……。
弁護士：お電話頂いたのはお母様ですか。
相談者：はい。実は，4日前，突然家庭裁判所から手紙が来ました。中を見ると，息子が半年ほど前，知らない人に暴力を振るった事件で審判があるという内容でした。
弁護士：事件自体は，実際に起こったことですか。
相談者：はい。
弁護士：突然，家庭裁判所から手紙が来たのですか。
相談者：そうです。
弁護士：審判期日はいつと書いてありますか。
相談者：3日後です。
弁護士：これまで，調査官や家庭裁判所から連絡はありませんでしたか。
相談者：ありませんでした。突然，審判の知らせが届いて驚いています。事件を起こした時には，警察に呼ばれて1度だけ取調べがありましたが，審判になるとも言われず，息子も帰ってきました。
弁護士：息子さんは今，どこにいますか。
相談者：自宅にいます。
弁護士：お住まいは都内でしょうか。
相談者：はい。
弁護士：緊急を要する事案ですので，できれば息子さんとご一緒に，事務所までお越し頂きたいのですが。
相談者：……先生にお願いした場合，費用はどのくらいかかりますか。
弁護士：費用のことは，もう少し詳しくお伺いしてからご相談させてください。弁護士に頼むお金がない場合でも，日弁連の法律援助制度があります

[事例12] 少年事件その2——在宅事件の場合

ので，安心してください。事務所の住所と連絡先をお知らせします。場所が分からなかったら電話をしてください。

> ◇この場面のポイント◇
> - □ 相談者の話をよく聞き，不自然に感じる点があっても頭ごなしに否定しない。
> - □ 緊急を要する場合や，弁護士の関与が必要な事案の場合，電話相談だけで終わりにせず，継続相談にする。事案によっては，直ちに面談した方が良いことがある。
> - □ 法律援助などの制度を説明し，弁護士に相談する心理的な負担を取り除く。

1 少年審判は弁護士がサポート

本件は，3日後に少年審判があるという緊急を要する事案です。仮に事件自体に争いがない場合でも，少年本人や両親だけで審判に臨むのは負担が大きく，弁護士が付添人としてサポートする必要があります。

2 相談者の話をよく聞く

相談者によると，それまで調査官や裁判所から何も連絡等はなく，突然，家庭裁判所から審判の通知が来たとのことです。

通常，そのようなことは考えられませんが，「そんなことはあり得ない」「何か隠しているのではないか」と疑ってかかって，頭ごなしに否定したり，問い詰めたりするのは避けるべきでしょう。

相談者が何か思い違いをしているかもしれませんが，限られた時間の中で信頼関係を構築するためにも，まずは相談者の話をよく聞いて，不自然な点や事件の詳細は，後でじっくり聞くという姿勢が重要です。

第2章　事例解説　　第3節　非行・少年事件

 継続相談とし早急に面談を

　事件の内容は，半年ほど前に少年が知らない人に対して暴力を振るったというものです。既に捜査段階は終了し，家庭裁判所に送致され，少年は在宅のようです。

　暴行事件なのか傷害事件なのか，被害者との間で示談は成立しているのかといった詳細をすべて電話相談で聞き取ることは困難ですが，弁護士が付添人として介入すべき事案であることは間違いなさそうです。このような場合は，躊躇せず，早急に面談のアポイントをとった方が良いでしょう。

　担当弁護士自身が積極的に受任する姿勢が望ましいですが，例えば相談者が遠隔地にお住まいである場合には，電話相談を受けた弁護士が受任することは困難です。その場合でも，相談者が住んでいる地域の弁護士会窓口を紹介するだけにとどまるのではなく，担当弁護士の事務所の連絡先を教えて継続相談とした上で，知り合いの弁護士を紹介するといったケアも十分考えられる対応です。

 面談には少年本人も来てもらう

　本件では，幸い相談者は都内だったので，担当弁護士自身が対応できます。事務所の場所と連絡先を教え，審判の期日が迫っていますので，できるだけ早く面談の日程を入れた方が良いでしょう。その際，相談者である母親だけではなく，少年本人にも来てもらうようにすべきです。

 費用面の不安を取り除く

　相談者の中には，弁護士に依頼した場合の費用を心配して，面談や継続相談に躊躇する方もいます。せっかく電話相談にアクセスして来られたのに，費用がネックとなって結局弁護士による法的サービスを受けられないというのでは，相談窓口の役割として十分とはいえません。

[事例12] 少年事件その2――在宅事件の場合

　本件のように，弁護士の関与が強く望まれるケースの場合は，日弁連の法律援助制度を説明して，費用面の心配を取り除いてあげることも重要です。

場面 2　事務所での面談

　（電話相談の翌日。少年の母親が，父親と2人で事務所を訪問しました。）
母　親：昨日お電話させて頂いた者です。
弁護士：少年ご本人は都合がつきませんでしたか。
母　親：申し訳ありません。今日は予定があると言って，一緒に連れてくることはできませんでした。
弁護士：審判が迫っていますので，できるだけ早く，ご本人と直接お話させてください。
母　親：分かりました。
弁護士：裁判所から届いたという書類はお持ち頂きましたか。
　（母親が差し出した書類は，確かに家庭裁判所から送られてきた審判期日通知書でした。）
弁護士：これまで，調査官から何も連絡はありませんでしたか。
父　親：実は，妻には黙っていましたが，私が2度調査官と面談しています。その前に，刑事さんにも一度呼ばれました。本人が，母親には関わって欲しくないと言うので……。
弁護士：何か事情がありそうですね。
父　親：妻とは再婚したのですが，息子とは折り合いが悪くてほとんど口もきかない関係です。難しい年頃ですし，妻はクラブで働いているのですが，そういった所も息子は気に入らないのかもしれません。
母　親：私は普通に接しようと努力して来ましたが，全然ダメでした。普段は私のことは全く無視していますが，機嫌が悪い時は酷い言葉遣いで罵ったり，物を投げつけてきたり。正直なところ，この先もあの子と一緒に生活していく自信はありません。
父　親：お前がそんなことを言ってどうするんだ！
弁護士：まあ，落ち着いてください。本人にとってどうすることが一番良いのかは，本人からもお話を聞く必要があります。お父さんやお母さんの

> 前では話しにくいこともあるかもしれませんので，明日にでも，お1
> 人で事務所へ来るよう説得してもらえませんか。
> 父　親：私から話してみます。
> 弁護士：今日はこれから時間がありますので，裁判所へ行って今回の事件の記
> 録を検討したいと思います。その上で，調査官とも意見交換します。
> ところで，被害者の方と示談の話はされましたか。
> 父　親：いいえ。警察の方に，幾らか慰謝料をお支払いしたいと申し出たのですが，相手の方がまだ気持ちの整理がつかないとかで，拒否されました。
> 弁護士：そうですか。時間があまりありませんが，私の方でも連絡をとってみます。

◇この場面のポイント◇
- □　本人との面談が未了でも，保護者から付添人として選任してもらうことができる。
- □　家族の関係に問題がありそうな場合，誰か1人の意見だけに耳を傾けるのではなく，個別に意見を聞いたり，社会記録などから問題の原因などを探ることも必要。
- □　少年事件の場合でも，被害者との示談の有無は重要な事項となる。

1　保護者から選任してもらうこともできる

　電話相談の翌日，少年の両親が弁護士の事務所へ面談にやって来ました。本来であれば少年も同席してもらい，面談を行うことが望ましいのですが，本件では少年は両親と一緒には来ませんでした。

　付添人として受任するにあたっては，勿論本人の意向を確認する必要がありますが，本件のように緊急を要するケースの場合，保護者の方から選任してもらい，付添人としての活動に早期に着手することが重要です。

2 個別に話を聞いた方が良い場合もある

　本件では，少年は父親の再婚相手である母親との関係が良好ではなく，事件に関しても関与して欲しくないと考えているようです。家族関係に何らかの問題がある場合，それぞれに言い分があるものです。誰か1人の意見だけを重視するのではなく，各人の主張を丁寧に聞く必要があります。場合によっては個別に意見を聞いた方が良い場合があります。特に少年の場合は，両親が同席する場では正直に話ができないことが多いと思われます。保護者と少年の関係が良好でない場合，少年は，弁護士は保護者の味方だという先入観をもつかもしれませんので，その点にも配慮が必要です。

　家族関係や少年の問題について，何が原因なのかに関しては，社会記録を丹念に読み込むことで糸口が見つかることもあります。

3 示談交渉も必要

　少年審判の場合，成人の刑事事件と異なり，被害者との示談成立が，直接処分を決める要素となることはありませんが，少年に反省を促し，被害者に対して真摯に謝罪させることは重要です。また，事案によっては，被害者が慰謝料請求訴訟を提起してくることも想定されるため，被害者と接触し示談交渉を試みることは，成人の刑事事件と同様に重要な活動となります。

column05——責任能力について

1　はじめに

　少年事件でも，大部分を占める犯罪少年であれば，成人と同様，まずは，犯罪が成立しているかが問題となります。

　そのため，構成要件，違法性，責任という3要素をそれぞれ検討するのですが，このうち，責任については，全件送致主義（少年42条1項）との関係で，成人とは，違った観点での検討が必要となります。

　すなわち，成人の場合は，心神耗弱なら刑が減軽され（刑39条2項），通常よりも軽い処分になります。

　また，心神喪失（同条1項）なら刑罰を問えませんので，不起訴処分になります。

2　少年事件特有の問題

　これに対して，少年事件の場合，まず，心神耗弱であれば，犯罪が成立していますので，家裁送致するという結論で問題はありません。

　しかし，当該少年が，事件当時，心神喪失だった場合，家裁送致されるかどうか問題になります。

　1つの考え方として，心神喪失なら犯罪が成立しないと考えると，成人と同様，検察庁で不起訴処分となり，家裁送致されないという結論になります。

　もう1つの考え方として，心神喪失なら処罰できないだけで犯罪事実は認められる，少年保護の観点から家裁で判断されるべきと考えると，家裁送致されるという結論になります。

3　現状での考え方

　少年が心神喪失である場合，どちらの考え方によるべきか，判例上も実務上もいまだ争いがあり（詳しくは田宮裕＝廣瀬健二編『注釈少年法〔第3版〕』61～63頁，同422頁，守屋克彦＝斉藤豊治編集代表『コンメンタール少年法』86～89頁〔加藤学〕，廣瀬健二＝川出敏裕＝角田正紀＝丸山雅矢編『少年事件重要判決50選』103～105頁〔丸山雅夫〕），家裁送致するか否かは，担当の検察官次第ということになると思われます。

[column05] 責任能力について

　どちらが正しいということではありませんが，弁護人（付添人）としては，以上のことを前提に，少年保護の観点から何が最善かを検討していくことになります。

第2章　事例解説　第3節　非行・少年事件

事例

13　少年事件その３
——否認事件の場合

場面１　相　談

　私の中学３年生の息子（Ａくん）が警察に逮捕されてしまいました。半年くらい前から警察から「ある事件について事情を聞きたい」と言われていたそうで，警察の要請を無視していたら，逮捕されてしまったようです。犯罪の内容は詳しくは分かりませんが，どうやら息子が，友人のＢくんに対して「万引きをしてみろ」と命令して，Ｂくんがコンビニエンスストアで漫画を盗んでしまったようです。その場にいた警備員に見つかってしまったそうですが，Ｂくんは現在まで逮捕されずに済んでいるようです。息子はＢくんに対して命令などしていないと話しています。息子は別の事件（スーパーで洋服を万引き）で，既に家庭裁判所から保護観察処分を受けています。今後どうなるのでしょうか。

◇この場面のポイント◇
　□　全件送致主義

1　全件送致主義

　20歳未満の「少年」（少年２条１項）が逮捕された場合であっても，成年の事件の場合と同様に，刑事訴訟法に従って，逮捕・勾留の手続が行われることになります。もっとも，成年の事件と少年事件が決定的に異なるのは，全件送致主義といって，検察官が犯罪の嫌疑があるものと考えた場合には，すべての事件が家庭裁判所に送られることになっている点です（少年42条１項）。成年の事件では起訴猶予処分といって，性格，年齢及び境遇，犯罪の軽重及び情状並びに犯罪後の状況を考慮して，刑事訴追しない場合も多いのですが，

[事例13] 少年事件その3——否認事件の場合

少年事件の場合，犯罪の嫌疑が認められた場合には，すべての事件が家庭裁判所へ送致されることになっています。

このような制度が採用されている理由は，少年が非行行動を起こす場合，内容が極めて軽微な事件であったとしても，その背景に，少年が様々な問題を抱えている可能性が想定されるため，家庭裁判所において少年に対する保護の必要性等を調査させることが重要だと考えられているからです。

2 被疑者段階での弁護活動

弁護人としては，少年が事件に関与していないということであれば，成人の刑事事件と同様に，その裏付けを確保する活動を目指します。例えば，少年とBくんの共通の友人など，事件や2人の関係性などについて何らかの事情を知っていそうな第三者から話を聞くなどです。確保できた証拠が決定的なものであれば，弁護人として把握した事実関係については，意見書を検察官へ提出することも考えられます。

しかし，成人の刑事事件であれば公判維持の観点から嫌疑不十分となり得るような場合であっても，家庭裁判所への送致にあたっては，「犯罪の嫌疑」があれば足り（少年42条1項），「公訴を提起するに足りる犯罪の嫌疑」（少年45条5号）までは必要でないとされていること（大阪地判平6・9・30判時1526号112頁参照）からすると，家庭裁判所への送致を回避することは容易ではありません。逮捕状請求にあたって，一定の裏付け捜査がされている場合や，共犯者供述があると想定される場合であれば，嫌疑を払拭することは極めて困難な場合が多いでしょう。

少年審判においては，起訴状一本主義（刑訴256条）や伝聞法則（刑訴320条）の適用がなく，署名指印のない供述調書や取調べ時の会話を記録したとする捜査報告書を含むすべての捜査記録が家庭裁判所に送られ，裁判官は，少年側の同意なしにその記録すべてから心証を得る以上，弁護人としては，まずは，黙秘権を積極的に活用するなど，不利な証拠を作られない方法を十二分に検討し，実行する必要があります。黙秘が最善であるとの結論にいたった

第2章 事例解説　　第3節　非行・少年事件

場合，少年1人で取調官からの硬軟両面からの問いかけに沈黙を貫くことは精神的に非常に困難ですので，少年の黙秘権行使の意味に対するしっかりした理解と弁護人による連日接見などの対応が必要になります。不利な証拠には，被疑者に有利な証拠を弾劾する関係に立つ証拠も含まれますから，弾劾のための捜査がされるリスクを負って被疑者の言い分や被疑者に有利な証拠の存在を，捜査機関に対して開示すべきか否かについても極めて慎重な検討を要します。家裁送致後に証拠を閲覧してから都合の良い事実を言っているわけではないという点で，被疑者供述の信用性を確保するため，確定日付のある接見メモ等の作成も大切です。

他方で，弁護人・付添人が作成・収集した証拠についても，起訴状一本主義や伝聞法則の適用がないことからすれば，家裁送致直後から，付添人には，裁判所に対して非行事実がないことを訴えるチャンスがあります。

そうすると，多くの事件では，捜査段階で家裁送致を防ぐ活動を目指すよりも，家裁送致後のできるだけ早い段階で，身体拘束から解放されることを目指して活動することになると思われます。

場面 2　接見から家裁送致まで

　C弁護士がAくんと警察署で接見をしました。
弁護士：弁護士は君の言い分を代わりに伝えるのが仕事です。君は本当にBくんに万引きを命じたのかな？
Aくん：Bくんがコンビニで万引きしたときに僕も一緒にいたけれど，Bくんに命令などしていません。僕はゲーム好きだけど，漫画は読まないので，Bくんに命令することなどするわけがありません。
弁護士：なぜ警察の事情聴取の要請に応じなかったの？
Aくん：以前に警察にお世話になったことがあって，その時から警察が嫌いだからです。やましいことがあるから要請に応じなかったわけではありません。
弁護士：どのようなことで警察のお世話になったの？

[事例13] 少年事件その3――否認事件の場合

Aくん：スーパーから洋服を万引きしたということで，家庭裁判所に呼ばれて，現在，保護観察中です。それ以前にも，道端の自転車を盗んだりして，警察に呼ばれたことがあります。
弁護士：Bくんと何かトラブルになったことはないの？
Aくん：Bくんから借りたゲームソフトをまだ返していません。実は，中古業者に売却してしまったけど，まだBくんは知らないはずです。

Aくんとの接見を終えたC弁護士は，被害店舗と示談交渉することはせず，Aくんは本件事件に関与していない旨の意見書を検察官へ提出しましたが，20日間の勾留を経て，Aくんは検察庁から窃盗罪の共同正犯との非行事実により家裁へ送致されてしまいました。家裁送致日当日に観護措置決定がなされ，Aくんは鑑別所に送られました。

> ◇この場面のポイント◇
> □ 伝聞法則，進行協議

1　少年事件における証拠法則

　前述したとおり，被疑者弁護段階においては，少年事件であっても基本的には成年の刑事事件と変わることのない被疑者弁護活動を行う必要がありますが，成年の刑事事件と最も異なるのは，家裁送致後の手続です。
　まず，少年審判の場合，いわゆる起訴状一本主義が適用されないため，一件記録のすべてが検察庁から家庭裁判所へ送られることになります。また，刑事訴訟法で認められている伝聞法則（刑訴320条）の適用もありません。つまり，付添人は共犯者とされているBくんの調書を不同意とすることはできず，付添人としては信用性に疑問があると考えているBくんの調書も担当裁判官の目に触れてしまうことになるのです。
　少年事件では成人事件と比べて共犯事件が多く（「平成28年版犯罪白書」によると，平成27年の成人の共犯事件率は10.8%であるところ，少年事件の共犯事件率は25.6%とされています），共犯者間の言い分も異なることが多いため，共犯者の調

173

書を不同意にできないということは，少年の防御活動に大きな支障をもたらすものですので，この点を念頭に置いておくことが非常に重要です。

 少年事件における否認主張と進行協議

また，少年事件における否認事件の注意点としては，成年の刑事事件と同様に第1回公判において認否を明らかにすれば良いわけではありません。少年事件の場合，観護措置の期間は限られているため（少年17条3項及び4項），付添人としては，家裁送致後，速やかに法律記録の閲覧又は謄写を行い，非行事実を争うか否かの方針を立てる必要があります。非行事実を争う方針をとった場合，付添人としては速やかに非行事実を争う旨を記載した簡単な意見書を家庭裁判所へ提出しておく必要があります。

また，共犯者や関係者の証人尋問が必要なのであれば，担当裁判官と面談をし，証人尋問の必要性等を伝え，審理計画を予め相談しておくことが必要な場合もあります。裁判所は当然に証人尋問を認めてくれるとは限らないため，注意が必要です。

場面 3 裁判官との面談

　C弁護士が家庭裁判所において裁判官と面談すると，裁判官から「本件ではBくんの証人尋問が必要ですね」と話がありました。そこでC弁護士から「まずBくんの証人尋問を行って，その上で少年への本人質問を行って欲しい」と説明したところ，裁判官も了承してくれました。

　また，裁判官から「本件は否認事件であることは理解していますが，少年の関与の有無にかかわらず，少年には一定の問題が認められそうですね。非行事実の確定前に調査官に対して調査命令を発したいと考えています」という話がありました。C弁護士からは「非行事実の存在が明らかではない段階での調査命令は認められるべきではありません」と抗議しましたが，受け入れられませ

[事例13] 少年事件その3——否認事件の場合

んでした。

> ◇この場面のポイント◇
> □ 証人尋問，調査命令

1 証人尋問

　前述したとおり，少年審判は職権主義が基調とされており，伝聞法則も適用されないため，付添人がBくんの証人尋問を求めたとしても，Bくんの証人尋問が採用されるかどうかは裁判所の裁量によることになります。したがって，付添人の立場としては，証人尋問の必要性を強く申し入れる必要があります。

　なお，否認事件の場合，少年質問が先行され，その結果を踏まえて，証人尋問の必要性が判断される場合もあります。付添人としては，「少年質問における少年の供述のいかんにかかわらず，証人の供述調書の信用性が問題になる事件であるから，証人尋問を先行させるべきである」旨の申入れを行うことが肝要だと考えられます。

2 調査命令

　また，本件では，裁判所は非行事実の認定前に調査命令を下すことになりました（少年8条2項）。調査命令とは，裁判官が家庭裁判所調査官に命じて，非行原因，少年の性格や特性，家庭環境等について調査を行わせることです。

　非行事実に争いがある場合，非行事実の存否が不明なまま，とりわけ少年に対する面接調査を調査官にさせることには，付添人のいない審判外での少年質問を許すことになり，一般的には問題があるかと考えられるため，付添人としては，社会調査の実施，とりわけ非行事実に関する調査については，反対の意思を表明することが通常かと思われます。もっとも，少年との接

見・面会を通じて，非行事実の存否に関係なく，少年に問題性が認められることが確認できたり，少年の環境調整が必要であることが明らかであったりする場合には，付添人としても，非行事実の認定の前に，調査官による調査を行うことが必要であるとの判断にいたる場合もあるかと思われます。

場面4　証人尋問及び少年質問

　Bくんに対する証人尋問及びAくんに対する少年質問が実施されることになりました。付添人は，証人尋問の準備のため，Aくんから聞き出したBくんのSNSの「つぶやき」を精査したところ，犯行時間の数時間後，Bくんの書込みを発見しました。Bくんは，「今日は本当にごめんなさい。」と記載していました。付添人は，この書込みを中心に証人尋問をすることにしました。

　証人尋問については，裁判官がまずBくんに対して非行事実を確認する尋問を行い，その後，付添人であるC弁護士が尋問を行いました。
〔付添人のBくんに対する証人尋問〕
C弁護士:「君はAくんからの万引きの命令を断れなかったということなの？」
Bくん:「そうです。」
C弁護士:「君の犯行時間の数時間後のSNSの書込みを見ると，『今日は本当にごめんなさい。』という書込みがあるんだけど，これはどういう意味？」
Bくん:「覚えていません。」
C弁護士:「犯行現場に一緒にいたAくんに謝罪しているんじゃないのかな。君が勝手に万引きをして，一緒に遊んでいたAくんに迷惑を掛けてしまったから，謝ったのではないかな？」
Bくん:「Aくんに謝罪しているわけではありません。Aくんから万引きを命令されたことは間違いないです。SNSの書込みはよく覚えていませんが，その日は別にDくんも現場にいましたし，Aくんに謝ったというわけではないと思います。」

　その他，付添人は，Bくんに対して様々な角度で尋問しましたが，Bくんは本件事件後，何度か警察の事情聴取に応じていたこともあり，調書の記載どおり整然と供述し，反対尋問によっても動じませんでした。

[事例13]　少年事件その3——否認事件の場合

> Bくんに対する証人尋問後、Aくんに対する質問も行われましたが、Aくんは警察からの事情聴取を拒否しており、本件事件後半年間にもわたり事件の記憶を喚起する機会がなかったこともあり、覚えていないという供述が多く、相対的にAくんの供述の信用性が見劣りした結果となってしまいました。
> 　尋問期日の2週間後に中間審判日が指定され、裁判官から非行事実の存否に関する認定が告げられました。審判ではBくんの証言に信用性があるとされ、AくんがBくんに万引きを命じたという非行事実が認定されてしまいました。

◇この場面のポイント◇
☐　中間審判

　非行事実に争いがある場合、家庭裁判所は中間審判期日を開き、裁判官が非行事実に関する事実認定の結果を表明する場合があります。ただし、すべての否認事件について非行事実認定の中間審判が実施されるわけではないため、付添人としては、中間審判を積極的に求めていくべきでしょう。付添人としては、中間審判期日において、非行事実に関する意見を表明するため、予め意見書を作成する必要がありますが、少年審判のスケジュールは非常にタイトであるため、中間審判期日の直前（2，3日前）にならないと証人尋問の反訳書を入手できない場合が多いです。そのため、付添人は証人尋問の際に必要なメモをとっておき、証人尋問の反訳書がない状況の中でも意見書の作成を行うことができるような心づもりでいる必要があると指摘できます。
　中間審判での裁判官による事実認定の結果の表明は、保護処分の要否を検討する上で、前提となる事実を裁判官、調査官及び付添人間で共有するために事実上行われているものであり、「保護処分の決定」（少年32条）という正式な処分ではないため、抗告の対象とはなりません。この時点において事実認定を争う機会があれば、少年にとっては便宜であろうとは思われます。
　なお、本件の事例のように、最近の10代の子は、mixi，twitter，facebook等のいわゆるSNSを用いて、日々、その時の心情を率直に（後先を考えずに）情報発信しているケースが頻繁に見受けられます。子どもに関わる事件に携

わる場合には，少年や関係者の SNS をチェックしておくことで，思いもよらない有益な情報を得られることもあり得ますので，参考にしてください。

> ### 場面 5　環境調整活動，最終審判
>
> 　付添人であるＣ弁護士はＡくんに対して，「君が万引きを命令したということが認定されてしまったことは残念だけど，非行事実が仮になかったとしても，保護観察中に君はＢくんのゲームソフトを無断売却したりして，いけないことをしているよね。非行事実のことは置いておいて，一度，自分の生活について反省しよう。」と話し，非行事実の存否にかかわらず，Ａくんに対して自身の問題性に気付くよう，Ａくんの保護観察中の態度や交友関係に関する反省文を書かせ，自身の問題性に目を向けさせることに注力しました。
> 　鑑別所の意見は少年院送致，調査官の意見は保護観察，付添人の意見は，不処分（別件保護中）でしたが，裁判所は保護観察との決定を下しました。
> 　ＡくんはＣ弁護士とも相談し，最終的には抗告をしませんでした。

> ◇この場面のポイント◇
> 　□　環境調整活動，抗告，少年補償法

1　環境調整活動

　否認事件における環境調整活動は難しいといえます。事実認定後も本人が否認し続ける場合には，どのような事実に対して反省を促せば良いか悩ましく，少年の心情に十分配慮して環境調整を進めていく必要があります。本件では，少年に保護観察期間中にもかかわらず，Ｂくんのゲームソフトを無断売却したような非行が認められますから，本件の非行事実の存否にかかわらず，少年に保護観察中の生活態度について内省を深めさせることが考えられます。

[事例13] 少年事件その3——否認事件の場合

2 不服申立方法

　付添人としては，別件で既に少年が保護観察に付されていることから，本件について新たな保護処分を行う必要はない旨の意見を表明しました。しかし，審判結果は，保護処分（保護観察）となりました。少年は非行事実の認定に不服があるとして，同保護処分（保護観察）について，高等裁判所に対し抗告を行い争うことが可能です。なお，抗告を行う場合，保護処分の決定日から2週間以内に行う必要がありますが，抗告期間内に決定文を受領できない場合や，受領できたとしても，抗告期限の直前になることも実務上よく起こり得ることです。そこで，付添人としては，決定文がない状態であっても抗告申立書を起案できるように心づもりをしておく必要があります。

3 少年の保護事件に係る補償に関する法律（少年補償法）

　非行事実が認められないことを理由として不処分決定等を受けた少年に対し，国が身柄拘束に対する補償を行う制度があります。本件の事件について，仮に，非行事実が認められないことを理由として不処分とされた場合には，少年は少年補償法に基づき，身体拘束日数に応じて国に補償を求めることができます。他方で，仮に，付添人の意見のとおり，不処分（別件保護中）との決定を受けた場合には，抗告の対象である「保護処分の決定」（少年32条）ではないため，少年は事実認定を最後まで争うことができませんが，非行事実の存在を前提にする処分であるため，上述した少年補償法の対象にもなりませんので留意が必要です。事実認定を最後まで争う必要がある場合には，付添人としてどのような意見を提出するべきか悩ましい事態も生じ得るかと思います。

　本件では，職権主義を基調とする少年法の枠内ではありながら，Bくんに対する証人尋問が適切に行われるなど，裁判所において否認事件を踏まえた適切な対応が行われた例だと考えられます。しかし，少年事件では，共犯少年間の言い分が異なることも多く，少なくとも否認事件に関しては，運用上

の配慮で乗り切るのではなく，予断排除の原則の導入など，少年法自体の改正も検討に値するのではないかとも思われます。適正な手続を前提とした事実認定を経てこそ，真の反省が得られることについては，成人も少年も同様であるものと思われます。

column06——共謀について

1 少年事件での共謀

少年事件では，共謀の事件がかなりの件数あります。

ここで，共謀が認められるためには，共犯者間で，特定の犯罪を共同して遂行する意思が合致している必要があります。

共犯者から命令されたり，共犯者間で話合いを行ったりした場合には，明示的に共謀が認められるため，問題はそれほどありません。

しかし，少年事件では，黙示の共謀で立件されることが多く，何もせず単に事件現場にいただけの者も共謀共同正犯として立件されるときがあります。

2 問 題 点

成人事件でもそうですが，黙示の共謀を認めるためには，共犯者との関係性（年齢，上下関係，事件までの付き合い方など），本件事件の前に共犯者と何か問題（同種事件など）を起こしたことがないか，そのときの共犯者との様子はどうだったのかなど，詳細な状況を具体的に聴取する必要があります。

しかし，少年事件の共謀の調書の中には，「あいつの目を見て何を考えているか分かった。」，「何となく盗みをしようとしていると分かった。」などと，具体的な根拠もなく黙示の共謀を認定する調書も散見されます。

実際問題，少年の場合，深夜みんなで遊んでいて，その延長で窃盗や傷害などの事件を起こすことがあり，事件当時に何を考え，どう行動したのか詳細に説明できる者は，それほどいません。

そのため，取調べでも，高圧的な誘導や意見の押しつけのような聴取が行われる可能性があります。

3 弁護人（付添人）として

したがって，弁護人（付添人）としては，本当に当該事件に共謀が認められるのか，捜査機関が共謀を無理矢理認めさせようと無茶な取調べをしていないか，慎重に検討する必要があります。

事例 14 少年事件その4
──虞犯事件の場合(1)

> Aくんは虞犯の審判に付されるということで先日から鑑別所に入っています。Aくんは現在16歳で、通信制高校の1年生です。Aくんは両親のいうことを聞かず、複数の友人の家を泊まり歩いているようで、家にほとんど帰ってきません。両親もAくんには家に毎日帰るようにきつく言っているのですが、なかなか家に帰ってきません。また、Aくんはどうやら年上の暴力団員とも付合いがあるようです。

◇この場面のポイント◇
- □ 虞犯少年を保護する趣旨の理解
- □ 虞犯性と虞犯事由の概念
- □ 虞犯事件における付添人活動

  虞犯少年とは

少年法3条1項は、審判に付すべき少年として、以下のとおり虞犯少年（同項3号）を定めています。

> 次に掲げる事由があつて、その性格又は環境に照して、将来、罪を犯し、又は刑罰法令に触れる行為をする虞のある少年
> イ　保護者の正当な監督に服しない性癖のあること。
> ロ　正当の理由がなく家庭に寄り附かないこと。
> ハ　犯罪性のある人若しくは不道徳な人と交際し、又はいかがわしい場所に出入すること。
> ニ　自己又は他人の徳性を害する行為をする性癖のあること。

[事例14] 少年事件その4──虞犯事件の場合(1)

同号は，未だ罪を犯してはいないが，将来罪を犯すおそれを感じさせる問題行動があり，保護を要する少年について，犯罪少年（少年3条1項1号），触法少年（同項2号）と同様に審判に付されることを定めています。

この趣旨は，問題行動のある少年を可能な限り早期に発見し，保護及び教育をすることで，少年の健全な育成を企図するという考えに基づくものです。

虞犯事件は，件数としてはそれほど多くはありませんが，風俗産業に利用されている少年や，家出を繰り返す少年，暴力団等の反社会的勢力との関係を有している少年等を保護する場合に，虞犯事件として立件されます。

未だ罪を犯してはいないものの要保護性の高い少年に対し，福祉的な観点から利用されており，審判の結果，施設収容処分となる割合が比較的高い類型です。

そのため，付添人としては，犯罪にいたっていないことから処分も重くはないであろうというような甘い見通しをもたずに活動をすることが重要です。

2 虞犯事件の送致手続

虞犯事件は，20歳未満の少年が対象となりますが（少年2条1項），少年の年齢，すなわち①14歳未満②14歳以上18歳未満③18歳以上20歳未満によって，家庭裁判所に送致されるまでの手続が異なります。

(1) 14歳未満の場合

警察官による補導等で14歳未満の虞犯少年が発見されると，児童相談所に通告されます（児福25条，少年警察活動規則33条1項3号）。そして児童相談所において調査が行われ児童相談所が福祉的措置（児福33条）を行いますが，この福祉的措置として，少年を一時保護する場合があります。その後，児童相談所の調査により，審判に付すことが相当と判断されると，家庭裁判所に送致されます（児福27条1項4号）。

(2) 14歳以上18歳未満の場合

警察官又は保護者は，14歳以上18歳未満の虞犯少年について，児童相談所へ通告するか，直接家庭裁判所に送致するか選択します（少年6条2項，少年

警察活動規則33条1項2号）。もっとも，児童相談所に通告した後，児童相談所の調査により，審判に付すのが相当と判断された場合には，家庭裁判所に送致されます（児福27条1項4号）。

(3) 18歳以上20歳未満の場合

18歳以上20歳未満の虞犯少年は，発見されると，児童相談所への通告を経ず，家庭裁判所に直接送致されます（少年41条後段・42条1項後段）。

3 虞犯の成立と範囲に関する検討

少年法3条1項3号イからニまでの各事由を虞犯事由といい，同号柱書「その性格又は環境に照して，将来，罪を犯し，又は刑罰法令に触れる行為をする虞」を虞犯性といいます。虞犯の成立には，虞犯事由と虞犯性の双方（あわせて虞犯構成要件）が必要とされます。また，虞犯構成要件に該当する具体的事実（虞犯事由を構成する事実と虞犯性を構成する事実）を虞犯事実と呼んでいます。

もっとも，虞犯事由は，抽象的かつ規範的な表現となっており，虞犯性についても，「将来」の予測であることから，要件に該当するか否かの判断が曖昧になりかねない危険があります。そのため，付添人としては，まず，少年に虞犯事由及び虞犯性が認められるかという点を，慎重に検討することが大切です。家裁送致後に虞犯事由又は虞犯性の要件を満たさないとして争う場合には，裁判所にその趣旨の意見書を提出することにもなります。

(1) 虞犯事由・虞犯性の確認方法

少年法3条1項3号イからニの虞犯事由は，まずは家裁送致書の件名から確認します。

そして，虞犯事実は，送致書別紙の「審判に付すべき事由」から確認します。

このとき，送致事実が簡潔で抽象的であったり，少年や家族等からの聴取りや，その他の資料に照らしても虞犯事由を構成する事実や虞犯性の確認ができない場合もあります。

[事例14] 少年事件その4——虞犯事件の場合(1)

その際には，虞犯事由を構成しない，あるいは虞犯性が抽象的な危険にすぎないとして，虞犯の成立自体を積極的に争うことも視野に入れる必要があると考えられます。

(2) 虞犯事由

虞犯事由は，人権保障の見地から，虞犯性の判断を客観的に行うために虞犯性を類型化し限定するものですので，少年法3条1項3号イからニは限定列挙と解されています。

また，虞犯は，一定期間継続する状態（行状）を基礎とするため，虞犯の個数，一事不再理の範囲について，虞犯事実の同一性が問題となります。一定時期には1つの虞犯のみが成立し，事件終局時が基準となるという立場と，事件受理時を基準とする立場があります。特に，試験観察を経ての終局処分となる場合には，試験観察期間中の少年の行状についても審判の対象となるか否かは重要な争点となり得るため，付添人はどの範囲の行為が虞犯事実とされ，審判の対象となるのかを明らかにするために，審判前に裁判官と協議することが必要となるものと考えられます。

また，審判の結果，保護処分に付された場合の抗告等の準備のためにも，虞犯事実の始期及び終期を審判書に明示することを審判前に裁判所に求めるべきです。

なお，本件のように，少年が家に帰って来ず，暴力団関係者と交際しているというように，複数の虞犯事由（同号ロ及びハ）に該当するというケースも少なくありません。

(3) 虞 犯 性

虞犯性は，経験則に基づく高度な蓋然性が必要と解されています。

また，虞犯性で予測される「罪」「刑罰法令に触れる行為」については，財産犯，薬物事犯などの犯罪類型で足りるとするのが多数説です（廣瀬健二編『裁判例コンメンタール少年法』39頁〔廣瀬健二〕）。

なお，虞犯性と要保護性は，犯罪的危険性という点で類似しているようにも思われ，虞犯性の要保護性への解消を試みる見解も以前はありましたが，現在は，少なくとも，虞犯性は虞犯事由存在時における犯罪的危険性であり，

要保護性における犯罪的危険性は処分決定時を基準に判断されるもので，異なるものと考えるのが一般的です。そのため，虞犯事由存在時においては将来罪を犯すおそれがあったが，審判時までにそれが解消されたことで審判時に要保護性がないということがあり得ることになります。

4 要保護性の解消に向けた活動

(1) 方　　針

　虞犯事件は，要保護性が高い場合が多いことから，施設収容処分の割合が高くなっています。そのため，付添人は，要保護性の解消に向けた取組みを積極的に行う必要があります。具体的には，家に帰らない少年と家族との関係調整や，少年が戻る居場所の確保，試験観察の検討が重要となります。

　また，虞犯事件の場合，少年が児童自立支援施設や児童養護施設での生活経験がある場合も考えられますので，担当の児童福祉司や福祉関係者から積極的に情報を収集し，今後の支援のあり方について意見を聴くことも重要な活動となり得ます。

(2) 具体的な活動

　虞犯は，特定の日時場所での一回的行為ではなく，問題行動が広がっていった結果であるため，少年の問題が根深い場合も多く見られます。

　そのため，虞犯にいたるまでの少年の家庭環境を中心に，生活状況を速やかに聴取し，少年の生活環境の問題点を洗い出した上で，環境調整を行うことが重要な活動になります。

　例えば，家に帰ってこない上記ケースの少年の場合，親と喧嘩をしたなどの家を出るにいたった直接の動機を聴き取るだけでなく，家にいたくない理由が何か（両親の不仲や親の再婚，虐待などの家庭環境）を少年から丁寧に聴取します。また，両親からも，少年の具体的な生活状況を聞き，家庭訪問をするなどして，少年の自宅の状況を確認することも有用です。

　保護者に問題があり，保護者に対する働きかけが必要と判断される場合には，保護者と少年との関係調整に取り組むとともに，保護者の少年に対する

[事例14] 少年事件その4——虞犯事件の場合(1)

対応についても改善点や自覚を促すことも必要となります。他方，虐待があるなど，保護者のもとでの生活が適切ではないと考えられる場合には，少年の受入先など，公的機関に問合せをするなどして新たな社会資源を探すこととなります。少年の自立までの間に，試験観察の活用を選択肢として考える場合には，裁判所と協議し，少年の帰住先を検討することが必要です。

また，少年が学校での部活，進学などで悩みを抱えたり，いじめを受けている場合もあります。そのような場合には，担任の教師などから少年の状況や学校の対応等についても聴取をすることも必要と考えられます（もっとも，少年の年齢や在籍している学校によっては，虞犯事実として送致されている事実を学校側に明らかにしない方が好ましい場合もあるため，学校の協力を得るか否かは慎重な判断が必要です）。

他の少年事件についても当てはまる場合もありますが，特に虞犯は被害者が通常おらず，家庭環境に根深い問題があって問題行動を起こすにいたっていることが多いことから，少年自身の内省を深める働きかけが困難で，付添人から無理に反省を促せば，強い反発を受け，少年との信頼関係を損ねることも考えられます。そのため，付添人としては，少年とともにこれまでの生活態度や行動を振り返り，その原因を一緒に考え，今後の生活の改善のために何が必要でどう行動するべきであるかを探るということが重要であるように思われます。

第2章　事例解説　第3節　非行・少年事件

> 事例

15 少年事件その5
──虞犯事件の場合(2)

> 　Aくんが詐欺罪で逮捕，勾留され，その後同罪で家庭裁判所に送致されました。Aくんは，逮捕時から一貫して詐欺の故意を否認しており，本日，詐欺罪の犯罪事実の存否についての審判期日が開かれました。裁判官は，審理の結果，詐欺の犯罪事実については認定できないという結論に達しましたが，結果として詐欺行為に荷担するような生活状況に問題があるとして，虞犯として審判に付する旨，Aくんに伝えました。

◇この場面のポイント◇
- □　犯罪事実と虞犯事実の認定替え
- □　認定替えに際しての付添人の活動

1 犯罪事実から虞犯事実への認定替え

(1) 手続上の問題

　上記ケースのように，犯罪少年として送致され，審理の結果，裁判所は犯罪事実の認定ができないとの心証を得たものの，要保護性は高いとして，裁判所が虞犯に認定替えを行おうとするケースがあります。

　犯罪事実は，一回的な行為を問題とし，虞犯事実は，一定期間継続する状態（行状）を基礎とするため，基本的に同一性は認められないと考えるべきです。もっとも，犯罪事実と虞犯事実認定の重要な要素となった事実が重なり合い，その犯罪が虞犯性のすべてを表している場合には同一性が認められると考えられ，相互に認定替えが可能となります。その場合，適正手続保障の観点から，少年に虞犯事由として審理することを告げ，その弁解を聴取

[事例15] 少年事件その5——虞犯事件の場合(2)

することが必要となると解されます（守屋克彦＝斉藤豊治編『コンメンタール少年法』95頁〔加藤学〕参照）。

　そのため，上記ケースのように，詐欺罪の事実については認定できないが，詐欺罪と同一性を有する虞犯事実が認められ，かつ審判に付する必要がある場合には，詐欺罪の構成要件のほか，虞犯性など，詐欺罪の構成要件以外の要件があることから，認定替えにあたっては，少年に対する告知と聴聞の機会が必要となると考えられます。

(2) 付添人又は弁護人としての準備

(a) 総　論　　裁判所は，犯罪事実について認定ができないとしても，要保護性があると見られる場合に，いわば「認定落ち」のように取り扱い，虞犯として保護処分をしようとすることがあります。

　そのため，犯罪事実を争う場合には予め裁判所が後に虞犯として認定替えをする可能性を考慮に入れながら，活動をする必要があるといえます。

　つまり，付添人としては，犯罪事実を争うと同時に，要保護性の解消にも努め，裁判所に要保護性がない，あるいは解消された旨の意見書や資料等も併せて提出しておくなど，安易に虞犯への認定替えや虞犯での家裁送致をさせないために事前に策を講じておくことも必要といえます。

(b) 要件該当性について　　詐欺罪からの認定替えをしようとする場合には，虞犯性，すなわち「その性格又は環境に照して，将来，罪を犯し，又は刑罰法令に触れる行為をする虞」における，「罪」について，詐欺罪の場合には「詐欺等」，窃盗罪の場合には「窃盗等」，強姦罪の場合には「強姦等」との犯罪類型を，審判に付すべき事由に掲げられる場合が多く見られます。もっとも，犯罪事実について認定がなされなかったという事実等も踏まえると，少年が，将来これらの犯罪類型に手を染めるおそれがあるといえるか，裁判所に対して慎重な判断を求めるべきでしょう。

　さらに，犯罪事実について客観的構成要件については認定できるものの，主観的構成要件が欠如することから当該犯罪事実の認定がされないという場合において，虞犯事由に該当するとして虞犯に認定替えしようとする場合もありますが，一回的な行為を対象とする犯罪事実の認定すらできない場合に，

果たして当該行為をもって虞犯事由にあたる一定の継続的な状態（行状）といえるのかという点についても，付添人においては十分に検討をし，場合によっては，虞犯事由に該当しないとの意見を主張する必要もあると考えられます。

(c) 犯罪事実がないと判断される場合に備えて　家裁送致後に犯罪事実の存否に関する審判期日において犯罪事実が認められないとの判断がされた場合には，観護措置が取り消され，虞犯として在宅で最終審判期日を待つこともあります。そしてこの審判期日において，付添人は裁判官から，その後，虞犯として審判に付することにつき，意見を聞かれる場合があります。そのため，付添人として虞犯で審判に付されることが適切ではないと考える場合には，上記のような要件該当性等の点を踏まえて裁判官に口頭で意見を伝えられるよう，事前に準備しておくことが好ましいといえます。

なお，捜査段階においても，逮捕・勾留の被疑事実では犯罪の嫌疑が不十分で同事実での家裁送致はできないが，虞犯として家裁送致される場合があります。

2　虞犯事実から犯罪事実への認定替え

虞犯事実は，犯罪の前段階で少年の非行化を防ぐために審判の対象とされているため，送致された虞犯事実と同一性のある犯罪事実が認められる場合には，犯罪事実のみを認定すべきであると解されています（虞犯の補充性。廣瀬健二編『裁判例コンメンタール少年法』42頁〔廣瀬健二〕，加藤・前掲95頁）。

[事例16] 虐待事案その1——母親から虐待を受けているケース

第4節 児童福祉関係

事例

16 虐待事案その1
――母親から虐待を受けているケース

場面 1 学校の先生からの電話相談

　B弁護士のもとに，県立学校の教諭から以下のような相談がありました。

〔高校教諭からの相談内容〕
　私は，県立高校で高校3年生のクラスの担任をしています。
　私のクラスの女子のAさんから，以下のような相談を受けました。
「先生，私は母から，ことあるごとに，『いなくなってしまえばいい。』とか，『生きている資格がない。』などと言われていて，そのようなときにはとても傷つきます。また，母は，細かいことでも私が言うことを聞かないと，私の頭を叩いたり，足を蹴りつけてきます。そのような暴力や暴言は，私が物心つく頃から続いています。これまでは，仕方ないことなのかと思って我慢していましたが，もう限界です。今日はもう家に帰りたくありません。」
　Aさんは，もう自宅には帰りたくないと言っていて，私としても，そのように言われて自宅に帰すわけにはいかず，そうかといってどこに連れて行けば保護してもらえるのか分からず，どうすればいいか分かりません。
　児童相談所に電話をして事情を話したのですが，「Aさんは17歳と年齢が高く一時保護所で長期間保護することは難しい。」などと言われてしまいました。
　Aさんは，今日の夜は親戚の家に泊まる，とのことですが，明日以降，Aさんを保護してくれるところはないのでしょうか。
　また，そもそも，Aさんを家に帰さなくてよいのでしょうか。

第2章　事例解説　第4節　児童福祉関係

> ◇この場面のポイント◇
> □　児童虐待の定義
> □　児童相談所による対応
> □　児童相談所につなぐ

1 「児童虐待」の定義

　児童虐待の防止等に関する法律2条によれば，「児童虐待」とは，保護者がその監護する児童に対し，次に掲げる行為をすることとされています。
- 　身体的虐待　　児童の身体に外傷が生じ，又は生じるおそれのある暴行を加えること（児童虐待2条1号）
- 　性的虐待　　児童にわいせつな行為をすること又は児童をしてわいせつな行為をさせること（児童虐待2条2号）
- 　ネグレクト　　児童の心身の正常な発達を妨げるような著しい減食又は長時間の放置，保護者以外の同居人による，身体的虐待，性的虐待及び心理的虐待と同様の行為の放置その他の保護者としての監護を著しく怠ること（児童虐待2条3号）
- 　心理的虐待　　児童に対する著しい暴言又は著しく拒絶的な対応，児童が同居する家庭における配偶者に対する暴力その他の児童に著しい心理的外傷を与える言動を行うこと（児童虐待2条4号）

　本件では，Aさんによれば，母がことあるごとにAさんに対し，「いなくなってしまえばいい。」とか，「生きている資格がない。」などと言う，とのことであり，これは心理的虐待に該当します。また，Aさんによれば，Aさんが言うことを聞かないと，頭を叩いたり，足を蹴りつける，とのことですので，これは身体的虐待に該当します。

　また，この場合の「児童」とは，18歳未満の未成年者をいいます。児童福祉法の「児童」も同じであり，同法による保護の対象となるのは，原則として18歳未満の未成年者です。

2 児童相談所による対応

　児童福祉法は，児童虐待が疑われる場合など，児童相談所長が「必要があると認めるとき」には，児童相談所が児童を一時保護することができる，と定めています（児福33条1項）。一時保護は，短期の緊急分離の措置として認められているものであり，保護者の同意が必要とされておらず，現在のところでは，特段の裁判手続を経ずに一時保護の措置がとられます。また，一時保護は原則2か月を超えてはなりませんが，必要があれば延長可能とされています（児福33条3項・4項）。

　一時保護は，児童相談所に付設された一時保護所が本人にとって適切で，かつ，空きがあれば，一時保護所で行われますが，子ども本人を一時保護所以外の，児童養護施設，里親や民間のシェルター等に委託する形で保護する，という一時保護委託の場合もあります。

　後述するとおり本件でも，児童相談所にAさんのケースを持ちこみ，一時保護や一時保護委託等の対応を児童相談所に求めることになります。

　また，児童相談所が，児童を一時保護した後に，保護者のもとに直ちに子どもを返すのが適当でないと判断した場合，子どもを児童養護施設に入所させる，里親に委託する等の措置をとることになります（児福27条1項3号）。

　この措置は，子どもの親権者等の意思に反しない場合に可能なのは当然ですが，親権者等の意思に反する場合でも，家庭裁判所の承認を得ることにより可能となります（児福28条1項1号）。

3 児童相談所につなぐ

　本件では，担任の先生が児童相談所に電話をかけてAさんについて相談したところ，「Aさんは17歳と年齢が高く一時保護所で長期間保護することは難しい。」と言われたとのことでしたが，一時保護所への入居が難しくても，上記のとおり，児童相談所が一時保護委託の措置をとる可能性はあります。そこで，Aさんの要望によっては，弁護士がAさんの管轄の児童相談所に同

行して，児童相談所に対し改めて，一時保護及び一時保護委託を含めた措置をとることを求めることが望ましいといえます。

その前提として，相談を受けたB弁護士としては，Aさんがどのようなことを訴えて家を出たいと言っているのか，今後の生活についてどのように考えているのか等を，Aさんと直接会って詳しく聞くことが望ましいでしょう。

なお，この面談及び児童相談所への同行は，できる限り早急にすべきです。なぜならば，Aさんの居場所を早く見つけるべきですし，また，Aさんが帰宅をしないことに驚いたAさんの両親が，Aさんの捜索願を警察に提出した場合には，担任の教諭が未成年者略取・誘拐罪（刑224条）等の嫌疑をかけられる可能性がありますが，早急に児童相談所にケースをつなぐことで，それが回避できるからです。

場面2　本人との面接相談での事実確認

その日の夕方，Aさんと担任の教諭がB弁護士の法律事務所に打合せにやってきました。

弁護士：初めまして。今回，どのようなことで，おうちにいられないと思ったのか，詳しく聞かせてくれますか？

Aさん：私は母から，ことあるごとに，「いなくなってしまえばいい。」とか，「生きている資格がない。」などと言われます。また，母は，細かいことでも私が言うことを聞かないと，私の頭を叩いたり，足を蹴りつけてきます。

弁護士：それは辛かったでしょう。そうすると，今後はどのようにして生活していこうと思っていますか？　何かイメージがあったら教えてください。

Aさん：母とはもう会わないで，別々に生きていきたいと思っています。

弁護士：そうですか。そういう生き方もあるでしょうね。もっとも，今後お母さんとの関係が良くなったら，家に戻るのもいいかもしれないですね。いずれにせよ，これからAさんが会うことになる大人の人はみんな，Aさんに無理におうちに戻りなさいとは言いませんから，おうちに戻

[事例16] 虐待事案その1——母親から虐待を受けているケース

　　　　るか否かは，自分で決めていいですよ。
　　　　それから，学校は今年度で卒業ですよね。残りの日数もきちんと通って卒業したいですか？
Aさん：できれば学校には行きたいですが，無理なら休むしかないと思っています。でも，絶対に卒業はしたいです。
弁護士：分かりました。希望に添えるような居場所があるかもしれません。その後のことも，ゆくゆく考えましょうね。それでは，Aさんの当面の居場所のために，児童相談所にすぐに電話をして，面接の予約を入れることにします。
弁護士：(Aさんの住居地を管轄するX市のX児童相談所に架電) X市居住のAさんという方について，虐待を受けているという相談をAさん本人から受けたので，通告します。Aさん本人の訴えは，具体的には，母親から，ことあるごとに，「いなくなってしまえばいい。」とか，「生きている資格がない。」などと言われる，さらに，Aさんの頭を叩いたり，足を蹴りつける，ということです。
　　　　私が話を聞く限りは，Aさん本人が自宅に帰って母親と生活を続ける，というのは難しいと考えていますので，X児童相談所にはケースとして受けていただき，早急に一時保護若しくは一時保護委託をしていただきたいと思います。そこで，Aさんとともに伺いますので，できれば明日，お時間をいただけますか。
X児相職員：分かりました。明日の午前10時にお越しください。その際に改めてAさん本人からお話を伺いたいと思います。

◇この場面のポイント◇
- □　Aさん本人から直接話を聞く
- □　Aさんからの聴取り事項
- □　虐待が疑われる場合の児童相談所への通告

1　Aさん本人から直接話を聞く

　Aさん本人に直接会って，話を聞くことが重要です。それにより，Aさん

に対する母親の接し方が虐待といえるか，及び，Aさんを保護することの緊急性の程度を明らかにすることができる場合が多いからです。

 Aさんからの聴取り事項

児童相談所にケースを持ちこみ，Aさんの一時保護（委託）を求めるにあたっては，前もって，どのような施設がAさんの保護に適しているかを確認するために，Aさんが望む生活スタイル，通学の希望の有無，Aさんの健康状態等をできるだけ具体的に聴き取ることが必要です。

また，年齢に応じて，一時保護委託後の子どもの居場所についても，前もって検討しておく必要があります。そこで，高校を卒業したいか否か等，今後の生活について希望する点等についても，聞いておく必要があります。

 虐待が疑われる場合の児童相談所への連絡

場面1でご説明したとおり，児童虐待の疑いがある旨の相談を受けた場合には，児童相談所にケースをつなぎ，一時保護（委託）等の措置を求めることになります。

その場合，なるべく具体的にケース内容を話す等して，児童相談所に対しても，保護の必要性と緊急性を伝えるのが望ましいでしょう。また，児童相談所に対する虐待通告（児童虐待6条）により，児童相談所が児童の安全確認等を行う必要が生じることになります（児童虐待8条）。

場面 3　児童相談所への同行

その翌日，B弁護士はAさんとともに，X児童相談所に行きました。
弁護士：Aさんによれば，Aさんは母親から，「いなくなってしまえばいい。」とか，「生きている資格がない。」などと言われる，さらに，Aさんの

[事例16] 虐待事案その1――母親から虐待を受けているケース

> 　　　　　頭を叩いたり，足を蹴りつける，とのことです。
> 　　　　　是非，早急にAさんを一時保護若しくは一時保護委託の措置をとっていただきたいと思います。
> X児相　：Aさんの学校の教諭からもご連絡をいただいています。その際に先生にご説明したのですが，X児童相談所の一時保護所は現在定員いっぱいですし，Aさんは17歳ですので，Aさんを一時保護所で保護することはできません。もっとも，Aさんが母親から受けていた虐待の事実，それから，Aさんが家に帰れないことは分かりました。そこで，子どもシェルターにAさんが入居することができないか，打診してみます。
> Aさん：私は家には居場所がありません。お願いします。
> 　その後，X児童相談所の担当者が，子どもシェルターにAさん入居の打診を行ったところ，シェルターへの入居が可能となり，Aさんは同日中に子どもシェルターに入居することとなりました。

◇この場面のポイント◇

□　子どもシェルターへの入居

　児童相談所の児童福祉司との打合せの結果，Aさんは子どもシェルターに入居することになりました。前述のとおり，法律上の位置づけとしては，児童相談所から子どもシェルターへの一時保護委託です。

　子どもシェルターとは，主に虐待を受けた子ども等が，虐待や保護者との不適切な関係から逃れ，安全を確保するために，一時的に身を寄せるための施設です。このような子どもシェルターは，平成28年3月時点で全国に13施設が開設されています。

　子どもシェルターは，一時的な居場所ですので，子どもがシェルターにいられるのは長くて2か月程度です。その期間は，虐待等によって精神的に傷ついた子どもが落ち着きを取り戻すための期間であり，また，（家庭への復帰を含め）次の居場所の調整を行うための期間でもあります。

　子どもシェルターに入居した子どもは，虐待の加害者とされる親権者等か

第2章 事例解説　第4節 児童福祉関係

らの接触を避けるべく、携帯電話を使用しない、ひとりでの外出はできない等、多くのルール・制約のもとで生活することになります。通学も原則できませんので、高校は卒業したい、というAさんの要望に沿うためには、なるべく早く、通学ができる施設を探して、Aさんの転居を進めることになります。

なお、子どもシェルターに入居する子どもは、18歳未満であれば児童相談所の一時保護委託、18歳以上20歳未満であれば児童相談所の児童自立生活援助事業委託を受けます。また、少年事件の少年院退所後の受入れ先として、シェルター入居に至る子どももいます。

また、ケースが持ち込まれた場合に対応にあたる児童相談所は、原則として、保護者住所地を管轄する児童相談所です。遠隔地等、どうしても保護者住所地を管轄する児童相談所の協力が得られない場合には、子どもシェルターが設置されている自治体の児童相談所が相談に乗ってくれる場合もあります。

場面 4　Aさんの関係者への連絡，転居先の検討

　Aさんのシェルター入居が決まった翌日，B弁護士はAさんの母親に電話で連絡をしました。
　B弁護士からは，Aさんが母親とは別の生活を求めて家を出たこと，現在は居場所も決まり，元気にしているので母親が心配する必要がないこと，今後のAさんとの連絡はB弁護士を通して欲しいこと等を伝えました。
　また，同時にB弁護士から学校にも連絡をとり，AさんについてX児童相談所の一時保護委託の措置がとられたこと，Aさんの通学は当面は難しいが，Aさんとしては卒業の希望が強いことを伝えました。
　その後，X児童相談所が中心となり，Aさんの転居先の検討が行われました。Aさんが高校卒業間近であること，今後についてのAさんの考えを改めて聞いたところ，Aさんが高校卒業後も家庭には戻らず独立して生活する希望があることが考慮された結果，自立援助ホームへの入居が相当との結論にいたりまし

[事例16] 虐待事案その1――母親から虐待を受けているケース

た。
　B弁護士も，児童相談所に協力する形で，転居先の候補となった自立援助ホームにAさんが見学に行くのに同行する等し，入居の調整に協力しました。

◆この場面のポイント◆
□　Aさんの関係者への連絡
□　シェルターからの転居先の検討
□　18歳以上の未成年者の保護

1　Aさんの関係者への連絡

　前述のとおり，AさんはX児童相談所の一時保護委託によって子どもシェルターに入居することとなりましたので，X児童相談所の担当児童福祉司が，Aさんの親権者である母親に対し，Aさんについて一時保護委託の措置がとられた旨を通知することになりますが，それ以外の具体的な連絡や調整が必要となる場合もあります。
　そこで，Aさんが子どもシェルターに入居した後は，親権者である母親や学校等，Aさんの関係者や関係機関への窓口の役割を，相談を受けたB弁護士が果たすことが望ましいといえます。

2　シェルターからの転居先の検討

　前述のとおり，子どもがシェルターにいられるのは長くて2か月程度ですので，その後も家庭復帰をしない場合には，子どもシェルターを出た後の居場所の調整が必要になります。
　Aさんのケースでは，Aさんが高校卒業後も家庭に戻らず，自立した生活を送ることを希望しており，その準備をする必要があることから，自立援助ホームへ入居の調整を行いました。

自立援助ホームとは，義務教育終了後15歳から20歳までの，家庭にいることができない児童が入居して，自立への準備を行うホームのことであり，自立援助ホームにおいて児童の自立を支援することは，児童福祉法上，「児童自立生活援助事業」（同法6条の3第1項）とされています。

③ 18歳以上の未成年者の保護

前述のとおり，一時保護や施設入所措置等の児童福祉法上の措置の対象となるのは，原則として18歳未満の未成年者であり，18歳以上の未成年者は原則対象となりません。

もっとも，18歳以上の未成年者であっても虐待から保護する必要性があるのは当然です。

前述のとおり，自立援助ホームに入居できるのは，義務教育終了後15歳から20歳までの家庭にいることができない児童ですので，18歳以上でも入居が可能です。

また，児童福祉法27条1項3号の施設入所措置がとられた時点では，18歳未満であったが，その後に18歳になった場合でも，20歳に達するまでは継続して施設入所の措置をとることが可能です（児福31条2項）。

一方，一時保護（若しくは一時保護委託）開始時点では18歳未満であったものの，一時保護（委託）中に18歳に達する児童については，一時保護（委託）の措置自体は解除されますが，なおも家庭復帰が難しい場合には，自立援助ホームへの入所措置等がとられます。

この点については，平成28年5月27日に「児童福祉法等の一部を改正する法律」（平成28年6月3日第63号）が成立し，これにより児童福祉法の改正がなされたことをご説明する必要があります。この法改正により，平成29年4月1日より，18歳に達した時点で一時保護されていた児童については，満20歳まで一時保護を継続できる等，18歳を超えた年長者への支援が拡大されることとなりました。

その他の点でも，子どもの権利条約の精神をもとに，子どもの権利保障を

[事例16]　虐待事案その1——母親から虐待を受けているケース

明文で掲げる（児福1条），里親に対する支援を都道府県の業務として明確に位置づける等により里親活用の推進を行う（児福11条）等，大きな意味をもつ改正となりました。

4　さいごに

　ニュースで「児童虐待事件」として取り上げられるケースの多くは，3歳以下の幼児・乳児に対し，子どもの父母が凄惨な暴行を加えて死なせるケースや，食事を与えずに衰弱死させるケースなどです。これらのケースは，子どもの年齢が小さいためにSOSを全く出すことができず，子どもの死亡という最も悲惨な結果を生じるものであり，児童相談所や警察の適切な介入によりそのような結果の発生を未然に防止することが望まれたケースです。

　一方で，そのようなケースに隠れて，本件のAさんのように，中学生・高校生が，家庭で不適切な扱いを受けているケースも多くあります。このようなケースのなかには，関係調整がうまくいかないケースもある一方で，適切なケースワークにより，子どもが未来への希望を取り戻せるケースも多く，弁護士等の積極的な関与が期待されます。

column07──ネグレクト

　本来は，養育者の拒否的な感情により，子どもが必要とするケアがなされず，例えば餓死にいたるといった深刻な事態を招くような状況を指す言葉で，通常は虐待の1つの類型と考えられています。

　ただし，その原因が，養育者の拒否感だけではなく，養育能力や精神疾患，宗教などを背景にした誤った信念，行政的支援への不信感などにあると考えられるケースもあります。子どもに対する適切な見守りがなされていなかったために子どもが結果的に危険にさらされたような場合にも，ネグレクトとして扱われます。また，その領域が養育行為全般ではなく，必要な医療行為を受けさせない場合（医療ネグレクト）や，必要な教育を受けさせない場合（教育ネグレクト）などもありますし，そうした行為としての養育はなされていても，例えば子どもが必要とする声かけや賞賛を一切与えていないといった「心理的ネグレクト」とでも呼び得る状況も発生しています。危機介入の立場からはこのような拡大されたネグレクトをも虐待に加えることに異論があるようですが，子どもの心理的被害を考える際には全く同等の配慮が必要となりますので，子供の心理発達に後遺症を遺し得るような「不適切な養育状況」として同等に扱います。

　たとえ原因がどこにあっても，また結果が一見深刻ではなくても，ネグレクトは子どもの心の発達に大きな影を落とす場合があります。子どもにとっては，大切に見守られないことそのものが，自分というものの価値や意味を根底からおびやかす事実なのです。

　養育することに対する拒否的な感情を原因とする（狭義の）ネグレクトの原因は，自分が養育者となることが受け入れられていない点にあると考えることができますが，さらにその原因をたどると，自分自身が周囲から受けた拒否的な扱いにある場合が多く見うけられます。それが子ども時代に受けた扱いであれば，それは世代間伝達に相当する現象ですが，ずっと現在に近い状況でも，例えば自分の家庭が社会から黙殺されていると感じる場合にも，コミュニティから疎外されていると感じる場合にも，パートナーが全く養育を顧みようとしない場合にも，それは起こり得るでしょう。ことによると真の原因は，現代の養育が，母親の過重な負担の上に成立している点にあるのかも知れないのです。

◆田中　　哲(医師)◆

事例
17 虐待事案その2
―― 離婚後に親権者からの虐待が発覚したケース

場面 1　離婚後，子どもと会えなくなった

　3年前に離婚しました。現在，小学4年生になる息子がいますが，離婚する際に，元夫が親権者になるといって譲りませんでした。私も親権を主張したのですが，元夫は納得しませんでしたし，元夫の方が経済力もあり，息子のためにはその方が生活も安定してよいのかもしれないとも思い，毎月面会交流することを条件に，元夫が親権者となることを了解しました。

　その後，毎月の面会交流は概ねできていましたが，2か月前から息子と会えなくなりました。最初は息子の体調が悪いからだと思っていましたが，何かがおかしいので，元夫に問いただしたところ，息子は家におらず，児童相談所にいて戻ってきていないということでした。理由を聞いても，元夫も分からないとのことでした。

　息子のことが心配です。いったいどうなっているのでしょうか。

> ◇この場面のポイント◇
> □　児童相談所による一時保護（児福33条）
> □　一時保護後の手続

1　児童相談所による一時保護

　今回のようなケースの場合，子どもが児童相談所に一時保護された可能性が高いと思われます。

　虐待などが疑われるケースで，子どもを家庭から一時引き離す必要があり，施設入所などの措置をとる時間がない場合，児童相談所長は，子どもを一時

保護所に入所させたり，又は適当な者に一時保護を委託することができます（児福33条）。一時保護は，子どもや保護者の同意を得て行うことが望ましいですが，児童相談所長が必要と認めれば（子どもをそのまま放置することが子どもの福祉を害すると認められる場合），子どもや保護者の意思に反しても行うことができます。他方で，期間は2か月を超えてはならないのが原則です。ただし，児童相談所長が必要があると認めるときは，引き続き一時保護を行うことができます。

　一時保護されるケースとしては，そのほかにも，家出，遺棄により適当な保護者や宿所がないために緊急保護する必要がある場合，子どもが自己又は他人の生命・身体・財産に危害を及ぼすか又はそのおそれがある場合などがありますが，今回のケースで，特に息子さんにこれまで問題行動があったわけでないとすると，虐待が疑われて一時保護されている可能性を考える必要があります。

　一時保護は，行政処分であり，保護者には不服申立権があります。それゆえ，児童相談所は，保護者に一時保護の事実を告知する必要があります。この場合，一時保護所の具体的な所在地も記載するのが原則ですが，子どもの福祉のためにその所在場所を知らせることが相当でないと判断されるような場合には，所在場所を明らかにしないことが認められています（児童虐待12条3項）。

　なお，親権者ではない親が，児童相談所に詳しい事情について問い合わせをしても，どういう理由で一時保護されているのかも含めて，この時点で具体的に教えてもらうのは難しいです。

2　一時保護後の手続

　一時保護はあくまで子どもを守るための緊急措置ですので，前述したように期間は限られています。

(1)　家庭復帰

　一時保護後，子どもや保護者との十分な話合いや調査，環境調整などによ

[事例17] 虐待事案その2——離婚後に親権者からの虐待が発覚したケース

り，子どもを保護者のもとに戻してもよいと判断された場合，子どもを家庭復帰させることになります。

(2) **長期分離**

一時保護後，子どもを保護者のもとに直ちに戻すことが適当でないと判断された場合には，児童福祉法27条1項3号に基づき，児童養護施設や乳児院等に入所させ，長期分離を図ることになります（3号措置）。ただし，親権者又は未成年後見人の意に反して行うことはできません（同条4項）。

そのため，親権者又は未成年後見人が反対する場合には，都道府県知事又は児童相談所長の申立てにより，家庭裁判所の承認を得る必要があります（同法28条）。この措置は2年を超えてはならないことになっていますが，2年間の分離だけでは家庭復帰が困難と判断される場合等には，家庭裁判所の承認を得て，その期間を更新することできます。

場面 2　親権者変更

息子が元夫から虐待を受けている疑いがあり，児童相談所に一時保護されていたと聞いて，大変ショックを受けています。息子は，私と面会しているときには一言もそのようなことは言わなかったので，全く気が付きませんでした。

こんなことなら，経済的に多少厳しくて，息子に不便をかけることがあったとしても，私が，親権者になればよかったです。これまで，息子が傷ついていたと思うと，悔やんでも悔やみきれません。

今からでも，親権者を私に変更することはできないのでしょうか。

◇この場面のポイント◇
□　親権者変更申立て（調停・審判）

未成年者の親権者を父母の一方に決めた後，これを変更する場合，当事者の合意だけでは変更できず，必ず，家庭裁判所が関与することとなります

(民819条6項)。

　具体的には，審判又は調停の申立てを行います。審判の申立てを行っても，調停に付される場合があります（家手244条・274条）。また，子どもの急迫の危険を防止する必要がある場合などには，審判前の保全処分を行うこともできます（同法175条1項）。

　親権者を変更するかどうかは，子どもの利益のために必要があるかどうかで決められます。そのため，申立人と相手方は，特に親権者変更に争いがある場合には，いずれが未成年者の親権者に適しているのかについて，年収や自宅の間取り図，生活状況などの資料を提出することとなります。

　父母の話を聞くとともに，調査官調査を行い，未成年者の現状を調査したり，意向を確認したりします。調査官の調査報告書は後日，開示され，謄写できます。

　また，子ども本人にも，審判についての手続行為能力が認められています（同法168条7号）。

　これらの状況を踏まえ，裁判官からも助言があり，双方，話合いで合意できる場合には調停成立となります。困難な場合には，審判に移行し，判断されます（同法272条4項・73条）。

場面3　子どもを取り戻すまで

　親権者を私に変更することができて，安心しました。でも息子は一時保護後，児童養護施設に入所する措置がとられていて，私に親権者が変更になってもまだ返されません。すぐに，引き取ることはできないのでしょうか。

◇この場面のポイント◇
□　施設入所措置の解除，停止など

[事例17] 虐待事案その2――離婚後に親権者からの虐待が発覚したケース

親権者を変更したことと，子どもの福祉は，別の問題です。

いったん，入所措置がなされた以上，子どもはその援助を受けながら，生活をすることが原則となります。保護者等との面会，電話，手紙などの文書のやり取りについても，施設の管理の下で，子どもの人権に十分配慮しつつ，その福祉向上の観点から行われることとなります。最初は手紙のやり取りのみから始まり，子どもの様子をみながら，施設が指定する場所での短時間の面会，長めの面会を試行してみて，大丈夫そうであれば，宿泊を伴う面会を行うなど，少しずつ，段階を踏んでいきます。

保護者としては，もどかしく思うこともあるかもしれませんが，虐待を受けて傷ついてしまった子どもを保護するための措置であり，さらなる被害を防ぐためにも，非常に慎重にならざるを得ないところです。それゆえ，一歩一歩，根気よく進めてゆくしかありません。

措置の解除，停止などについては，児童福祉施設等の長から届け出る場合と，児童相談所長が職権により行う場合とがありますが，いずれの場合も，児童相談所長は，現に子どもを保護している施設の長の意見を十分に聞かなければなりません。

やっと子どもを引き取れるようになっても，解除ではなく，停止である場合もあります。家庭引取り後の適応状況をみる必要がある場合などです。措置の停止期間は，原則として1か月を超えてはいけませんが，特別の理由がある場合にはこの限りではありません。

column08 — 代理によるミュンヒハウゼン症候群（Munchausen Syndrome By Proxy：MSBP）

「代理によるミュンヒハウゼン症候群（MSBP）」とは，医療との関係の中で発生する，独特の様相を帯びた虐待で，その特徴は，養育者によって子どもに身体的ケアを必要とするような状態が引き起こされるという点にあります。本来のミュンヒハウゼン症候群は詐病のことですが，子どもを自分の代理として詐病を引き起こしているため，この名称が付けられています。したがってそれを引き起こす養育者に対する病名ではありませんが，病的なのは明らかに子どもではなく養育者の方です。

MSBPの要因は，重症の子どもに対する医療の中で養育者（とりわけ母親）に与えられる独特のポジションにあると考えられています。そのような状況を健気に乗り切っている養育者は，周囲から注目され，労をねぎらわれ，賞賛されます。医療関係者に近いポジションを手に入れ，保護された状況に置かれます。医療との関係が切れることは，これら一切を喪失することを意味しますので，子どもの状態が改善して退院が近づくことは，喜ばしい反面，非常に不安でもあるのです。この葛藤状況があまりにも深いと，養育者は子どもの状態が改善しなければ良いのにと思うようになり，その思いが無意識にであれ，意識的にであれ行動に出てしまった結果が，このMSBPなのだと考えられています。

これは非常に特殊な心理状態で，日本の医療の中ではめったに起こり得ないものと考えられてきましたが，2008年の暮れに京都大学医学部附属病院で母親が娘の点滴に腐敗水を混入したとして逮捕される事件が発生し，一躍世間の耳目を集めました。人々はこの状態が意外に近いところで起こり得ることを，否応なしに知らされたのです。この虐待は医療関係の中でしか起こり得ないため，医療関係者にこの状態に対する知識がないかぎり発見は非常に困難です。京大での事件以来，MSBPの事例としての報告を散見するようになりましたが，欧米との比較でいえばさらに多くの子どもたちが，いわれも必要もない苦しみを被っていると考えられるのです。

◆田中　哲（医師）◆

[事例18] 虐待事案その3——孫が自分の親から逃れ祖母に助けを求めたケース

事例 18 虐待事案その3
――孫が自分の親から逃れ祖母に助けを求めたケース

場面 1　電話相談

相談者：今，孫が私の家に来ていて，自宅に帰りたくないって言うんです。
弁護士：お孫さんはおいくつですか。
相談者：中学2年生です。前から何度か来たことはあって，その都度諭して帰していたんですが，今回はどうしても帰りたくないと……。
弁護士：どうして帰りたくないのか，理由を聞きましたか。
相談者：私の娘は再婚してるんですが，孫は前の夫の子どもで，今の夫が辛くあたるみたいなんです。今回来た時には太ももに大きな痣があって，ひどく蹴られたんじゃないかとかわいそうで……。
弁護士：それはとても心配ですね。今，お孫さんはどうされていますか。
相談者：今は普通に過ごしています。それで，もう孫を自宅には帰さずこちらで育てたいと思うのですが，養育費を娘に請求できますか。
弁護士：娘さんとは話合いをされましたか。
相談者：電話をかけてもすぐ切られてしまい，全然話せていません。
弁護士：では一度直接お会いして今後のことについてご相談しませんか。
相談者：是非宜しくお願いします。

◇この場面のポイント◇
- □ 親権の喪失，停止
- □ 監護者の指定
- □ 養育費の請求方法

第2章　事例解説　　第4節　児童福祉関係

 親権について

　子に対し、父又は母による虐待等があり、子の利益を著しく害するときは、その親権を喪失させるという制度があります（民834条）。もっともこの制度は、親権を全面的に奪うこととなるという効果の重大性から、審判の要件が厳格であり利用しにくいとの指摘がありました。そこで平成23年に民法が改正され、新しく、2年を超えない範囲内で予め定めた期間につき親権を停止するとの制度が設けられました（民834条の2）。

　本件のようなケースでは、親権喪失制度のみならず、親権を一定期間停止し、その間祖父母が未成年後見人に就任して子の身上監護等を行うということが方策として考えられます。

 監護権について

　親以外の第三者を監護者として定めることができるかどうかについて、東京高裁昭和52年12月9日決定（判時885号127頁）は、親権者の意思に反して子の親でない第三者を監護者と定めることは、親権者が親権をその本来の趣旨に沿って行使するのに著しく欠けるところがあり、親権者にそのまま親権を行使させると子の福祉を不当に阻害することになると認められるような特段の事情がある場合に限って許されるものと解すべきとしました。

　上記決定の考え方によれば、ハードルは高いものの、要件さえみたせば親以外の第三者を監護者として定めることはあり得るところであり、その後の実務においても、祖母が申し立てた子の監護者の指定を本案とする審判前の保全処分（祖母を監護者と仮に定める）を認めた福岡高裁平成14年9月13日決定（判タ1115号208頁／本案である福岡家久留米支審平14・7・19家月55巻2号172頁も祖母を監護者に指定）、同じく祖母を監護者に指定した金沢家裁七尾支部平成17年3月11日審判（家月57巻9号47頁）などが出されていました。

　しかし、東京高裁平成20年1月30日決定（家月60巻8号59頁）は、未成年者を現に監護する祖父母による子の監護者指定の申立を、家事審判事項にあ

[事例18] 虐待事案その3——孫が自分の親から逃れ祖母に助けを求めたケース

たらないとして却下しました。

現時点ではこの東京高裁平成20年1月30日決定の考え方が有力とされてはいるものの、同決定に対しては、民法766条（離婚後の子の監護に関する事項の定め等に関する条文）の類推適用や、同条と民法834条（親権喪失の審判に関する条文）の類推適用により父母以外の者を監護者に指定し、子を保護してきた家裁実務を無にするものであり不当であるとの強い批判もあるところです（上記東京高裁平成20年1月30日決定の判例評釈／二宮周平・判タ1284号153頁）。

3 養育費について

直系血族は互いに扶養をする義務があり（民877条）、親の未成熟子に対する扶養義務は自分と同程度の生活を保持させなければならない「生活保持義務」、その他の親族間の扶養義務は自分の生活を犠牲にしない限度で最低限度の生活を保障すれば足りる「生活扶助義務」と解されています。

祖父母と孫も直系血族であり、祖父母自身が孫に対する扶養義務を負うものではありますが、上記のとおり扶養義務の程度は親が重く負うものであり、収入面でも現実的に祖父母世帯に余裕がないということもあり得、現に孫を扶養する祖父母から親に対し費用を請求したいという要請は当然あり得るところです。

その方法として、祖父母が未成年後見人に就任した場合は子の法定代理人として、監護者の指定を受けられた場合は「子の監護に関する処分」（家手別表第2の3項）として、親に対して養育費の請求を行うことが考えられます。

また、祖父母から親に対し、扶養請求調停・審判（家手別表第2の10項）を申し立てる方法もあり得ると考えられます。

場面2 面接相談

電話相談の1週間後、祖父母が弁護士事務所を訪れ、面接相談を行いました。

祖　母：先日のお電話では有難うございました。実はあの後，娘が突然孫を返せと言ってきたんです。
弁護士：それで，どうされましたか。
祖　父：私はこの機会に帰そうと言ったんです。しかしこれが反対するので。
祖　母：子どもを蹴るような親のところに絶対に帰せません。
弁護士：ではお孫さんはまだ預かっておられるのですね。
祖　母：はい。親だからって返さなければいけないということはないですよね。
弁護士：お孫さん自身の気持ちが第一だと思いますが，聞いてみましたか。
祖　母：絶対帰りたくないって言っています。
祖　父：お前がそう言わせてるだけじゃないか。
祖　母：あんたは黙ってて。あの大きな痣も見てないくせに。
弁護士：まあまあ。お孫さん自身が帰りたくないと言うなら，無理に帰してしまうのはよくないでしょう。といっても，返せという話も出ている以上，このままというわけにもいきませんね。調停で話合いをしてみるというのはいかがですか。
祖　母：私もきちんと話合いはしたいと思っています。調停というのはなんでしょうか。

　このあと弁護士から調停手続の説明を行い，孫を預かるにいたった経緯や祖父母世帯の収入状況，現に孫の扶養に要している費用等を聴取の上，扶養請求調停を申し立て，その中で親の要求についても話し合うこととしました。

> ◇この場面のポイント◇
> 　□　人身保護請求

1　父母による子の引渡請求

　父母間で子の引渡しを請求する場合，「子の監護に関する処分」（家手別表第2の3項）として審判を申し立てることができ，申立てがあった場合には，申立人の監護者としての適格性，養育環境，子の意思などの諸要素に鑑み，申立人に子の引渡しを認めることが子の福祉にかなうか否かが実質的に判断

[事例18]　虐待事案その3——孫が自分の親から逃れ祖母に助けを求めたケース

されます。

　一方，父母から子の監護権を有しない第三者に対する請求については，民法766条を類推適用して家事審判事項に該当し得るとの見解もあるものの，実務上はこれに該当しないとする見解が多数です。

　前掲東京高裁平成20年1月30日決定も，親権者である母から非監護者である祖父母に対する子の引渡しの審判の申立てを，家事審判事項にあたらないとして却下しています。

2　人身保護請求

　人身保護法2条では，何人も，法律上適正な手続によらずに身体の自由を拘束されている者のために，その救済を請求することができると定められており，本件では，この方法により父母が祖父母に対し子の引渡しを求めるということが考えられます。

　人身保護請求が認容されるための要件は，①子が拘束されていること，②拘束につき顕著な違法性があること，③他の救済方法では相当期間内に救済目的が達せられないことが明白であることとされています（人保規4条）。

　上記①について，人身保護請求は被拘束者の自由意思に反してこれをすることができないとされており（人保規5条），未成年でも意思能力を有する子が自由意思に基づき監護者の監護に服しているときはこの要件を欠くものの，子が自由意思に基づいて監護者のもとにとどまっているとはいえない特段の事情がある場合には，上記①の要件をみたすと解されています（最判昭61・7・18判時1213号79頁）。

　上記②について，監護者から非監護者に対する請求については，被拘束者を監護者である請求者の下に置くことが拘束者の監護の下に置くことに比べて子の福祉の観点から著しく不当なものでない限り，拘束の顕著な違法性があると解すべきとの判断が示されています（最判平6・11・8判時1514号73頁）。

　裁判例においては，12歳8か月の子どもについて意思能力を肯定し，8歳4か月の子どもについて意思能力を否定した例（最判平2・12・6判時1374号42

213

頁／前者についても前掲最判昭61・7・18のいう「特段の事情」があるとして，双方につき人身保護請求認容），13歳の子どもについて意思能力を肯定し，8歳の子どもに意思能力を否定した例（大阪地判平19・2・21判タ1251号339頁／前者について「特段の事情」なし，後者についても拘束者による監護に顕著な違法性はないとして，双方につき請求棄却）などがあり，本件でも中学2年生の孫の意思能力は認められる方向と考えてよいと思われます。

場面 3　娘夫婦との話合い

　弁護士が祖父母の代理人として父母を相手方とする扶養請求調停を申し立てたところ，父母側でも弁護士を代理人として選任し，双方代理人を通じての話合いが行われました。
　その結果，子の意思を尊重し，期間を区切って子を祖父母宅で生活させること，その間の扶養料は父母が負担すること，定期的に父母と子の面談を設定し，相互の交流をはかること，期間満了後の子の生活については双方が改めて協議することが決定され，円満に解決しました。

◇この場面のポイント◇
　□　調停手続，調停条項

調停手続について

　直系血族及び兄弟姉妹は相互に扶養義務があり，扶養を要する者と扶養義務者間で，扶養の方法や扶養料の支払などについて話合いがまとまらない場合や話合いができない場合には，家庭裁判所に扶養請求の調停（審判）を申し立てて話合い等をすることができます。
　調停手続では，調停委員会が申立人及び相手方から事情を聞き，扶養義務者の生活状況，経済状況や，扶養を要する者の意向等を考慮しながら解決案

[事例18] 虐待事案その3——孫が自分の親から逃れ祖母に助けを求めたケース

を提示するなどして，双方で合意ができるように話合いが進められます。

合意ができなかった場合には自動的に審判手続が開始され，裁判官が双方から聴取された事情や提出された資料等をふまえて審判をします。

調停手続では，直接の目的が扶養請求であっても，そもそも子の生活の場をどこに設定するかといったこと（本件の親の要求にかかる問題）についても柔軟に話合いを行うことができます。また，監護者指定の調停を申し立て，その中で監護費用の問題についても話し合うということも実務上考え得るところです（祖父母が監護者指定の審判を求め得るかという点については前記の東京高裁平成20年1月30日決定があるところですが，話合いの場としての調停については家裁も入口で拒絶しない方向と考えられます）。

2 調停条項

本件では，調停条項として，以下のようなものが考えられます。

> 申立人ら（祖父母）と相手方ら（両親）とは，相手方らの子○○の意思を尊重し，平成○○年○○月○○日までの間，○○を○○所在の申立人らの居宅において生活させるものとする。

> 相手方らは，申立人らに対し，平成○○年○○月○○日までの間の○○の扶養料として，1か月あたり金○○円を，当月末日限り，申立人らの指定する銀行口座に振り込む方法により支払う。振込手数料は相手方らの負担とする。ただし，上記期間内に○○が申立人らの居宅で生活しなくなった場合は別途協議するものとする。

> 相手方らと○○は毎月2回を目途として面会交流を行うものとし，具体的な日時，場所，方法等は，○○の意思を尊重して申立人らと相手方らが協議するものとする。

> 申立人らと相手方らは，申立人ら居宅における○○の生活状況，前項の面会交流時の状況，○○の意思等をふまえ，平成○○年○○月○○日までに，○○のその後の生活について，あらためて協議するものとする。

事例

19 発達障がいと他者とのトラブル

場面 1 電話相談（誤導のおそれのある例）

相談者：うちの息子が同じクラスの子に怪我をさせてしまったのですが……。
弁護士：お子さんはおいくつですか。
相談者：小学1年生です。
弁護士：どんな怪我をさせてしまったのですか。
相談者：定規を振り回して顔に怪我をさせてしまったようなんです。
弁護士：相手のお子さんは病院に行かれたのですか。
相談者：その日は保健室で手当てを受けて帰られたと聞きました。
弁護士：たいした怪我ではなかったんですね。
相談者：それが，後になって親御さんから，病院で一生残る傷と言われた，女の子なのにどうしてくれる，慰謝料100万払えと言われたんです。
弁護士：そんなに！ 子ども同士のことで，あり得ない金額ですね。
相談者：やっぱりそうですか。断っていいでしょうか。
弁護士：もちろん断っていいですよ。ところでお子さんはどうしてそんなことをしてしまったんですか。
相談者：ちょっと太っているのをからかわれたみたいで……。
弁護士：それは相手の子がいけませんね。息子さんが過剰に気にしないように気を付けてあげた方がよいでしょう。
相談者：はい，そうします。今日は有難うございました。安心しました。

◇この場面のポイント◇
□ 加害行為の裏に隠された障がいの可能性

第2章 事例解説　　第4節　児童福祉関係

1　初動対応の問題

　本件は，子どもが同じクラスの子に加害行為をしてしまったという相談です。女の子の顔を傷つけてしまったということで，被害児童の親から慰謝料請求をされている状況です。

　相談者が安心したと述べて電話を切っており，弁護士の対応には問題がなかったようにも見えますが，以下の2点において，十分な初動対応であったとはいえません。

　本件のポイントは，「からかわれたことをきっかけに定規を振り回して顔を傷つける」という行為をどうみるか，というところです。被害児童の具体的な言動は不明ですが，言葉のからかいに対して器具を用いた傷害行為をしてしまうということはやや過剰反応とも思われ，背景に何らかの事情があるのではと疑うべきケースです。弁護士はこの点に気付かず短時間で相談を終えてしまっています。

　また，慰謝料の金額についても，詳しい状況を確認せぬまま「あり得ない」と断定してしまっており，誤導となるおそれがあります。この点は**場面3❷**で詳述します。

2　発達障がいの可能性

　背景事情の1つとして，発達障がいの可能性も念頭に置く必要があります。

　発達障がいは，脳の発達の仕方が通常と異なるために対人コミュニケーション上の困難等を生ずるものであり，広汎性発達障がい（自閉症，アスペルガー症候群等），注意欠陥多動性障がい（ADHD），学習障がい（LD）等がこれに含まれます（それぞれの内容について【おさえておきたい知識02】参照）。

　発達障がいは生まれつきの特性であり，「病気」とは違いますが，サインを捉えて早期の診断につながれば，専門家のサポートのもとでの治療，療育，環境調整を図ることが可能になります。

　サインとしては，1人遊びが多く集団行動が苦手，好きなことには何時間

[事例19] 発達障がいと他者とのトラブル

でも熱中するが初めてのことや決まっていたことの変更は苦手，感情のコントロールが難しく乱暴な言葉使いをしてしまったり手を出してしまったりする，等があるとされています。

我々弁護士は医療の素人であり，勝手な決めつけをすることは勿論できませんが，相談の表面だけを見るのではなく，色々な可能性を念頭に置いて丁寧に事情を聞くことが大切です。

本件では弁護士が安易に相手の子が悪いとし，詳しい事情を聞かずに相談を終えてしまっており，十分な対応とはいえないものにとどまってしまいました。

場面 2 面接相談

電話相談後，加害児童，被害児童の親同士で話合いをしたものの，被害児童側の憤りは強く，再度弁護士に連絡があり，面接相談を行うこととしました。

父　親：先方と何度か話をしたのですが，全然話にならないんです。
弁護士：慰謝料を払えの一点張りですか。
母　親：それどころか警察に被害届を出すとも言われています。
弁護士：息子さんはどうしていますか。
母　親：それが……実は今度別の子も叩いてしまったみたいで。
弁護士：えっ，それはいつですか。
母　親：つい先日です。それで，学校から呼び出されて，カウンセラーの先生から発達障がいがあるんじゃないかって言われたんです。
父　親：突然そんなことを言われてショックで，仕事も手につきません。
弁護士：なるほど……そういうご事情であれば，まずはきちんと病院で診察を受けて頂いて，相手の親御さんや学校に，息子さんの状況を正しく伝えていく必要があると思います。よかったら私の知っている病院をまずは受診してみませんか。
両　親：是非お願いします。

第2章　事例解説　　第4節　児童福祉関係

> ◇この場面のポイント◇
> ☐　医療機関との連携による正しい状況把握
> ☐　診断を受けた場合のサポート

1　医療機関への受診，相談

　発達障がいの可能性を念頭に置いた場合，まずは医療機関の受診を促し，正しい状況把握を図ることが大切です。

　例えば東京都では，東京都立小児総合医療センターが「こころの電話相談室」を開設しており，相談者側が「受診」に抵抗感がある場合，先に相談をしてみるということも選択肢として考えられるところです（http://www.byouin.metro.tokyo.jp/shouni/annai/kokorotel.html）。

2　診断を受けた場合のサポート

　平成17年4月に施行された発達障害者支援法14条は，都道府県知事が指定した者に発達障がいの早期発見，支援等のための相談，助言等を行わせることができると定めており，東京都では東京都発達障害者支援センター（TOSCA）が指定されています（http://www.tosca-net.com/）。

　診断を受けた場合のサポートの窓口としては，こちらを紹介することがよいと考えられます。

場面3　話合い

　子は医療機関を受診し，注意欠陥多動性障がいとの診断を受けました。弁護士はまず，この子のもつ障がいの特性に鑑み学校側に留意してもらうべきことを医師に問い合わせ，書面にまとめて学校に申入れをしました。

[事例19] 発達障がいと他者とのトラブル

　また，被害児童の親とも面談し，事故について謝罪するとともに，一定の解決金を支払うことで和解を成立させました。話合いの中では子の疾患についても正しい状況を伝え，今後の再発防止策として被害児童側でも気を付けて欲しいことを申し入れ，理解を得ることができました。

◇この場面のポイント◇
- □　学校との連携
- □　被害児童の親との交渉（慰謝料の程度）

1　学校との連携

　子どものもつ障がいの特性とこれに対する望ましい対応を学校現場において理解してもらうことはとても大切です。

　弁護士は自ら診断を下し対応を提案することはできませんが，親，子ども本人の代弁者として，正しい理解と対応を学校現場に申し入れる役割を果たすことができます。

　平成19年4月より，障がいのある幼児児童生徒の自立や社会参加に向けた主体的な取組みを支援するための特別支援教育が学校教育法に位置付けられ，すべての学校において障がいのある幼児児童生徒の支援を充実させることとされています。本件相談では小学校の通常の学級に在籍している子どもが注意欠陥多動性障がい（ADHD）の診断を受けましたが，このように，小・中学校の通常の学級に在籍している児童生徒の中にも，ADHD等により学習や生活の面で特別な支援が必要な児童生徒が一定割合存在し，これらの児童生徒に対して，学校としての適切な対応が求められています。

　文部科学省初等中等教育局特別支援教育課から平成19年6月に出されたパンフレットでは，発達障がいの児童生徒に対する学習活動上のサポートを行う「特別支援教育支援員」の制度が紹介され，その具体的な役割として，

・　教室を飛び出して行く児童生徒に対して，安全確保や居場所の確認を

第2章 事例解説　第4節 児童福祉関係

行う
- 読み取りに困難を示す児童生徒に対して黒板の読み上げを行う
- 書くことに困難を示す児童生徒に対してテストの代筆などを行う
- 聞くことに困難を示す児童生徒に対して教員の話を繰り返して聞かせる
- 学用品など自分の持ち物の把握が困難な児童生徒に対して整理場所を教える等の介助

が挙げられています。場合によってはこのような制度の利用も視野に入れて活動することが考えられます。

　また，平成25年6月に障害を理由とする差別の解消の推進に関する法律（いわゆる「障害者差別解消法」）が制定され，平成28年4月に一部の附則を除き施行されました。この法律では，障がい者を「身体障害，知的障害，精神障害（発達障害を含む。）その他の心身の機能の障害……がある者であって，障害及び社会的障壁により継続的に日常生活又は社会生活に相当な制限を受ける状態にあるもの」と定義し（2条1号），行政機関等に，不当な差別的取扱いの禁止と，当該障がい者の性別・年齢及び障害の状態に応じた社会的障壁の除去の実施についての必要かつ合理的な配慮をする義務を課し（7条），事業者にも不当な差別的取扱いの禁止と，上記の必要かつ合理的な配慮をする努力義務を課しています（8条）。

　上記の必要かつ合理的な配慮については「その実施に伴う負担が過重でないとき」との制限も付されていますが，国公立学校については義務，私立学校や民間施設についても努力義務として法律で明確に課されたものですので，学校等に対しこの配慮を求めるということは弁護士として考えられる活動です。教育の場面での合理的な配慮の代表例としては，聴覚過敏の児童生徒のために机・いすの脚に緩衝材を付けて雑音を軽減する，意思疎通のために絵や写真・カード，タブレット端末等を活用する，入学試験において別室受験，時間延長，読み上げ機能等の使用を許可する等が挙げられており，内閣府のウェブサイト上で実例報告の紹介もされているので，参考としてください（「合理的配慮等具体例データ集／合理的配慮サーチ」／教育分野は5件が挙げられていま

す。http://www8.cao.go.jp/shougai/suishin/jirei/index_kyouiku.html）。

❷ 被害児童親との交渉（慰謝料等の程度）

　外貌醜状の後遺障害について，平成23年2月に労働者災害補償保険法施行規則に定める障害等級の男女差の解消などを内容とする改正が行われたところですが（基発0201第2号「外貌の醜状障害に関する障害等級認定基準について」），「女の子の顔に傷を残した」ということによる被害感情は相当大きいものと思われます。

　顔面部に「10円銅貨以上の瘢痕又は長さ3cm以上の線状痕」を残した場合，後遺障害等級は12級となり，民事交通事故訴訟・損害賠償額算定基準（いわゆる「赤本」）上の後遺障害慰謝料は290万円とされています。

　傷が治癒した場合でも，通院期間に相応する慰謝料（例えば「赤本」では通院1か月の慰謝料が28万円とされています）の支払等による解決は十分考え得るところです。また，外貌醜状により逸失利益が生じたと認められるケースも十分考えられます（鈴木尚久裁判官「外貌の醜状障害による逸失利益に関する近時の裁判実務上の取扱いについて」民事交通事故訴訟・損害賠償額算定基準〔2011年（平成23年）版〕（下）39頁）。

　場面1では，弁護士が「100万円などあり得ない」と安易に回答してしまっていますが，上記のような損害賠償実務を考えますと，具体的な傷の状況や治療状況等が分からない相談初期の段階で損害額評価にかかわる断定的な意見を述べることは避けた方がよいと考えられます。

　なお，学校で起きたことであり，治療費等については独立行政法人日本スポーツ振興センターの災害共済給付制度の利用も考えられるところです。詳しくは【事例07】をご参照ください。

医師の視点から

　発達障がいのある子どもたちには起こりがちなエピソードであると考えられます。背景にある問題としては，彼らの衝動性の高さ（情緒的な反応を抑制することの難しさ）や，社会性の不十分さ（状況の読み取りができにくいこと），社会性の習得の困難さ（対人関係の中での適切な行動が身につきにくいこと），環境刺激に対する過敏さ（特定の刺激に対する過剰な反応／過去の外傷的な記憶が残存しやすく，その記憶に影響されやすいことも指摘されます）などが挙げられます。

　注意したいことは，発達障がいというのが障がい概念としても発達的概念からみても，固定した『障がい』つまり「定義が明確で治癒する可能性が低いもの」ではないということです。医学的にはそこにASD，ADHD，LDといった様々な"disorder"（や"disabilities"）が含まれていますし，診断的にはそれぞれの"disorder"の診断閾値未満のものも発達障がいと呼ばれています。そうした軽症例ほど多くの合併例が存在し，健常との境界線も明瞭ではありません。発達していくことで障がいの状態を脱していく子どもたちも少なからず認められています。つまりある種の発達的な偏り（発達特性という言い方をされます）が環境との間に摩擦を生じ，本人の『生きにくさ』を生じたときに発達障がいと呼ばれる状況が発生すると考えるのが良さそうです。

　そうしますと，発達障がい状況が発生する問題の一端は環境の側にもあることになります。このケースの場合ですと，この子がクラスの中である種からかいの対象となっているらしいことから，どこかからかいたくなるような異質感や，からかわれたときの奇妙に見える反応などが子ども本人の側の問題としてあることが考えられますが，その子はからかわれても仕方のない子なのだという認識が伝播していることは環境の側の問題です。両者の問題を公平に扱っていかないと，問題の解消はあり得ないのです。

　子ども本人の側の問題に対して，それが『障がい』なのだから仕

[事例19] 発達障がいと他者とのトラブル

方がないというだけでは,問題は解消しません。発達特性を有する子どもも,必ずしも自分に理解のある人ばかりではない人たちの間でも生きていく技術(skill)を学習していくことはできますし,そうすることで,仮に特性はそのままであったとしても,『生きにくさ』ははるかに軽微になり,障がいの名目で保護をする必要がなくなる可能性も十分にあります。他方,環境の側の問題に対しても,その子が社会的な学習をしていることを周りの子がサポートしていく態勢を整えていくことはできます。その子を応援していく姿勢が共有されれば,からかいという反応にはならないでしょうし,その子を『障がい』視する必要もなくなります。

　子どもの発達を包み込む(=inclusive な)状況というのはその時にようやく実現するのだということができるでしょう。

◆田中　　哲(医師)◆

おさえておきたい知識
02 特別支援教育

 「特殊教育」から「特別支援教育」へ

　平成18年の学校教育法の改正（施行日：平成19年4月1日）により，これまで「特殊教育」の対象であった障害（視覚障害，聴覚障害，肢体不自由，知的障害，病虚弱，言語障害，情緒障害）に加え，知的な遅れのない発達障害（学習障害，注意欠陥多動性障害，高機能自閉症，アスペルガー症候群等）が新たに「特別支援教育」の対象に含まれることになり，わが国の教育制度は「特殊教育」から「特別支援教育」に大きく転換しました。

　また，特別支援教育は，すべての学校において実施されることになりました（学教72条以下）。

　「発達障害」とは，「自閉症，アスペルガー症候群その他の広汎性発達障害，学習障害，注意欠陥多動性障害その他これに類する脳機能の障害であってその症状が通常低年齢において発現するものとして政令で定めるもの」をいいます（発達障害者支援法2条1項）。
〔自閉症〕
　自閉症とは，①他人との社会的関係の形成の困難さ，②言葉の発達の遅れ，③興味や関心が狭く特定のものにこだわることを特徴とする発達の障害である。その特徴は，3歳くらいまでに現れることが多いが，小学生年代まで問題が顕在しないこともある。中枢神経系に何らかの要因による機能不全があると推定されている。
　なお，高機能自閉症とは，知的発達の遅れを伴わない自閉症を指す。同様に，アスペルガー症候群（アスペルガー障害）は，自閉症の上位概念である広汎性発達障害の一つに分類され，知的発達と言語発達に遅れはなく，上記3つの自閉症の特性のうち，コミュニケーションの障害が比較的目立たない。
　アスペルガー症候群のコミュニケーションの特徴として，一方的に自分の話

題中心に話し,直せつ的な表現が多く,相手の話を聞かなかったり,また相手が誰であっても対等に話をしたりすることがある。

〔学習障害（LD：Learning Disabilities）〕

　学習障害（略）とは,基本的には,全般的な知的発達に遅れはないが,聞く,話す,読む,書く,計算する又は推論する能力のうち,特定のものの習得と使用に著しい困難を示す様々な状態を指すものである。学習障害は,その原因として,中枢神経系に何らかの要因による機能不全があると推定されるが,視覚障害,聴覚障害,知的障害,情緒障害などの障害や,環境的な要因が直接的な原因となるものではない。

〔注意欠陥多動性障害（ADHD：Attention-Deficit／Hyperactivity Disorder）〕

　注意欠陥多動性障害（略）とは,年齢あるいは発達に不釣合いな注意力,又は衝動性・多動性を特徴とする障害であり,社会的な活動や学校生活を営む上で著しい困難を示す状態である。通常7歳以前に現れ,その状態が継続するものであるとされている。注意欠陥多動性障害の原因としては,中枢神経系に何らかの要因による機能不全があると推定されている。

　一定程度の不注意,又は衝動性・多動性は,発達段階の途上においては,どの子供においても現れ得るものである。しかし,注意欠陥多動性障害は,不注意,又は衝動性・多動性を示す状態が継続し,かつそれらが社会的な活動や学校生活を営む上で著しい困難を示す程度の状態を指す。

　　　　　　（以上の定義につき文部科学省「教育支援資料」（平成25年10月））

　平成19年4月1日付19文科初第125号「特別支援教育の推進について（通知）」によると,特別支援教育の理念について,以下のとおりとされています。

1．特別支援教育の理念

　特別支援教育は,障害のある幼児児童生徒の自立や社会参加に向けた主体的な取組を支援するという視点に立ち,幼児児童生徒一人一人の教育的ニーズを把握し,その持てる力を高め,生活や学習上の困難を改善又は克服するため,適切な指導及び必要な支援を行うものである。

　また,特別支援教育は,これまでの特殊教育の対象の障害だけでなく,知的な遅れのない発達障害も含めて,特別な支援を必要とする幼児児童生徒が在籍する全ての学校において実施されるものである。

第2章 事例解説　第4節 児童福祉関係

　さらに，特別支援教育は，障害のある幼児児童生徒への教育にとどまらず，障害の有無やその他の個々の違いを認識しつつ様々な人々が生き生きと活躍できる共生社会の形成の基礎となるものであり，我が国の現在及び将来の社会にとって重要な意味を持っている。

❷ 特別支援教育を行う学校等の概要

① 特別支援学校　前記学校教育法の改正により，それまでの盲・ろう・養護学校は，特別支援学校になりました。特別支援学校の対象となる障害者は，それまで盲・ろう・養護学校の対象であった障害者（視覚障害者，聴覚障害者，知的障害者，肢体不自由者，病弱者）（学教施令22条の３）です。また，都道府県等の判断でこれまでどおりの特定の障害に対応した教育を行う特別支援学校に加え，複数の障害（2～5障害種別）に対応した教育を行う特別支援学校の設置が可能になっています。

　学校教育法80条は，都道府県に対して特別支援学校の設置義務を課しており，また，学校教育法76条によれば，特別支援学校には，小学部及び中学部の設置義務があり，幼稚部と高等部を置くことができるものとされ，特別の必要のある場合においてはそのいずれかのみを置くことができるとされています。

② 特別支援学級　特別支援学級は，学校教育法等の規定に基づき，通常の学級における学習では，十分その効果を上げることが困難な児童生徒のために特別に編制された学級です。

　特別支援学級の対象者は，弱視者・難聴者・知的障害者・肢体不自由者・病弱者・言語障害者・自閉症者・情緒障害者です（平成18年3月31日付17文科初第1178号通知・平成25年10月4日付25文科初第756号通知）。

　東京都においては，「知的障害」，「肢体不自由」，「自閉症・情緒障害」の特別支援学級（固定級）を各区市町村の一部の小・中学校の中に拠点的に設置しており，「病弱」の特別支援学級は一部の区市町村の病院内に設置しています。

[おさえておきたい知識02] 特別支援教育

③ 通級による指導　通級による指導とは，小・中学校の通常の学級に在籍する障害のある児童生徒のうち，通常の学級での学習におおむね参加でき，一部特別な指導を必要とする児童生徒に対して，主として各教科等の指導を通常の学級で行いながら，当該児童生徒の障害に応じた特別の指導（障害による学習上又は生活上の困難の改善・克服を目指す自立活動の指導や各教科の内容を補完するための指導）を特別の場で行う指導のことをいいます。

通級による指導の対象者は，弱視者・難聴者・肢体不自由者・病弱者・言語障害者・自閉症者・情緒障害者・学習障害者・注意欠陥多動性障害者です（平成18年3月31日付17文科初第1178号通知・平成25年10月4日付25文科初第756号通知）。知的障害者は対象者になっていません。

通級による指導は，東京都においては，区市町村の一部の小・中学校の中で「難聴」，「弱視」，「言語障害」（小学校のみ），「情緒障害等」について行われています。

東京都の「情緒障害等通級指導学級」は，通常の学級での学習におおむね参加でき，一部特別な指導を必要とする自閉症児，情緒障害児（選択性かん黙等），学習障害児，注意欠陥多動性障害児を対象としています。

通級による指導においては，専任の教員を配置する必要はなく，「学級」として編制する必要はありませんが，東京都では，通級による指導を行う教室についても，教育委員会が「学級」として編制することを同意し教員を配置したことから，東京都における特別支援学級は，固定制の特別支援学級と通級制の特別支援学級があることになります。

また，東京都の場合，通級による指導は，在籍校とは別の通級指導学級設置校に児童生徒が通級し（通って），指導を受ける形の「通級指導学級」と，学校に通級指導を行う教室を設置し，教員が巡回指導を行う形の「特別支援教室」の2種類がありますが，前者においては，他の学校での指導のため，在籍学級担任と通級指導学級の担当教員の緊密な連携が図りにくい，他校への移動中は在籍学級での指導が受けられない，保護者の送迎が必要であ

る，といった課題が指摘されていました。そのため，平成28年度以降より，小学校の「情緒障害等通級指導学級」については，準備の整った区市町村より，順次「特別支援教室」に移行することとされています。

特別支援学級及び通級指導に関する規定の適用関係については，文部科学省のウェブサイト（「特別支援学級及び通級指導に関する規定」）をご覧ください。

東京都特別支援教育推進計画第三次実施計画について

東京都では，平成16年11月に，東京都における特別支援教育推進の基本的な方向性を示すものとして，平成25年度までの10年間を計画期間とする「東京都特別支援教育推進計画」を策定しており，これまで，第一次・第二次・第三次実施計画を策定しています（ただし，本計画は，第三次実施計画の期間を平成28年度まで延長しています）。

以下においては，第三次実施計画において取り上げられている内容やその他の事項から，子どもの権利に関わる事項を取り扱うに際して知っておいた方がよいと思われる基礎的な事項について紹介します。

① 特別支援学校の適正な規模と配置　東京都においては，第二次実施計画における推計を上回って障害のある児童生徒数が増加したため，平成22年度現在での都立知的障害特別支援学校の教室保有状況を見ると，特別教室から転用した普通教室やカーテン等で間仕切りをした普通教室が多く存在している状況になりました。

平成25年にテレビでこのような実情が伝えられるとともに，学校教育法において，小・中・高等学校においては，校舎の広さや必要な施設を定めた国の設置基準が定められている一方で，特別支援学校においてはこのような設置基準が定められていないことから，一部の意見として，特別支援学校においてもこのような設置基準を定めるべきであるという意見が紹介されました。

この点についての国の見解は，平成23年5月の衆議院における答弁によりますと，「特別支援学校については，在籍する児童生徒等の障害の

状態に応じ，必要となる施設や設備が様々であること等から，その施設や設備について一律の基準を設けることは困難であると考える。」というものですが，設置基準がないことが直ちに教室の不足に繋がっているかどうかとは別の問題として，在籍する子どもの数の増加に施設面が追いついていない状況を改善する必要があることは否定できないものと思われます。

東京都においては，設置基準の有無にかかわらず，第三次実施計画において，都立特別支援学校の適正な規模と配置を図っていくこととしており，学校の新設，学部の改編等の計画が立案されており，平成32年度までに実施することが計画されています。さらに，東京都では，第三次実施計画に続く新たな計画を策定することとしており，知的障害特別支援学校の在籍者数は平成32年度以降も増加する可能性が高いことから，新たな計画において，さらなる教育環境の整備に努めることとしています。

② 就労支援体制の整備　第三次実施計画においては，これまでの成果と課題を踏まえ，新たな就労支援体制を展開するとされており，具体的には，(ⅰ)都内全域を6ブロックに分け，(ⅱ)各都立特別支援学校の進路指導担当者の中から専門性の高い教員を委嘱し，(ⅲ)企業経営者経験者等の中から障害者雇用に見識の高い人材を「就労支援アドバイザー」として登録し，(ⅳ)東京都特別支援教室推進室に配置されている「東京都就労支援員」と連携を図りながら，企業委託等による就労支援も加えて行っていく，とのことです。

障害者雇用促進法は，企業に対して，雇用する労働者の2.0％に相当する障害者を雇用することを義務付けており（障害者雇用率制度），同法の規定も障害者雇用の充実の後押しとなっているものと思われます。

③ 高等学校等における特別支援教育　最近にいたるまで，義務教育でない高等学校においては，特別支援教育についての施策が積極的に取り組まれてきませんでしたが，平成21年8月の「特別支援教育の推進に関する調査研究協力者会議高等学校ワーキンググループ」（文部科学省）の

報告によると，高等学校進学者のうち特別な支援を要する生徒の割合は約2％と報告されており，全日制に比べて定時制や通信制では相対的に高い割合であるとの結果が出ています。

国においても，平成27年11月より，障害のある子どもたちの自立と社会参加に向けた取組みとして，高等学校における特別な教育課程の編成の制度化等について検討するため，「高等学校における特別支援教育の推進に関する調査研究協力者会議」が開催されています。詳細については，文部科学省のウェブサイト（「高等学校における特別支援教育の推進に関する調査研究協力者会議」）をご覧ください。

④ 東京都における多様な高校教育の取組み　東京都においては，様々な生徒の教育ニーズに応えるため，チャレンジスクール，エンカレッジスクールなどの特色ある学校を開設しています。

・　チャレンジスクール：小・中学校時代に不登校経験をもつ生徒や高校で長期欠席等が原因で中途退学を経験した生徒等を主に受け入れる総合学科・三部制（午前部・午後部・夜間部）の高校で，3年での卒業も可能である。

・　エンカレッジスクール：これまで力を発揮できなかった生徒のやる気を育て，社会生活を送る上で必要な基礎的・基本的学力を身に付けることを目的として，既設校の中から指定している。

都立高校における学校教育の最新の動向については，東京都教育委員会のウェブサイトにて「都立高校改革推進計画 新実施計画」平成28年2月・東京都教育委員会をご覧ください。

4　障害を有する児童生徒と触法行為

近時のインターネットの発達により，知的障害を有する児童生徒もSNSを利用して他人と接触する機会が増え，訳が分からないまま偽造カードを使用した「出し子」を引き受けてしまったり，SNSを通じて知り合った見ず知らずの者に付いていって性的被害に遭ってしまうといったことも増加して

[おさえておきたい知識02] 特別支援教育

います。

　また，触法行為により警察沙汰になった場合でも，知的障害を理由に十分な注意や指導がなされなかったり，そのため子どもの側でも自分は触法行為を行っても許されるのだと思い込んでしまったりすることもあるとのことです。

　東京都では，知的障害を有する児童生徒が，犯罪に巻き込まれることを防ぐとともに，触法行為に関与してしまった場合であっても，注意・指導を確実に行うことができるよう，警察等との連携も進めているとのことです。

5　教育を受ける権利等との関係

　先天的な障害のある児童生徒の場合，多くの場合は，小学校に進学する時点で，通常学級に入学する，通常学級に入学して通級指導を受ける，特別支援学級（固定級）に通う，特別支援学校に入学する，といういずれかの進路をとることになりますが，障害のある児童生徒及びその保護者の立場に立ってみれば，障害のある児童生徒の成長発達の観点から，どのような教育を受けることが望ましいか，真剣に検討されることであろうと思われます。

　他方で，学校や教育委員会としても，行政の立場から同様の検討をされることと思いますが，児童生徒及びその保護者の意見と学校や教育委員会の意見が相違することもあり得ることと考えられます。

　この点に関し，前記学校教育法の改正以前の事例ですが，出生時に受けた脊髄損傷のため胸部から下部分の肢体不自由者となったＡが，市立中学校入学に際し，通常学級で学習することを強く希望し，その保護者が市教育委員会との間で協議を行っていたが，最終的には市立中学校の学校長が入学式当日にＡを特殊学校に入級させるとの措置を行った事例において，裁判所は，憲法26条，13条等は，子ども又は親に対し，通常学級と特殊学級のいずれに所属するかを選択する権利を保障しているとはいえない，学校教育法上，子どもを通常学級と特殊学級のいずれに所属させるかを決定する権限は校長にあり，この制度は憲法26条に違反しない等と判断しました（旭川地判平5・

第2章　事例解説　　第4節　児童福祉関係

10・26判タ853号90頁，札幌高判平6・5・24判タ854号102頁）。本件における争点や学説等については，地裁裁判例についての判例タイムズの解説が参考になります。

　他方，筋ジストロフィー患者の生徒Bが市立高校の入学を志願し，調査書の学力評定及び学力検査の合計点において優に合格点に達していたが，市立高校の学校長は，Bがデュシェンヌ型筋ジストロフィーに罹患しているため，高校の全課程を無事に履修する見込みがないとの理由により不合格処分とした事例において，裁判所は，入学の不許可処分に裁量権の逸脱又は濫用があったとして同処分を取り消し，市に対して慰謝料100万円の支払を命じました（神戸地判平4・3・13判タ780号141頁）。

　この裁判例は，高等学校の学校長に当該高校への入学許否処分を行う権限があることを前提として，学校長の行った入学不許可の処分は，Bの「高等学校における全課程の履修可能性」の判断に際し，その前提とした事実又は評価において重大な誤りをしたことに基づく処分であって，学校長が当該高校への入学許否の処分をする権限の行使につき，裁量権の逸脱又は濫用があったと認めるのが相当である，としたものですので，上記札幌高裁平成6年5月24日判決と矛盾するものではないと考えられます。

　ただ，下級審の裁判例ではありますが，裁判所は，「たとえ施設，設備の面で，原告にとって養護学校が望ましかったとしても，少なくとも，普通高等学校に入学できる学力を有し，かつ，普通高等学校において教育を受けることを望んでいる原告について，普通高等学校への入学の途が閉ざされることは許されるものではない。……障害者がその能力の全面的発達を追求することもまた教育の機会均等を定めている憲法その他の法令によって認められる当然の権利であるからである。」と述べており，通常学級における教育を受ける学力を有している障害者について，当該障害者を受け入れる学校側の受入体制を整えることができるのであれば，当該障害者の能力を最大限に発揮するという観点から，当該障害者やその保護者の意向を尊重するべきであるとの認識を示したものとも考えられます。

　障害のある子どもの就学先の決定に関する最近の国の主要な動きは，以下

[おさえておきたい知識02] 特別支援教育

のとおりです。

- 中央教育審議会初等中等教育分科会の平成24年7月23日付「共生社会の形成に向けたインクルーシブ教育システム構築のための特別支援教育の推進（報告）」（文部科学省のウェブサイト参照）　障害者の権利に関する条約が，平成18年12月，第61回国連総会において採択され，平成20年5月に発効した。日本は，平成19年9月に同条約に署名し，批准に向けた検討を進めていた（その後，日本は，平成25年12月4日に締結のための国会承認を得ており，この条約が日本について効力を生ずるのは，この条約の規定に従い，平成26年1月20日の批准書の寄託から30日目の日である平成26年2月19日。外務省のウェブサイト「『障害者の権利に関する条約』の批准書の寄託」参照）。

　このような状況において，就学相談・就学先決定の在り方について報告がなされており，「就学基準に該当する障害のある子どもは特別支援学校に原則就学するという従来の就学先決定の仕組みを改め，障害の状態，本人の教育的ニーズ，本人・保護者の意見，教育学，医学，心理学等専門的見地からの意見，学校や地域の状況等を踏まえた総合的な観点から就学先を決定する仕組みとすることが適当である。その際，市町村教育委員会が，本人・保護者に対し十分情報提供をしつつ，本人・保護者の意見を最大限尊重し，本人・保護者と市町村教育委員会，学校等が教育的ニーズと必要な支援について合意形成を行うことを原則とし，最終的には市町村教育委員会が決定することが適当である。」としている。

　また，「合理的配慮」の定義について，「障害のある子どもが，他の子どもと平等に『教育を受ける権利』を享有・行使することを確保するために，学校の設置者及び学校が必要かつ適当な変更・調整を行うことであり，障害のある子どもに対し，その状況に応じて，学校教育を受ける場合に個別に必要とされるもの」であり，「学校の設置者及び学校に対して，体制面，財政面において，均衡を失した又は過度の負担を課さないもの」と定義されている。

- 「学校教育法施行令の一部改正について（通知）」25文科初第655号平成25年9月1日（文部科学省のウェブサイト参照）　平成25年8月26日付で

学校教育法施行令が改正され，就学先の決定の仕組みに関する改正がなされたことについて周知するもの。

・「障害のある児童生徒等に対する早期からの一貫した支援について（通知）」25文科初第756号平成25年10月4日（文部科学省のウェブサイト参照）
上記の学校教育法施行令の改正に伴う障害のある児童生徒等に対する早期からの一貫した支援について留意すべき事項について周知するもので，障害のある児童生徒等の就学先の決定や早期からの一貫した支援について記載されている。

・平成25年10月「教育支援資料」（文部科学省のウェブサイト参照）　上記の学校教育法施行令の改正に伴う就学手続の大幅な見直しが行われたことを踏まえて取りまとめられたもの。障害についての科学的・医学的知見や，就学手続の趣旨・内容だけでなく，早期からの一貫した支援の重要性を資料全体を通じて明確に打ち出しており，市町村教育委員会の就学手続におけるモデルプロセス，障害種ごとの障害の把握や具体的な配慮の観点等についても詳細に解説されている。

　上記のほか，平成28年4月1日から施行された（一部の附則を除く）障害者差別解消法においては，行政機関等（同法2条3号）及び事業者（同法2条7号）に対して，一定の条件の下で，社会的障壁（バリア）の除去の実施について必要かつ合理的な配慮を求めており（事業者については努力義務。同法7条・8条），今後，特別支援教育においても同法を踏まえた対応が求められることになると思われますが，学校が行うべき「必要かつ合理的な配慮」の具体的な範囲をどのように定めるかについては，これまでの実績や上記の初等中等教育分科会の報告等を参考にしつつ，事例の集積が行われていくものと思われます。

東京都の教育に関する相談機関

〔東京都教育相談センター〕

電話相談　03-3360-8008　平日：午前9時から午後9時まで
土日祝日：午前9時から午後5時まで（閉庁日，年末年始を除く）来所相談も実施しています。

〒169-0074
東京都新宿区北新宿4－6－1（東京都子供家庭総合センター4階）
http://www.e-sodan.metro.tokyo.jp

〔学校問題解決サポートセンター〕

電話相談　03-3360-4195　平日：午前9時から午後5時まで（閉庁日，年末年始を除く）
住所・ホームページは同上
電話相談のほか，専門家等からの助言，第三者機関としての解決策の提示も行っています。

〔青少年リスタートプレイス〕

電話相談　03-3360-4181　平日：午前9時から午後5時まで（閉庁日，年末年始を除く）
住所・ホームページは同上
高等学校を中途退学した方，高等学校での就学経験のない方，また，進路選択を控えながらも中学校で不登校の状態にある方やその保護者を支援しています。

（参考文献）

- 東京都教育委員会「東京都特別支援教育推進計画第三次実施計画について」（平成22年11月）（http://www.kyoiku.metro.tokyo.jp/press/pr101111tok.htm）
- 東京都教育委員会「『東京都発達障害教育推進計画』の策定について」（平成28年2月）（http://www.metro.tokyo.jp/INET/KEIKAKU/2016/02/70q2c400.htm）
- 東京都教育委員会「知的障害のある児童・生徒の教育内容の充実に向けて」（平成28年3月）（http://www.kyoiku.metro.tokyo.jp/buka/shidou/tokushi-juujitsu.html）

第2章　事例解説　　第4節　児童福祉関係

（注）
　　この項では，表記上「障害」に統一しました。

column09——医療と子ども

　病気や怪我で病院に行って検査や治療を受けることは，大人でも怖いものです。入院，手術となれば，その恐怖感たるや計り知れないものがあります。

　子どもがこのような事態に直面した場合，子どもであるが故に，さらに，自己の疾患についての説明を受けたり治療法を選択したりする機会を十分に与えられないという問題があります（理由が分かっていても嫌で怖いのに，理由も知らされずに痛くて辛い検査や治療を受けさせられるのです！）。また，主として入院治療を受ける子どもにおいて，家族との接触が制約され，遊びや教育を受ける機会が十分に与えられないという問題もあります。

　このような問題を解消するために，子どもの療養環境を整え，症状や年齢発達の度合いに応じた情報提供等を行う専門職として，「チャイルド・ライフ・スペシャリスト（CLS）」，「ホスピタル・プレイ・スペシャリスト（HPS）」，「子ども療養支援士」というものがあります。未だ数が少なく導入している病院も少ないですが，模型の検査機械や人形などを用いて子どもに分かり易く情報提供し，検査や手術に対する心の準備をする機会を設け，子ども自身の頑張る力を引き出すこと（「プレパレーション」と呼ばれる）などに一役買っています。実際に，子ども自身が子ども療養支援士の説明によって検査の必要性やどういう検査かを十分理解できたために，鎮静剤を使用せず検査を行うことができた等の実例もあります。

　「医療保育士」，「医療保育専門士」というものもあり，医療・保育の専門的知識や技術をもとに，子ども達が保育や遊びを通じて楽しく，明るく，ストレスのない病院生活が送れるように環境を整える役割を果たしています。痛いことをする医師や看護師とは違う，子どもにより近い立場として，例えば虐待の心配がある子どもから家庭環境を聴取することなどでも大きな貢献を果たしています。

　教育の場面では，学校教育法・同施行令の改正や障害者差別解消法の施行等により，心身の障がいを有する子どもへの特別支援教育や社会的障壁除去のための配慮が制度的に構築されており，入院中の子どもも特別支援学校の院内分教室にいったん転籍するなどで勉強を続けることができます。社会的障壁除去のための配慮の具体例としては，支援員等の教室への入室や授業・試験でのパソコン入力支援，意思疎通のために絵や写真カード，ICT機器（タブレット端

末等）を活用する等があります。もっとも，せっかくの制度も知られていないことで利用されていないケースが多いとの指摘もされているところであり，積極的な活用に向け，相談を受け得る立場にある私たち弁護士も，まずは，「知らないことを知っている」必要があるでしょう。

医療を受ける子どもたちが，子どもであることにより特有の問題にさらされていることは，通常あまり意識しない視点かもしれませんが，「判断能力の伴わない子どもだから説明や自己決定の機会がなくても仕方がない」，「病気だから親と会えず遊びや教育が制限されても仕方がない」ということではなく，子どもであり患者である立場で享受し得る当然の権利を社会で支えていく必要があります。

医師の視点から

実際の医療の中にも子どもに対するプレパレーションは取り入れられるようになり，小児病院などではそのための専門スタッフも配置されるようになりました。この取組みは，子どもも医療においては，自分の理解できる方法で説明を受ける権利があるという，子どもの人権への配慮を背景とするものですが，現実的にも大きな効用をもたらしています。適切なプレパレーションにより，子どもたちは，それまでよりはるかに落ち着いた状態で，検査や治療に向かうことができます。

この効用が特に大きいのが，予測がつかない状況への不安が強く，感覚過敏もあるような発達障がいやその傾向のある子どもたちです。今やそうした子どもたちに対して，プレパレーションは必須と考えられているほどです。

実際の採血場面などでは，読み聞かせなどによって気を逸らしてあげる方法（ディストラクション）がとられることもあります。

また，小学生以上の子どもたちに対しては，これから受けようとする治療について，大人に対する説明と同意（インフォームドコンセント）と同等の内容の説明は行った上で賛意を確認する（インフ

[column09]　医療と子ども

ォームドアセント）ことによって，子どもに治療に主体的に参加してもらう努力もなされるようになってきています。

　こうした一連の取組みは，緒に就いたばかりであり，未だ完全なものではありませんが，パターナリズムが横行しがちな医療の中での，子どもを中心に据え直した取組みとして，今後その重要さを増すものと考えられています。

◆田中　　哲(医師)◆

第2章 事例解説　第4節　児童福祉関係

> おさえておきたい知識

03 保育所への入所問題

1 育休退園制度

　希望しているにもかかわらず保育所に入れない待機児童の数が2万3000人を超え（平成27年4月時点，厚生労働省発表），現在，その解消が喫緊の課題となっています。

　そのような中，埼玉県所沢市では，待機児童の減少を目的として，平成27年度より，下の子の出産に伴って保護者が育児休業を取得した場合，保育所に通う上の子が0〜2歳であれば，原則として出産2か月後の月末をもって上の子を退園させる運用をスタートさせました。同様の制度をとる自治体は他にも複数あります。

　現状，保育所における保育については，保護者の利用申請を受けた市町村が毎年保育の必要性を認定した上で，保育の必要性が認められる場合には保育利用許可決定又は保育利用継続決定を，保育の必要性が認められない場合には保育利用不可決定又は保育利用解除決定を行っています。

2 保育利用解除処分の差止訴訟・仮の差止めの申立て

　所沢市の育休退園制度導入の発表を受けて，育児休業取得を予定している保護者らが，平成27年6月，近日中に行われる保育利用解除処分は，子ども・子育て支援法施行規則1条9号，児童福祉法24条1項「保育を必要とする場合」の解釈・適用を誤った裁量権の逸脱・濫用であり，かつ，重大な手続違背があるとして違法を主張し，さいたま地方裁判所に対し，保育利用解除の差止訴訟を提起し，同時に仮の差止めを申し立てました。

　仮の差止めについてさいたま地方裁判所は，保育利用申請がなされていないことを理由に保育利用解除処分がなされる蓋然性を否定するとともに，

[おさえておきたい知識03] 保育所への入所問題

「本案について理由があるとみえるとき」(行訴37条の5第2項)とは,本案について理由がある可能性があるといった程度では足りず,本案について理由があると認め得る蓋然性があることまで必要であるとし,本件では,保育利用継続決定をするか否かの判断にあたり,下の子の育児休業取得以外の要素も判断の基礎になることからすれば当然に保育利用解除がなされるわけではない以上,かかる蓋然性は認められないと判示し,申立てを却下しました。

3 保育利用解除処分の取消訴訟・執行停止の申立て

　その後も差止訴訟は継続していましたが,原告らに対し,市長による保育の利用継続不可決定及び福祉事務所長による保育の利用解除処分がなされたことから,原告らは,差止訴訟を取り下げた上で,各決定・処分は児童福祉法24条1項,子ども・子育て支援法施行規則1条9号の解釈・適用を誤ったものであると主張して取消訴訟を提起するとともに執行停止の申立てを行いました。このうち,執行停止の申立てについてさいたま地方裁判所は,平成27年9月に,いったん保育所で保育を受け始めた児童が当該保育所で継続的に保育を受ける機会を喪失することによる損害は看過し得ないとみる余地が十分にあり,児童及び保護者双方にとって酷な事態ということもできるとして,重大な損害を避けるための緊急の必要を認めるとともに,保育の利用継続不可決定及びその後の解除通知は不利益処分にあたるにもかかわらず聴聞手続を経ずに行われた点を違法とみる余地がある,として保育の継続利用解除処分の執行停止を認めました。

　所沢市は,かかる決定に対して即時抗告をせず,当該児童は保育所に戻りました。その後も取消訴訟が係属していましたが,保護者の病気等他の事由により保育の継続利用が認められたほか,保護者の復職により育休退園制度の対象から外れて保育園に継続的に通えるようになったケースが相次ぎ,原告らが訴えの取下げの意向を示し,所沢市がこれに同意したため,平成28年6月をもって訴え取下げにより終結しました。

第2章　事例解説　　第4節　児童福祉関係

 申請型義務付訴訟・仮の義務付けの申立て

　このように終結を迎えたとはいえ，待機児童問題が解消されない限り，同様の問題は必ず起こるものと考えられ，弁護士としての対応が求められるでしょう。

　本件では，保育の利用解除処分を対象として差止訴訟の提起及び仮の差止めの申立て並びに取消訴訟の提起及び執行停止の申立てがなされましたが，保育の利用継続申請を前提とした保育利用継続決定の申請型義務付訴訟の提起及び仮の義務付けの申立ても選択肢の1つとして考えられます。

 待機児童解消に向けて

　育休退園制度により，退園処分を受けた児童は保育所に通えなくなる一方で，その子の枠を使って，待機していた児童が保育所に通えることにはなります。所沢市が0～2歳児である上の子を退園の対象としているのは，年齢が低いほど多い待機児童の間での利用調整を目的にしたものといえます。しかしながら，それでは単なる椅子取りゲームに過ぎず，待機児童解消の抜本的解決にはなりませんし，上の子が退園にならないように下の子の妊娠を控えるようになって，少子化を促進させる可能性もあります。また，そもそも0～2歳児にとっても集団教育の成果があり，子ども同士のつながりを途中で断ってしまう育休退園制度はこれを無視したものであるという，子どもへの影響という観点からの指摘もなされています。

　いずれにしても，保育施設の増設，保育士等職員の待遇改善，保育の質の確保，企業による子育て支援，雇用の安定，意識改革等による全方位的な解決が望まれます。

◯ 育休退園訴訟の流れ

| 平成27年3月頃 | 所沢市が4月1日からの育休退園制度の運用開始を保護者らに通知 |

[おさえておきたい知識03] 保育所への入所問題

平成27年4月	育休退園制度の運用開始
平成27年6月	育休退園制度の対象となる予定の児童の保護者らがさいたま地方裁判所に提訴 ①差止訴訟②仮の差止め③取消訴訟④執行停止
平成27年7月〜 平成27年10月	②仮の差止め申立事件につき却下決定
平成27年8月〜	保育利用解除処分を受けた原告らが順次①差止訴訟につき取下げ
平成27年9月〜 平成27年12月	④執行停止申立事件につき，保育利用解除処分の執行停止を認める決定
平成28年6月	③取消訴訟につき取下げ（この時点までに順次取下げをした原告らと合わせてすべての原告につき取下げ完了）

○ 参　考

〔児童福祉法〕
24条　市町村は，この法律及び子ども・子育て支援法の定めるところにより，保護者の労働又は疾病その他の事由により，その監護すべき乳児，幼児その他の児童について保育を必要とする場合において，次項に定めるところによるほか，当該児童を保育所（認定こども園法第三条第一項の認定を受けたもの及び同条第九項の規定による公示がされたものを除く。）において保育しなければならない。
2〜　（略）

〔子ども・子育て支援法〕
（支給要件）
19条　子どものための教育・保育給付は，次に掲げる小学校就学前子どもの保護者に対し，その小学校就学前子どもの第二十七条第一項に規定する特定教育・保育，第二十八条第一項第二号に規定する特別利用保育，同項第三号に

規定する特別利用教育，第二十九条第一項に規定する特定地域型保育又は第三十条第一項第四号に規定する特例保育の利用について行う。
一　満三歳以上の小学校就学前子ども（次号に掲げる小学校就学前子どもに該当するものを除く。）
二　満三歳以上の小学校就学前子どもであって，保護者の労働又は疾病その他の内閣府令で定める事由により家庭において必要な保育を受けることが困難であるもの
三　満三歳未満の小学校就学前子どもであって，前号の内閣府令で定める事由により家庭において必要な保育を受けることが困難であるもの
2　（略）

〔子ども・子育て支援法施行規則〕
（法第十九条第一項第二号の内閣府令で定める事由）
1条　子ども・子育て支援法（以下「法」という。）第十九条第一項第二号の内閣府令で定める事由は，小学校就学前子どもの保護者のいずれもが次の各号のいずれかに該当することとする。
一〜八　（略）
九　育児休業をする場合であって，当該保護者の当該育児休業に係る子ども以外の小学校就学前子どもが特定教育・保育施設又は特定地域型保育事業（以下この号において「特定教育・保育施設等」という。）を利用しており，当該育児休業の間に当該特定教育・保育施設等を引き続き利用することが必要であると認められること。
十　（略）

column10──ヤングケアラー

　人が精神的・身体的にケアを必要とする状態になったとき，社会の仕組みとしてその作業にあたる人がケア・ワーカーですが，力のある家族がいればその人がケアにあたることになります。これがケアラーと呼ばれる存在です。

　家族の置かれた状況によっては，本来は保護を受ける立場にあるはずの子どもたちが，不本意にも，また年齢不相応に，ケアをする役割を引き受けざるを得なくなっている場合があります。イギリスでは18歳未満でこのような役割をとる子どもたちがヤングケアラーと呼ばれ，2001年の国勢調査でその数が17万人以上もいることが明らかになりました。

　日本でも同様の状況はかなり広く存在すると考えられ，そのような役割をとらされることによって，彼らが教育や社会参加の機会を失いかねない状況に置かれていることが問題視されています。

　また，これを心理的な問題として捉え直せば，親の心理的な未成熟や不安定に子どもが付き合わされる構図を想い描くことが可能です。実はこの方がはるかに多く起きている事態であると想像できますが，その実体や実数を明らかにする手段がありません。

　子どもたちは前思春期頃から親を，自分にとって相対的な存在と捉え直すようになります。状況によってはこの頃から，親子の逆転した依存関係が起こり得るようになりますが，さらに低年齢のうちから実質的には親が子どもに依存した状態になっていることも珍しくはありません。こうした精神的ヤングケアラーたちは，健康な依存関係を体験する機会を失うことになりますので，心理的な自立が難しくなる可能性があります。

　対策として，不安定さをうちに秘めた家庭のソーシャルワークに際して，このような事態が起こり得る又は起きていることを把握・認識し，逆転した関係の解消に取り組むことが求められます。

◆田中　哲(医師)◆

第2章　事例解説　第5節　離婚と親権

第5節　離婚と親権

事例

20　離婚と親権，面会交流

場面 1　電話相談

相談者：先日突然妻が離婚調停を起こしてきまして……。
弁護士：それは驚かれたでしょう。奥様とはご同居中ですか？
相談者：色々あって，去年私が家を出ました。
弁護士：お子さんはいらっしゃいますか。
相談者：7歳の娘と3歳の息子がいます。妻とは別れてもいいですが，子どもは絶対渡したくありません。
弁護士：家を出られてから，お子さんには会えていますか。
相談者：妻が絶対に会わせようとしないので，一度も会っていません。
弁護士：お子さんのお気持ちが一番大切ですが，そうすると，あなたがお子さんのお気持ちを確認することは難しい状況ですね。いずれにせよ調停の対応もお困りでしょうから，一度お会いしてお話ししませんか。
相談者：是非お願いします。

◇この場面のポイント◇
- □　離婚と親権
- □　子どもの手続代理人

　離婚にあたり子どもの親権が争われる場合，本来，一番大切なのは子どもの気持ちですが，両親が別居中である場合には特に，子どもが同居している親の意に反する言動を行うことは事実上困難であり，子ども自身の正直な気

[事例20] 離婚と親権，面会交流

持ちをいかに聴取するかは難しい問題です。このような場合，家庭裁判所の調査官による調査が行われることもありますが，そのほか，子どもの手続代理人の制度や，子どもの心の問題を専門的に取り扱う児童精神科医の関与を求めることもあり得るところです。

子どもの手続代理人とは，離婚調停や面会交流の調停・審判など子どもが参加できる手続において，子どもと会って手続の説明をしたり，子どもが自分の意見や気持ちをしっかり言えるよう援助したり，他の関係者との調整活動を行ったりして，子どもの最善の利益を実現する活動をするものです（日弁連パンフレット「子どもの手続代理人って？」より）（【おさえておきたい知識04】参照）。

平成25年１月１日施行の家事事件手続法によって導入されたものの，利用例は少数にとどまっており，積極的な活用が望まれるところです。

場面 2 面 接

弁護士：そもそも別居のきっかけは何だったのですか。
相談者：妻とは下の子が生まれたあたりからうまくいかなくて，喧嘩が絶えなかったのですが，上の子がその都度喧嘩はやめてと泣くものですからいたたまれなくなって……。
弁護士：その後話合いはされたのですか。
相談者：しようと思いましたがメールも電話も無視されました。
弁護士：それで突然調停の申立てがされたのですね。
相談者：そうなんです。はっきりいってもう妻には何の未練もありませんが，子どもは絶対渡したくありません。
弁護士：それでは調停ではそのことをしっかり伝えていきましょう。もしあなたの方でお子さんを養育されることになった場合，お母さんとの面会交流についてはどう考えますか。
相談者：本音では一切会わせたくありません。
弁護士：お気持ちはお察ししますが，お子さんにとってはお母さんとの交流も大切なことですのでそのこともきちんと考えておく必要があります。

第2章　事例解説　　第5節　離婚と親権

> ◇この場面のポイント◇
> □　面会交流の意義

　面会交流とは父又は母（通常は非監護親）と子との面会及びその他の交流のことであり，協議によりこれを定める場合には，子の利益を最も優先して考慮しなければならないとされています（民766条1項）。

　夫婦が離婚しても，子どもにとっては親であることに変わりはなく，両親との継続的な交流は子どもの成長にとって大切な役割を果たすものと考えられます。子どもの権利条約9条3項でも，「児童の最善の利益に反する場合を除くほか，父母の一方又は双方から分離されている児童が定期的に父母のいずれとも人的な関係及び直接の接触を維持する権利を尊重する。」と規定されているところです。

　近時の裁判例でも，別居している夫婦が8歳の娘の親権と離婚をめぐって争った訴訟で，千葉家裁松戸支部が平成28年3月29日，娘との面会について妻が「月1回程度」としたのに対し，夫が「隔週の週末や年末など年間100日確保する」との計画を提示したことなどから「子が両親の愛情を受けて健全に育つには，夫を親権者にするのが相当」として夫を親権者とする判断を示し，注目されました（千葉家松戸支判平28・3・29判時2309号121頁）。この訴訟では，その後平成29年1月26日，東京高等裁判所が原審の判断を覆し，親権者を母親とする判断を下しました。報道によれば，東京高裁は，父母の面会交流の意向だけで親権者を決めるべきではないこと，「年100日」とする父親の提案では子どもの体への負担のほか，学校や友達との交流にも支障が生じること，「月1回程度」という母親の提案は不十分ではないことを指摘したということです。父親側は上告の意向を示しているとのことであり，今後の動きも注視する必要はありますが，上記東京高裁の判断を前提としても父母の面会交流の意向はその内容を含め親権者決定の事情とはなり得るものであり，相談対応にあたっては子の福祉の観点からこの点をよく説明する必要があります。

子の利益を最も優先して面会交流の具体的な内容を協議するにあたり，児童精神科医の関与を求めることもあり得るところです。

場面 3　審　判

　結局調停での話合いでは合意にいたることができず，相談者が子どもたちに会えない状況も改善されませんでした。
　そこで相談者の方から面会交流についての調停を申し立て，最終的には審判で，相談者の面会交流について月2回程度，1回につき5時間までとの内容で認められました。

◇この場面のポイント◇

- □　審判による面会交流権の定めと履行確保

1　審判について

　面会交流の可否，内容については，子の監護に関する処分として民法766条に基づき審判事項となるとされており，合意にいたらない場合は家庭裁判所によって定められることとなります。
　面会交流の方法としては，直接的なもののほか，電話，手紙でのやり取りや子どもの写真やビデオを送るなどの間接的なものもあり，また，実施にあたり公益社団法人家庭問題情報センター（FPIC）など第三者の関与が定められる場合もあります。

2　履行確保の手段について

　審判で面会交流権が認められたとしても，そのとおり履行されないことがあります。その場合，家庭裁判所に対し履行勧告を申し出る方法があり，家

第2章 事例解説　第5節 離婚と親権

庭裁判所の調査官による丁寧な対応が期待できるところではありますが，強制力を伴うものではありません。

強制執行については，民事執行法172条に基づく間接強制はできると考えられ，平成25年3月28日，これを認める最高裁判決（判時2191号39頁）も出されました。この判決では，面会交流の日時又は頻度，各回の面会交流時間の長さ，子の引渡しの方法等が具体的に定められているなど監護親がすべき給付の特定に欠けるところがないといえる場合は，監護親に対し間接強制決定をすることができると解するのが相当と判断されており，本件の審判で認められた内容程度では間接強制の決定までは受けられない可能性が高いと思われます。

もっとも面会交流は，親側の「権利」の視点からのみではなく，あくまで子の福祉を最大限に尊重して行われることが大原則であり，後の間接強制まで見越して細部まで予め決めてしまうことは，かえって子の福祉を尊重した柔軟な対応を阻害することとなる可能性もあり，注意が必要と思われます。

子の福祉との観点からは子どもの意思を尊重することが重要であり，非監護親と会いたいか，いつ，どのような方法で会いたいか等の子どもの意思確認につき，児童精神科医の関与を求めることもあり得るところです。

医師の視点から

離婚をめぐるやり取りの中で，子どもたちはしばしばつらい場面を経験させられます。両親が言い争うことや，家庭が壊れてしまうことそのものが，子どもたちにとってはいうまでもなくつらいことですが，気持ちを聞かれることでも，言いようもなくつらい思いをしています。

「別れることになるかもしれないけど，どう思う？」と問われたとき，それまでの経緯や，聞いてくる親の気持ちが分かる子であれば「別れてほしくない」とは言い出せなくなってしまいますし，さ

りとて「別れてもいいよ」と答えたら，自分が家庭を壊すことに一役買ったことになってしまいます。

「別れるけど，あなたはどっちと暮らしたい？」と問われたとき，そもそも別れて欲しくない子どもに，そのような選択ができるはずがありません。そんなことを子どもに選ばせるなというのが，子どもの最も言いたいことなのでしょうが，そのような選択肢は与えられていません。

そのような中で，子どもが本当に言いたいことを代弁する役割をとってくれる大人がいてくれることは，子どもが大人全体に対する信頼感を失わないで育っていくためにも，非常に重要なことなのではないかと考えられます。

子どもの判断や選択が，その時点でともに生活している大人に大きく影響されることは既に常識とされています。しかしその事実は，子どもの独自の判断能力がないことを示すのではなく，大人が想像する以上に状況を察する力のある子どもたちが，心理的な苦境に立たざるを得なくなることの証しであると考えるべきなのです。子どもの代弁者には，この点を含めた子どもの心の理解が求められます。

◆田中　哲(医師)◆

04 子どもの手続代理人の活用

 ### 子どもの手続保障

　面会交流や親権者指定，子の引渡しなど家事事件で子どもをめぐって両親が紛争を繰り広げることは珍しくありません。子をめぐる紛争は，年々件数が増加しているだけでなく，長期化傾向にもあり，当事者の葛藤が大きく解決困難なものが多いのが現状です。

　両親は紛争当事者として主張等を重ねていくのですが，こうした事件の実質的な「当事者」は子ども自身といえます。そこで，家事事件手続法では，こうした子どもの手続保障を図るため，一定の事件においては，子どもに手続行為能力を認め，子どもが自ら手続を行うことができることが定められました。これまで意思を聴取される受け身の立場にあった子どもが自ら手続を主体的に行うことが認められることになったのです。

　子どもが主体的に手続を行う場合としては，親権喪失，親権停止，管理権の喪失など，実体法で子どもが申立権を有するとされている事件において子どもが申立人として手続を行う場合と，離婚に伴う親権者指定，親権者変更，面会交流などの事件において子どもが利害関係参加する場合があります。

　なお，子どもが申立人又は参加人として手続行為をするためには，前提として意思能力が必要となります。

 ### 子どもの手続代理人の活動
――子どもが利害関係参加する場合

　子どもが家事事件の手続に主体的に関与することができたとしても，単独で手続を行うのは困難です。そのため，子どもが手続上の行為を行う場合，自ら手続代理人を選任するほか（私選），家事事件手続法では裁判所が手続代理人を選任する（国選。家手23条）ことができる旨が定められています。これ

[おさえておきたい知識04] 子どもの手続代理人の活用

がいわゆる子どもの手続代理人です。

　ところで，離婚に伴う親権者指定，親権者変更，面会交流などでは，子どもをめぐって当事者である父母等が激しく対立する場合が少なくなく，そのような事案では家庭裁判所調査官（家裁調査官）による調査が行われることもしばしばです。調査官調査でも子どもの意向は聴取され，それは手続において考慮されることとなっています。では，調査官調査だけにとどまらず子どもが利害関係人として主体的に手続に関与するのが適当な事案はどういったものでしょうか，家裁調査官と手続代理人の役割の違いはどこにあるのでしょうか。これらの点について，日弁連と最高裁は協議を重ね，平成27年7月31日，日弁連において「子どもの手続代理人の役割と同制度の利用が有用な事案の類型」を取りまとめました。また，日弁連は上記取りまとめの趣旨をより分かりやすくするために解説書を作成しました（これらはいずれも日弁連の会員用サイトで確認することができます）。これらの概要は次のとおりです。

(1) 子どもの手続代理人の役割

　子どもの手続代理人の役割は次の①～④とされていますが，いずれも子どもにとって非常に重要なものばかりです。手続代理人がこうした役割を十分に果たすためには，子どもを1人の尊厳ある主体と理解して接することがまずもって必要となります。特に，父母の紛争の狭間に置かれている子どもは深い心理的な傷を負いあるいは大きなストレスにさらされている場合が少なくありません。子どもの手続代理人は，そうした子どもの心情に配慮し，共感的・受容的に耳を傾ける姿勢をもち，子どもから信頼を得ることが求められます。

　① 子どものための主張及び立証活動

　　　子どもの利益を実現するための手続代理人の本来的役割です。子どもから見れば，代理人を通して，手続主体として継続的に意思表明を行う手段が確保される意義があります（調査官調査では，子どもはあくまで調査の対象で，しかも継続的に意思表明することは保障されません）。

　② 情報提供や相談に乗ることを通じて，子どもの手続に関する意思形成を援助すること

子どもが手続行為を行う際の判断の基礎となる情報（例えば今後の生活状況や通学・進学に関する情報など）を分かりやすく提供し、また必要に応じて相談に乗るなどして、子どもの意思形成を援助します。
③　子どもの利益に適う合意による解決の促進
子どもの利益に適う養育や面会交流のあり方などについて、積極的な提案を行い、子どもの利益に即した合意による解決を促進する役割もあります。また、子どもの利益に適った合意による解決を促進するため、子どもの心理状態等を把握している手続代理人が、父母に対して子どもの言動の理解の仕方、子どもとのかかわり方などについて助言等を行うことも期待されます。
④　不適切な養育等に関する対応
子どもが虐待を受けているなど不適切な養育を受けているような事案では、必要に応じて、児童相談所等の児童福祉機関との連携等の活動が期待されます。

(2) 子どもの手続代理人制度の利用が有用な事案の類型

上記のような役割を担う子どもの手続代理人の利用が有用とされる事案としては、次の①〜⑥が挙げられています。もっとも、これらの類型に該当しないからといって子どもの利害関係参加や手続代理人の活動を躊躇する必要は全くありません。子どもが紛争解決に主体的に関与することが望ましいと思われる事案においては、積極的に制度を活用し、手続代理人の役割を十分に果たしていくことが期待されます。
①　事件を申し立て、又は手続に参加した子どもが、自ら手続行為をすることが実質的に困難であり、その手続追行上の利益を実効的なものとする必要がある事案
②　子どもの言動が対応者や場面によって異なると思われる事案
〔該当する事案の例〕
・面会交流の事件で、子どもは、同居親に対しては別居親と絶対に会いたくないという意思を示し、家裁調査官にも同様の意思を示すものの、別居親との試行的面会交流の場面ではとても楽しそうにし

[おさえておきたい知識04] 子どもの手続代理人の活用

ているような事案
  ・ 長期化している事案で，子どもの意思の変遷が予想される事案
③ 家裁調査官による調査の実施ができない事案
〔該当する事案の例〕
  ・ 子ども自身あるいは同居親が，家裁調査官による調査を拒否したり，消極的であったりする事案
④ 子どもの意思に反した結論が見込まれるなど，子どもに対する踏み込んだ情報提供や相談に乗ることが必要と思われる事案
〔該当する事案の例〕
  ・ 子どもが何らかの理由で同居親との生活の継続を望んでいるものの，同居親からは不適切な養育を受けており，審判になれば子どもの意思に反した結論が見込まれるような事案
  ・ 子どもの同居親への忠誠心などから，別居親との面会交流を拒絶しているが，面会交流を実施することが子どもの利益に適うと思われるような事案
⑤ 子どもの利益に適う合意による解決を促進するために，子どもの立場からの提案が有益であると思われる事案
〔該当する事案の例〕
  ・ 手続係属中に，子どもの監護等をめぐる突発的な事態が生じ，暫定的な対応が緊急に求められる事案（例えば，子の引渡し審判事件で，期間日に，子どもが同居親宅から突然家出して別居親宅に行ってしまい，絶対に帰りたくないと言っているような事案）
  ・ 子どもの監護等をめぐるトラブルの頻発が事前に予想される事案（父母に対する親ガイダンスの必要性が高い事案）
  ・ 子どもの監護等をめぐる調停又は審判がかつて係属し，一度は解決したが，その結論について子どもの納得が得られなかったため実効性が担保されず，再度，調停又は審判が申し立てられたという事案
⑥ その他子どもの手続代理人を選任しなければ手続に関連した子どもの

利益が十分確保されないおそれがある事案
〔該当する事案の例〕
・ 同居親による虐待がある事案
・ 手続に関する意向が同居親と子どもとで異なる事案
・ その他同居親と子どもとの間に実質的な利益相反が認められる事案

3 その他

　具体的な子どもの手続代理人の活動イメージや活動に必要な情報等に関しては，日弁連が「子どもの手続代理人マニュアル」を作成しています。また，当事者や子ども向けのパンフレット「子どもの手続代理人って？」や子ども向けに手続代理人の業務内容について簡潔に説明するためのカード「私はあなたの弁護士です」を作成しています。これらはすべて日弁連の会員専用ウェブサイトから入手することが可能です。

　なお，子どもの手続代理人の報酬については，制度的手当がないのが現状となっています。日弁連は，「子どもの手続代理人の報酬の公費負担を求める意見書」（平成24年9月13日付）を表明しているほか，公費負担の法改正までの間の手当も検討しています。報酬の問題は難しい面も否定できませんが，両親の激しい紛争などの渦中に置かれている多くの子どもの利益を実現するため，手続代理人の制度は非常に重要であり，積極的な活用促進と制度の浸透が望まれます。

column11──子の強制的な引渡し

　子の引渡しを強制的に実現するためには，主に２つの方法があります。民事執行法に基づいて強制執行を申し立てる方法と，人身保護法に基づいて人身保護を請求する方法です。

　民事執行法に基づく子の引渡しの強制執行は，債務者に子の引渡しを命ずることを内容とする調停調書，審判調書，判決などの債務名義に基づいて行われることになります。民事執行法では，子の引渡しの強制執行に関する明文の規定がないことから，動産の引渡しの強制執行の規定を類推適用し（同法169条），執行官が債務者と子を分離させ，子を債権者へ引き渡しているのが現在の実務です。もっとも，国際的な子の返還を定めたハーグ条約実施法の施行以後は，国内の強制執行においても，ハーグ条約実施法で設けられた執行場所の限定等の規律を参照した執行実務が行われているようです。

　他方，人身保護法に基づく場合には，債務名義がなくても，拘束者に対して子などの被拘束者の釈放を求めることができます。もっとも，共同親権者間での子の引渡しの請求については，原則として家事事件手続法に基づく家庭裁判所の手続を優先すべきであり，人身保護請求によるべき事案は，既に家庭裁判所において子の引渡しを命ずる審判等があるにもかかわらず拘束者がこれに従わない場合や，拘束者の子に対する処遇が親権行使という観点からみてもこれを容認することができないような例外的な場合に限られるとされています（最判平6・4・26民集48巻3号992頁）。人身保護法に基づく手続ですが，裁判所は，人身保護請求が形式的要件を欠く場合及び請求に理由がないことが明白な場合を除き，拘束者に対し，被拘束者を審問期日に出頭させること，審問期日までに拘束の日時，場所及び拘束の事由について，答弁書を提出することを命じることになります（人保12条2項。これを「人身保護命令」といいます。人保規2条）。拘束者が審問期日に被拘束者を出頭させず，又は答弁書の提出をしないなど，裁判所の人身保護命令に従わないときは，裁判所は，拘束者を勾引し，又は命令に従うまで勾留を行うことも可能とされており，身体拘束という強力な制裁手段が設けられております（人保18条）。しかしながら，被拘束者である子は勾引の対象ではないことから，拘束者が勾留されてもなお，被拘束者を裁判所に出頭させない場合には，被拘束者の出頭を強制的に実現する方法は用意されていません。

子の引渡しを強制的に実現する必要がある場合には，民事執行法と人身保護法の違いを十分に理解した上で，事案に応じて適切に使い分ける必要があるといえます。

Q&A 03　再婚による家族関係の悩み

◎　**男子高校生本人からの相談**

相談者：お父さんとお母さんは，僕が小学生の時に離婚しました。離婚後は，お父さんと2人で生活してきたのですが，半年ほど前に，お父さんが30代の若いお母さんと再婚し，一緒に住むようになりました。新しいお母さんは，とても優しく，僕の世話を焼きたがり，気のせいかボディタッチも多い気がしています。また，新しいお母さんは，露出の多い服を着ることが多いため，お母さんに対して少し女性として意識してしまうようなことがあり，自分は変なのではないかと心配になります。インターネットの掲示板で相談してみたのですが，『若いお母さんで羨ましい』という回答があるだけで，あまり参考になりません。お母さんを女性として意識してはいけないことはよく分かっているのですが，どのように気持ちを整理していけば良いでしょうか。

◎　**弁護士の回答**（不十分な対応の例）

弁護士：思春期の男子として女性に興味があるのは自然なことだよ。そのうち自然と好きな子ができれば君の悩みは解消されるかもしれないね。でも自分で解決ができないと思ったときは信頼できる周りの誰か，例えばお父さんや，それが難しいなら僕にまた相談してくれるかな。

この場面のポイント

☐　視点の転換，性的虐待

第2章 事例解説　　第5節　離婚と親権

解説

1　視点の転換

　男子高校生からの義母との関係についての相談ですが、一見して法律問題ではないため、弁護士としては、回答がしにくいといえます。確かに、前記で相談役の弁護士が回答しているように、相談者が同年代の交際相手を得ることができれば、義母に対して意識をしてしまうといった問題は解消されるかもしれません。

　しかし、ここで視点を転換して、充分な事実関係を確認しておくことが必要な場合もあるかと思われます。すなわち、年頃の相談者に対して、このような感情を抱かせてしまう義母自身に問題はないのかという視点です。相談者がどのような場面で義母を意識してしまったのか、具体的な事実関係を確認する必要はないでしょうか。例えば、義母が相談者の前で、下着姿や露出の多い洋服を着ていたり、あるいは相談者に対して身体的な接触を繰り返していたりした場合はどうでしょうか。もちろん、血が繋がっていなくても家族となったのですから、ある程度親密な付き合いが必要といえるかもしれません。しかし、その程度が度を越えていた場合には、義母自身に問題が認められる可能性はないでしょうか。

　本件のように、現に相談者が義母を意識してしまうことについて精神的な負担を抱えているということを踏まえると、少なくとも、大人である義母自身に配慮の欠如という問題が認められる可能性があります。また、場合によっては、義母による義理の息子に対する「性的虐待」という問題が潜んでいる可能性があり得るとも指摘できます。仮に、「性的虐待」と評価できるような事実関係が認められるのであれば、本件で弁護士がとるべき対応としては、思春期の少年に対する牧歌的な回答にとどまることでは足りず、法律問題として弁護士による積極的な対処が求められる可能性が生じ得ることになります（児童虐待5条1項参照）。

　以上のように「性的虐待」というと大げさなようにも思われるかもしれませんが、例えば、仮に本件の相談者が女子高生であり、義父との関係についての相談であれば、いかがでしょうか。このような場合であれば、「義父による義理の娘に対する性的虐待」という視点をもつ方は多いかと思います。登場人物の性別が入れ替わるだけで、事実の見方がだいぶ異なってくるものです。

2　事実に「補助線」を引く

　「性的虐待」という視点をもって相談内容に関係する事実を考察すると，全く別の背景が立ち現れる例として本件を採り上げましたが，弁護士としては，上記のような相談に限らず，相談者や依頼者から聞き取った事実関係について，適切な「補助線」を入れて，事実を様々な角度から見ることが必要だと考えられます。

　相談者や依頼者は，すべての情報を網羅的に話してくれるわけではありませんので，弁護士において問題意識をもった上で，積極的に事実関係を聞き取る必要があります。弁護士が通常扱うような紛争であれば，いわゆる「要件事実」に沿って，事実関係を確認していくことになると思いますが，社会で生じている様々な紛争は「要件事実」だけで整理しきれるものではなく，紛争の実態や背景をつかみ，問題を早期に解決していくためには，事実に対して適切な「補助線」を引いて，様々な角度から検討することが有用な場面が多々あるかと思います。そのため，弁護士は，法律知識はもちろんのこと，人文学や社会学を含む隣接諸科学に対しても，常日頃から関心をもっておくことが有用な場面もあるように思われます。

臨床心理士の視点から

　家族関係では，それぞれが相手を尊重することが大切だと思います。

　この問題は，子ども本人だけで解決することは難しく，義母や，場合によっては父親も，子どもの悩みを共有し，各自が解決に向けて努力する必要があるように思われます。

　また，本件が義母の性的虐待という深刻な問題を含んでいるのであれば，場合によっては児童相談所等につなげていくべきケースかもしれません。

　　　　　　　　　　　　　　　◆阿部　愛子（臨床心理士）◆

第3章

子どもをとりまく様々な問題
　　──法律の垣根を越えて

Q&A 04　PTSD

◎　23歳の女性からの相談

　10年前に通学していた中学校のクラスや部活で，仲間外れにされ，無視される，制服をごみ箱に捨てられるなど，ひどいいじめを受けたことが原因で，今でも夜眠れず，夢でうなされたり，当時の記憶が急にフラッシュバックしたり，PTSDで苦しんでいます。就職もできず，どうしたら良いのか分かりません，いじめをした相手に慰謝料請求などはできないのでしょうか。

◎　弁護士の回答（不十分な対応の例）

　10年前のいじめについての慰謝料請求ということですが，時効の問題があり難しいと思われます。昔のことにいつまでもこだわっていては前に進めません。嫌なことは早く忘れて，いじめをした相手を見返すことができるよう一生懸命頑張っていくしかないと思います。

この場面のポイント

☐　子どもとPTSD

解説

　PTSDとは，「心的外傷後ストレス障がい（Post Traumatic Stress Disorder）」，すなわち強烈な外傷体験により心に大きな傷を負い（トラウマ），再体験症状（フラッシュバック），回避症状，覚醒亢進（過覚醒）症状が発生し，そのため社会生活・日常生活の機能に支障をきたすというもので，精神疾患の１つとされています。PTSD概念が生まれたのは1970年代後半のアメリカ（ベトナム戦争からの帰還兵と精神障がいの結び付きから）であるとされ，日本の訴訟では，交通事故によってPTSDに罹患したことを理由とする損害

第3章　子どもをとりまく様々な問題——法律の垣根を越えて

賠償請求や，暴力等の不法行為による損害賠償請求等で問題とされることが多いようです。裁判所では，PTSDに該当するかどうかについて，精神医学的診断基準（DSM-IV-TR，ICD-10）が参照されています。PTSDの症状は，上記再体験症状（フラッシュバック），回避症状，覚醒亢進症状の他，解離性症状，パニック発作，錯覚，幻視，攻撃，暴力，衝動制御困難，抑うつ，物質関連障がい等多岐にわたります。

　もっとも，子どもの場合，虐待等のトラウマや学校でのいじめ等のストレスによってPTSDに罹患するおそれがあり，成人と同様に考えることはできません。

　学校でのいじめとPTSD等の精神障がいが問題となった裁判例では，いじめの中で行われた加害行為と「解離性障害を伴う急性ストレス反応」（PTSDとは明言されていない）との間に相当因果関係までは認定できないが，慰謝料の算定にあたって一定程度斟酌することが相当としたもの（東京地判平25・6・5 LEX/DB25513418）や，PTSDに該当するかどうかはともかく，精神的な後遺障がいにより労働能力喪失等の逸失利益が生じたとはいえず，慰謝料算定の際の増額事由として考慮するにとどめるのが相当としたもの（神戸地姫路支判平18・7・10判タ1257号209頁）等があり，PTSDの罹患は慰謝料算定時の考慮要素の1つとされることが多いようです。

　ここで，民法709条の不法行為に基づく損害賠償請求権は，損害及び加害者を知った時から3年間行使しないときは時効により消滅するとされています（民724条前段）。もっとも，同条後段の「不法行為の時から二十年を経過したときも，同様とする。」について，「不法行為の時」とは，加害行為が行われた時に損害が発生する不法行為の場合には加害行為の時と解されますが，身体に蓄積する物質が原因で人体の健康が害されることによる損害や，一定の潜伏期間が経過した後に症状が現れる疾病による損害のように，当該不法行為により発生する損害の性質上，加害行為が終了してから相当期間経過後に損害が発生する場合には，当該損害の全部又は一部が発生した時と解されています（最判平16・4・27民集58巻4号1032頁等）。この射程が，精神障がいによる損害についても及ぶとして，性的虐待行為による精神障がい（うつ病）を発症した事案において，損害賠償請求権の除斥期間の起算点が，不法行為時ではなくうつ病発症時と判断した例（札幌高判平26・9・25判タ1409号226頁。20年の除斥期間は経過していないとして損害

賠償請求を認めた）があります。このため，10年前のいじめであるからといって必ずしも損害賠償請求ができないということにはなりません。いじめによる子どもの心の傷は一生消えず，PTSDやうつ病に罹患してしまうケースもありますので，本件のように安易に回答することは避けるべきと思われます。

　子どもがPTSDに罹患したことが疑われる場合，専門医療機関に相談するなど，なるべく早期に適切な対応を行うことが重要と思われます。

医師の視点から

　PTSDは，精神医学的には，これに含まれる症状や持続期間などが診断基準の中で比較的厳密に定義されていますが，一般的にはこの基準の中の一部でもあれば拡大的にこの診断名が使われてしまっている傾向があります。ただし，PTSDは外傷的な出来事に対する遅延反応ですので，基準となる症状が満たされるまでに何年もかかる場合があることは，診断基準の中でも述べられています。そのため基準のすべてを満たさずとも本症の診断をつけて対応する必要がある場合もあり，このあたりがPTSDという医学術語を使う際の難しさになります。

　もう1つの難しさは，症状が再体験によって増幅される点にあります。外傷体験後に，同様の体験に繰り返し曝露される環境にある人は，反応としてのPTSD症状も反復的に増幅し，それだけ症状が遷延する可能性も高くなります。6歳以下の子どもでは，特にこの傾向は強いと考えられており，子ども自身が再演的な遊びを繰り返すことによってさえ，症状の増幅が起こることが観察されています。

　診断基準には採用されませんでしたが，子どもが反復的に外傷に曝露され，それが発達過程で子どもの人格形成に取り込まれた場合，成長後の子どもの行動パターンにまで影響することも知られており，これは発達性トラウマとして概念化され，虐待（特に性的虐待）による心理的外傷の後遺症を扱う場合などに使われることがあります。

このような難しさも含め，我々にとって悩ましいのは司法的な場面です。特に子どもは，聴取りをするだけで外傷体験の再現となり，症状の増幅につながる場合があるからです。性的虐待を受けた子どもに対する司法面接プロセスなどでは，子どもの二次的外傷を最小限に食い止めるための取組みがされるようになってきています。

　発達障がい（ASD）の子どもの反応がPTSDに重なる場合があります。これは彼らの特性の問題として，過去の外傷的な記憶が残存しやすく，その記憶に影響されやすいというものがあるためです（**【事例19】▽医師の視点から**参照）。客観的にはいじめとは言いにくいような出来事が，心理的には深い傷跡を残し，PTSDとの判別が難しい場合があるのです。

　子どものPTSDの治療については，保護的な心理療法によって，自分が守られた状況にあることを確認できるようにすることが基本ですが，それだけでは遺された外傷体験を解消しきれないことも少なくありません。そのような場合には，EMDRと呼ばれる生理的な補助手段や，CBTと呼ばれる行動療法的な手段などを用いて，外傷的な内容に治療的に再曝露させる方法がとられます。その際には情緒的に大きく混乱する可能性もありますので，専門家の関与が必要となります。

◆田中　哲（医師）◆

Q&A 05　リストカット

◎　**中学1年生の女子の母親からの相談**

　娘のAが不登校で，リストカットなどの自傷行為を繰り返すようになってしまいました。Aが中学校に入学して間もなく，体験入部で男の先輩B（15歳）から，入部したければ言うことを聞け，というようなことを言われ，胸など体を触られてとても嫌だったと話していたので，そのことがAの不登校，リストカットの原因ではないかと思っています。Bに対して告訴などできないのでしょうか。

◎　**弁護士の回答**

　Bについて警察への被害届提出及び刑事手続上の告訴が考えられるところですが，できればAさん本人から詳しい話を伺いたいので，Aさんご本人とお話をさせてください。

この場面のポイント

☐　事案の聴取
☐　リストカット

解説

　リストカットとは，カッター等で自分の手首，腕など（足である場合もあるようです）を傷つける行為であり，10代の女性に比較的多く見られる現象であるといわれています。自傷行為が自殺にまでいたることは多くはないとしても，習慣化しやすく，傷跡が残ってしまう危険な行為です。リストカットをしてしまう背景には，ストレス等の精神的なダメージが考えられますが，PTSD（IV1-1）などの精神疾患にいたっている可能性もありま

第3章　子どもをとりまく様々な問題——法律の垣根を越えて

す。

　本件の場合，相談者は原因と思われる人物についての告訴などを検討しているということですが，方法としては警察への被害届提出及び刑事手続上の告訴が考えられます。被害届は，警察に対し犯罪の被害があったことを報告するものであり，処罰を求める意思表示を含まないものです。これに対し刑事手続上の告訴は，例えば強制わいせつ罪等の親告罪（刑176条・180条1項）の要件となるものであり，処罰を求める意思表示を含み，警察に対して書面又は口頭で行った場合，関係書類が検察官に送付されることとなります（刑訴242条）。被害者の法定代理人は独立して告訴をすることができると定められており（刑訴231条1項），未成年者の親権者も独立して告訴ができます。もっとも，本件では，相談者がAさんではなく母親であることから，可能な限りAさん本人から事情を聴取し，その意向を確認する必要があります（保護者の要請が行き過ぎたものになってしまうおそれがあることは，【Q＆A08】を参照してください）。

　まずは，不登校及びリストカットという，深刻な問題を抱えているAさん本人に対する丁寧な事情聴取の上，本人の精神的負担を和らげることを優先すべきと思われます。リストカットに関する詳細については，【コラム12】を併せて参照してください。

column12──**自傷する子どもの支援のために**

　自傷とは，自殺以外の意図から自分の身体を軽く傷つける行為を指します。代表的なものはリストカットですが，何も傷つける場所は手首だけとは限りません。上腕や太腿，なかにはお腹を傷つける人もいます。それから，傷つける方法も，「皮膚を切る」以外に，「壁に頭をぶつける」，「硬い家具に身体の一部を強くぶつける」，「尖ったもので皮膚を突き刺す」，「血がにじむほど皮膚に爪を立てて腕をつかむ」，「火のついた煙草を押しつける」といったものがあります。

　意外に思われるかもしれませんが，自傷はありふれた現象です。私の調査では，10代の若者の１割がリストカットなどの「皮膚を切る」タイプの自傷をした経験があり，そのうちの約６割は10回以上繰り返していることがわかっています。ただ，親や学校の先生によって気づかれる人は，実際の経験者のうちの約30分の１だけ，つまり，ほんの氷山の一角にすぎないわけです。

　自傷を繰り返す人は多くの誤解にさらされています。曰く，「甘えている」，「弱い」，「人の気をひこうとしている」，「かまってちゃんだ」。しかし，事実はそうではありません。自傷の多くは，怒りや不安，絶望感，なかには「生きているのか死んでいるのか実感のない感じ」といったつらい感情をやわらげるために行われます。そして，自傷を繰り返す人の96パーセントは，１人きりの状況で自傷に及び，そのことを誰にも告げないということもわかっています。要するに，自傷とは，周囲の関心をひくためではなく，困難な状況を，独力で生き延びるための対処行動と考えるべきなのです。

　実際，自傷を繰り返す人の多くは，「人に頼ったところで人は必ず私を裏切る，でもリストカットは絶対に私を裏切らない」と信じています。「人に頼らない」という点ではむしろ「強い」といえるかもしれませんが，その強さは「しなやかさ」を欠いていて，ある限界点を超えると，突然，ポキリッと折れかねない危うさがあります。

　自傷する子どもの支援者にお願いが３つあります。

　１つ目は，自傷を甘く見ないでほしいということです。「リストカットなんかじゃ死なない」とはいえるかもしれませんが，「リストカットする人は死なない」とはいえません。実際，将来における自殺リスクは極めて高いことがわかっています。これはある意味で当然です。というのも，自傷したからといっ

てつらい現実は何も変わりませんし，繰り返すたびに自傷がもつ「心の鎮痛効果」が弱くなっていきます。やがて，以前は自傷なしでも耐えられたストレスにも自傷が必要となり，早晩，「切ってもつらいし，切らなきゃなおつらい」という状態に陥ります。そのときに自殺の危機が高まるのです。

　2つ目は，自傷を頭ごなしに叱責，禁止しないでほしいということです。決して自傷を容認しろというつもりはありません。ただ，急には手放せないことは理解してください。

　さしあたっての目標は，自傷におよぶ前にどのようなつらい出来事や感情を体験していたのかを言葉で話せるようになることです。ただ，最初のうちはそれさえも難しいはずです。なぜなら自傷する子どもが切っているのは皮膚だけではないからです。彼らが皮膚を切る瞬間，同時に，意識のなかでつらい出来事や感情の記憶も切り離され，「なかったこと」にされてしまっているのです。

　子どもの「切る／切らない」に一喜一憂しないでください。理解ある支援者との出会いと継続的なかかわりのなかで，「人生において最も悲惨なことはひどい目に遭うことではなく，1人で苦しむことだ」と実感する経験を重ねていけば，そこから新しい生き方や苦痛への対処法が拓けてきます。もしも支援に迷ったときには，「最大の自傷はリストカットではなく，つらいときに人に助けを求めないことだ」と自分に言い聞かせてみてください。

　そして最後の3つ目は，自傷する子どもの支援者は，ぜひとも「人に助けを求めるのが得意」であってほしいということです。自傷する子どもには援助希求能力が低いという特徴がありますが，一方，彼らを支援する大人は高い援助希求能力を備えている必要があります。

　孤立した援助者に支援されるのは，子どもにとって，「いつ落ちてもおかしくない吊り橋を渡らされる」のと同じくらい不幸なことです。というのも，自傷する子どもの支援はしばしば長い時間を要し，紆余曲折と七転び八起きの連続です。それを1人で抱え込めば，早晩，支援者は疲弊し，やがては子どもから離れてしまうからです。そうならないためにも，支援者は，専門家や志を同じくする人たちとチームを作り，子どもにとっての「頑丈な橋」を築くことを目指してほしいと思います。

◆松本　俊彦(国立精神・神経医療研究センター精神保健研究所，医師)◆

Q&A 06　不登校とひきこもり

◎　中学3年生の男子の母親からの相談

　息子は小学生の頃から野球が好きで，地域でも強豪として知られる中学校の野球部に入部して日々野球に打ち込み，3年生になってからは副キャプテンを務めていました。ところが，ある大事な試合の途中，息子が体調不良で倒れてしまい，チームも試合に負けてしまいました。
　野球部のコーチは「だらしがない」などと言って，息子を副キャプテンから外し，それ以降試合に出してくれなくなり，チームメイトも息子によそよそしく接するようになりました。そういうことがあってから，息子は学校に行かなくなり，ここ数か月は自分の部屋からほとんど出ることさえありません。
　コーチや学校が許せません。責任追及できないでしょうか。

◎　弁護士の回答

　コーチや学校のことが許せない気持ちはよく分かりますが，今は彼らへの責任追及よりも，息子さんの状態に家族として向き合うことの方が重要ではないでしょうか。息子さんを元気にするにはどうしたらよいか，一緒に考えましょう。

この場面のポイント

- □　不登校
- □　「ひきこもり」

解説

　特定の教師や生徒の言動が子どもの不登校やひきこもりの原因と疑われる場合，保護者が，その教師や生徒を許せないと思い，その責任を追及したいと願うのはある意味で当然です。しかし，保護者からそのような相談

第3章　子どもをとりまく様々な問題——法律の垣根を越えて

を受けた弁護士としては，何よりもまず，子ども本人が何を望んでいるか，何が子ども本人の利益となるのかを考えなければなりません。

　不登校やひきこもりの場合，弁護士が子ども本人と接触できない場合も多いと思われますので，子ども本人の意思を正確に把握することがそもそも難しいという問題があります。また，子ども本人から事実関係を確認できないために，弁護士としては，保護者からの伝聞による不確かな情報に基づいて活動せざるを得ず，有効な証拠収集が極めて困難となるというデメリットも無視できません。さらに，不登校やひきこもりにいたった事実関係に関する調査や，子どもが復帰するための環境づくりなどは，教師や学校と協力して対応する方が効果的ですが，教師や学校と敵対的な関係となってしまうと，このような協力を得ることが事実上難しくなることも考えられます。

　この事例の弁護士の助言は，これらを考慮してなされたものであれば，適切と評価できるものです。

　しかし，特にひきこもりの場合，具体的にどのように対処するかは，簡単な問題ではありません。この問題を考えるに際して，ひきこもりとは何かについて若干触れておいた方がよいでしょう。

　ひきこもりは，「様々な要因の結果として社会的参加（義務教育を含む就学，非常勤職を含む就労，家庭外での交遊など）を回避し，原則的には6ヵ月以上にわたって概ね家庭にとどまり続けている状態（他者と交わらない形での外出をしていてもよい）を指す現象概念である。」と定義されています（厚生労働科学研究費補助金こころの健康科学研究事業「思春期のひきこもりをもたらす精神科疾患の実態把握と精神医学的治療・援助システムの構築に関する研究」による「ひきこもりの評価・支援に関するガイドライン」2-1）。ひきこもりは思春期の子どもに限らず，広い世代でみられる現象ではありますが，思春期特有の心性との関連性が指摘されています。思春期を通じて高まっている同性仲間集団からの脱落のおそれが，子どもを集団への過剰適応に向かわせます。しかし，そこで何らかの失敗に直面した場合，子どもは強い挫折感と恥の感覚を経験し，そういった感覚が，失敗の現場である仲間関係や学校生活を回避する強い原動力となることが指摘されています。また，ひきこもりには多彩な精神障がいが関与している可能性があることもまた指摘されています。このように，ひきこもりの問題には精神医学的な問題が関わ

っており,医師やカウンセラーなどの専門家と連携して対応するべき問題なのです。

専門家等の支援を受けるための方法の1つとして考えられるのが,厚生労働省のひきこもり対策推進事業の一環として全国の都道府県及び指定都市に設置されている「ひきこもり地域支援センター」を利用することです。同センターには,社会福祉士,精神保健福祉士,臨床心理士等のひきこもり支援コーディネーターが設置され,地域における関係機関とのネットワークの構築や,ひきこもり対策にとって必要な情報を広く提供するといった役割を担っているため,同センターと連携することで,子どものひきこもりに関する有益な情報を得て,対策を考える一助となるかもしれません。

医師の視点から

ひきこもりは心理社会的な現象で,精神医学的に定義された術語ではありません。現象としては思春期以降のある時期に,比較的軽微に見えるエピソードをきっかけに自宅ないし自室に閉居し,対人接触を極端に回避するという共通項でくくられますが,そこには様々な精神医学的な状態が混在している可能性があります。

例えば,何割かの割合で,適応に困難をきたした発達障がいの人が含まれているとされています。こうした人々は,必ずしも幼児期・学童期に発達障がいと診断されていない(すなわち,その段階までは環境に適応できていた)のが特徴です。発達障がい問題が状況依存的であるということがここでも現れていることになります。

同様に何割かは精神医学的にも抑うつと診断できるような人々がいます。古典的なうつの病像をとることもありますが,多くは適応困難から抑うつになったと考えられる人々で,上の発達障がい群とも一部重なります。

また,例数としては多くはないですが,とはいえ見逃すことができないのが統合失調症を発症した人々がいることです。典型的な統合失調症は幻覚・妄想を呈し,言動が日常の枠を大きく外れるため見逃されることはありませんが,なかには症状が目立ちにくく,深

く静かに潜行するケースがあり，周囲に対してはとても猜疑的であるため，現象としてはひきこもりになります。

この対極に，挫折感が強く，社会的な対人場面に強い不安をいだくようになってしまいはしたけれど，精神医学的には正常範囲内という人々もいます。もちろん不安症やうつとの境界線は必ずしも明瞭ではありません。

ひきこもり状態が長期化すると，社会的な自立のルートからはひとまず外れてしまうこと，先が見えないことから生じる依存性や攻撃性が家族に向きやすくなり，家族の負担が非常に大きくなりがちです。ひきこもりに関する相談は，そうした家族からの場合が多いでしょうから，ひとまずは家族の心情への労いや支援が必要です。家族会などへの参加は，こうした点からも有効で，本人の精神医学的な問題が小さい場合には，家族の気持ちが据わって時期を待てるようになることがひきこもりから脱するきっかけになることもあります。

◆田中　哲(医師)◆

臨床心理士の視点から

ここでは，不登校を発端としたひきこもりの事例が紹介されています。不登校は，文部科学省の定義では「何らかの心理的，情緒的，身体的あるいは社会的要因・背景により，登校しないあるいはしたくともできない状況にあるため年間30日以上欠席した者のうち，病気や経済的な理由による者を除いたもの」となっております。近年，義務教育年限の不登校から一定の比率で青年期以降のひきこもりが出現しているとの研究調査もあり，不登校はひきこもりの発端となり得るものです。

不登校・ひきこもりの原因としては様々なものがあり，子どもの年齢によっても傾向は異なります。中学生の場合，学校での友人関

係や成績の問題がありますが，それ以外にも原因が複合的に絡んでいることも多くなります。原因を探るためには，まずは本人と話してみることが大事です。

　ひきこもりの子どもと会って話をすることは，困難ではありますが不可能ではありません。例えば，経験上，学校とは関係のない世間話のハガキを何通か送った上で，家庭を訪問してみると，意外に会えることがあります。そうはいっても，実際には細やかな注意が必要であり，やはり，経験のある臨床心理士など専門家の支援を得ることが有益な場合が多いと思われます。

　専門家の支援を受けるためには，本文でも紹介されている「ひきこもり地域支援センター」が非常に有効なツールとなりますので，まずは相談してみることをお勧めします（地方公共団体によっては「若者総合支援センター」，「若者総合活動センター」などの名称で運営されている場合もあります）。

◆阿部　愛子(臨床心理士)◆

第3章　子どもをとりまく様々な問題——法律の垣根を越えて

Q&A 07　性同一性障がいとセクハラ

◎　**中学3年生の男子からの相談**

　最近，学校に行くのが嫌になります。話し方が女の子っぽいというので，先生からよく「もっと男らしくしろ」と言われるのがとても嫌ですし，体育の授業も着替えのときに男子に裸を見られるから嫌いです。それから，私はお化粧をしたりスカートをはいたりしたいと思うことがあるけれど，そんなことを学校の友達に相談したら馬鹿にされそうで，友達にも心が開けません。どうしたらいいでしょうか。

◎　**弁護士の回答**

　みんなそれぞれ個性があるのは当たり前だよ。自分が自分のことを嫌いでなければ，先生や友達に何を言われようと気にする必要はないよ。

この場面のポイント

- □　性同一性障がいの可能性
- □　スクール・セクシャル・ハラスメント

解説

　子どもからの悩みごと相談では，法律問題が相談されるとは限りません。そのため，場合によっては，法律的な助言を行うのではなく，弁護士が受容的に話を聞いて相談者を励ますことにとどめる方が適切なこともあります。この事例の弁護士の回答は，そのような観点からの助言といえるでしょう。一方で，他の視点からも検討できることはないでしょうか。

1　性同一性障がい

　この事例では，相談者は，なぜ先生からの「男らしくしろ」という注意

[Q&A07] 性同一性障がいとセクハラ

や，体育の授業を嫌がっているのでしょうか。様々な原因が考えられますが，性同一性障がいの可能性も念頭に置く必要があります。

性同一性障がい者とは，「生物的には性別が明らかであるにもかかわらず，心理的にはそれとは別の性別（略）であるとの持続的な確信を持ち，かつ，自己を身体的及び社会的に他の性別に適合させようとする意思を有する者であって，そのことについてその診断を的確に行うために必要な知識及び経験を有する二人以上の医師の一般に認められている医学的知見に基づき行う診断が一致しているもの」と定義されています（性同一性障害者の性別の取扱いの特例に関する法律2条）。この事例でいえば，相談者は生物的には男子ですが，心理的には女子であるという意識をもっているために，「男らしくしろ」という注意を嫌がったり，体育の授業の着替えの際に他の男子から裸を見られることを特に嫌がったりしているのかもしれません。

子どもの場合，性別に関する違和感には強弱があり，成長に従い減ずることも含め，変容があり得ることから，特に15歳未満の子どもについては敢えて診断を行うべきではないとされており（文部科学省「性同一性障害や性的指向・性自認に係る，児童生徒に対するきめ細かな対応等の実施について（教職員向け）」7頁），性同一性障がいか否かを確定すること自体に意味があるわけではありません。しかし，子どもの性別に関する悩みは微妙で難しい問題であり，適切な相談機関や医療機関とも連携して，相談者の悩みや不安を軽減する方法を考えていくことが有益であると思われます。すぐに診断が下されないのであれば敢えて専門機関に相談する意味は乏しいと考えられるかもしれませんが，適切な専門機関とのつながりができれば，その後の子どもの成長に応じた悩みの変化にも専門機関が適時に対応しやすくなるという大きなメリットがあります。そのため，丁寧なヒアリングを通して相談者の性別に関する違和感を把握した場合は，弁護士として（相談者の理解を得る必要はありますが）相談者の保護者とも相談し，適切な相談機関や医療機関への相談を勧めるなどの対応が必要となるものと思われます。

性同一性障がいの子どもは，他の思春期の子どもと比べても，さらに悩みや不安を抱えていることが多く，さらに，いじめの対象にもなりやすいといえ，学校においても特にきめ細かな対応が必要になります。文部科学省も平成27年4月30日に「性同一性障害に係る児童生徒に対するきめ細か

第3章 子どもをとりまく様々な問題——法律の垣根を越えて

な対応の実施等について」(27文科初児生第3号)と題する通知を発し，性同一性障がいの児童生徒への学校における支援体制や医療機関との連携などの対応を都道府県・指定都市教育委員会等に求めています(詳しくは，文部科学省のウェブサイト参照)。また，同省は，平成28年4月1日に上記の「性同一性障害や性的指向・性自認に係る，児童生徒に対するきめ細かな対応等の実施について(教職員向け)」と題するQ&A形式での周知資料を作成し，教職員の理解に資するよう努めています(詳しくは，文部科学省のウェブサイト参照)。弁護士としては，相談者に性同一性障がいがあると疑われる場合には，このような通知や資料を根拠にして，性同一性障がいに配慮した対応を学校に対して求めることが考えられるでしょう。

2 セクシャル・ハラスメント

また，先生の「もっと男らしくしろ」という発言や指導内容自体にも何か問題はないでしょうか。この発言については，セクシャル・ハラスメント(セクハラ)の可能性について考える必要があると思われます。

学校におけるセクハラ(スクール・セクシャル・ハラスメント)というと，教師による児童生徒に対するわいせつ行為をまずイメージされると思いますし，実際にそのような行為を指して使用されることが多いと思われます。セクハラの意味内容はそもそも時代や社会により人々の性モラルや規範意識に左右されるものであって必ずしも明確ではありませんが，例えば，人事院規則においては「性別により差別しようとする意識等に基づく」「性的な内容の発言関係」はセクハラになり得る言動であると考えられています(人事院規則10-10第6条に基づく指針である「セクシャル・ハラスメントをなくすために職員が認識すべき事項についての指針」第1の3一)。また，都道府県の教育委員会の中には，性別によって行動や役割分担を一方的に決めつけることがセクハラに該当すると考えているものもあります(例えば，熊本県教育委員会の平成19年3月の「スクール・セクシュアル・ハラスメント防止のためのガイドライン」1(1)など)。この事例における先生の「男らしくしろ」という発言は，性別によりあるべき行動を決めつけている発言であり，ここまで述べた考え方に基づけば，セクハラに該当する可能性があります。

前述のとおり，セクハラの意味内容は明確ではなく，この事例の先生の発言が直ちにセクハラや不法行為に該当するとは断言できず，この発言1つをとって先生や学校に対して責任追及を行うことは現実的には考えられ

ません。しかし,仮に相談者の状況について配慮ある対応を学校に求めて交渉することとなった場合には,先生の発言がセクハラに該当し得ると意識しておくことは決して無駄にはならないといえるでしょう。

臨床心理士の視点から(性同一性障がいについて)

　性同一性障がいについては,本人は違和感を抱えているとしても,医療機関の受診が必要とは通常考えておらず,専門家による適切な支援を求めるまでにいたらないという問題があります。

　しかし,本人は何らかの違和感を抱えており,相談に対応した大人がそのような違和感に気づいた場合,ひとまず,本人にスクールカウンセラーへの相談を勧めることが考えられます。スクールカウンセラーは全国の中学校に配置され,自治体によっては小学校や高等学校にも派遣されています。スクールカウンセラーは臨床心理士などの専門家が務めていることが多く,相談を通じて本人の心に寄り添い,信頼を得て関係を構築して行きます。それにより,専門家の支援につなげる可能性が格段に高まります。

　また,市区町村の教育相談室や,子育て支援センター・子ども家庭支援センターにも,臨床心理士などの専門家が配置されていることが通常です。そのため,何らかの理由でスクールカウンセラーに頼ることができない場合には,このような機関に相談してみてもよいでしょう。

　不安や違和感があれば,気軽に身近な相談機関に相談をしてみてください。都道府県に1か所以上ある精神保健福祉センターや児童相談所も相談を受け付けています。また,関連学会のウェブサイト(http://www.okayama-u.ac.jp/user/jsgid/)上でも,専門的な医療機関についての情報を提供していますので,それも参考になさってください(http://www.okayama-u.ac.jp/user/jsgid/shisetsu%20list.pdf)。

◆阿部　愛子(臨床心理士)◆

第3章 子どもをとりまく様々な問題——法律の垣根を越えて

Q&A 08　保護者から行き過ぎた依頼等を受けた場合の対応

◎ 高校2年生の女子の母親からの相談

　私と夫は2人とも有名大学の出身です。娘はこれまで比較的成績が良かったのですが，高校2年生の1学期半ば頃から次第に成績が下がってきました。私は，試験の度に娘を叱咤激励していましたが，この前の試験も出来が悪かったため娘を叱ったところ，娘から，実は仲が良かった同じクラスの4，5人の女子生徒のグループから無視されるようになり，そのことで悩んでいて勉強に集中できない，と打ち明けられました。

　私は，早速学校に連絡し，私の娘がいじめを受けていることを伝え，娘をいじめている女子生徒たちを厳しく指導して娘への「いじめ」を早く止めさせてほしいと学校に強く要請しました。ところが，その後学校は，調査を行ったが，「いじめ」の事実は確認できなかったと言ってきました。

　私は夫とともに，学校に乗り込み，娘が嘘を言っていると言うのか等とまだ若い担任の先生を怒鳴りつけ，校長に対し，学校側の謝罪を求めるとともにすぐに担任を替えてもっと有能な先生を担任にして欲しい等要請しましたが，学校側は私たちの要請に応じてくれません。

　納得がいかないので，学校に対しては，上記内容を改めて強く要請するために，また娘をいじめている女子生徒たちの親には注意・警告のために，弁護士の先生からそれぞれ注意・警告の内容証明郵便を送って頂きたいと考えています。

◎ 弁護士の回答

　娘さんの通う学校や，同じクラスの女子生徒たちの親に内容証明郵便を送るなどした場合，学校やクラスメイトたちとの関係が気まずくなり，結果として娘さんが学校に行きにくくなるという事態も考えられるため，このような対応をとるかどうかについては慎重な検討を要すると思います。

　まずは，娘さんとお会いして，本件についてどうしたいのかという意向を伺うとともに，本件の事実関係等についても娘さんからよくお聞きしたいと思います。また，学校に調査結果を問い合わせることも考えられます。

[Q&A08] 保護者から行き過ぎた依頼等を受けた場合の対応

―― この場面のポイント ――

□ 保護者から行き過ぎではないかと思われる依頼・要請等を受けた場合の留意点等

解説

1 行き過ぎと思われる依頼

子どもの親からの依頼，要請等の中には，時として，行き過ぎではないかと思われるものが見受けられます。例えば，本事例のように，子どもが学校に通っている状況の下で，学校やクラスメイトの親等にいきなり，代理人弁護士から，一方的な主張内容を記載した内容証明郵便を送りたいという依頼等もその1つです。

親がこのような行き過ぎと思われる手段をとろうとする原因としては，親自身の性格や子どもを思うが故の感情（怒り，興奮等）の高ぶり等が考えられますが，他方で，このような親の言動は，子どもと，学校やクラスメイトたちとの関係を悪化させる可能性が高く，結果として，子どもが孤立し，かえって学校に通いにくくなることも考えられます。

また，学校側からは，所謂「モンスター・ペアレント」（学校に対して，言い掛かりといえるような理不尽な要求，苦情，文句，非難などを繰り返す保護者を意味する和製英語）として受け止められ，学校の態度が萎縮あるいは硬化し，そのために，学校と親とのコミュニケーションがよりとりにくくなるという悪循環に陥ることもあり得ます。

弁護士が，親からこのような行き過ぎと思われる依頼，要請等を受けた場合，親の意向のままに実行すると，上記のように，子どもにかえって不利益を与えることもあり得るため，子どもが学校に通い続けることを希望しているのであれば，いきなり内容証明郵便を送り付けるというような方法はできる限り避け，他にとり得る方法（例えば，学校に面談を申し入れ子どもが安心して学校に通えるための支障となる点を取り除くべく，学校と交渉を行う等）はないかを検討する必要があると思われます。

2 事実確認の重要性

また，親が主張する被害（例えば，いじめ等）の一部又は全部が，子ども

第3章　子どもをとりまく様々な問題——法律の垣根を越えて

の話を鵜呑みにしたこと等による誤解等によるものであって、実際は存在していないという場合もあり得ます。

　例えば、本事例において、子どもが、親からの期待に応えられず、自分の実力がないために成績が下がったのに、正直に親にその事実を伝えることができず、他者のせいにしてしまっているという可能性も考えられます。

　そこで、親の話をそのまま鵜呑みにするのではなく、子ども本人から事実関係を十分聴き取る必要があると考えます（なお、子どもから率直な話を聞くためには、その前提として、子どもとの間で信頼関係を構築する必要があります）。また必要に応じ学校からも情報提供を求め、客観的事実を確認した上で、対応策を検討する必要があると思われます。

　なお、学校が行った調査に関する情報提供に関し、いじめ防止対策推進法は、重大事態にあたるいじめの場合、学校側の情報提供義務を明示しています（同法28条2項）。また重大事態以外のいじめに関しても、同法23条3項の定める「いじめを受けた児童等又はその保護者に対する支援」の内容として（第二東京弁護士会 子どもの権利に関する委員会編『どう使うどう活かす いじめ防止対策推進法』81〜82頁）、あるいは、同条5項の定める「いじめの事案に係る情報をこれらの保護者と共有するための措置」等として、学校が行った調査に関する情報提供を求めることが可能と考えられます。

臨床心理士の視点から

　親から学校に対する、時として、行き過ぎのように思われる言動は、子どもを心配してのことであるので、親が激しいことを言ってきても、ご心配なんですね、等と共感し、否定せず、まずは親の話をできるだけ聴くことが大切と考えます。

　他方、親の行き過ぎと思われる言動が、子どもを傷つけ、親子関係を壊し、最悪の場合、子どもを不登校等に追いやる可能性もあることに留意すべきです。

　また、子どもは、必ずしも親に、本当のことを話しているとは限

[Q&A08]　保護者から行き過ぎた依頼等を受けた場合の対応

りません。以前，私が経験したケースでは，小学5年生の子どもがいじめを受けているとの親からの訴えがあり，学校でヒアリング調査等を行いましたが，いじめの事実は確認できませんでした。
　その後，学校が，児童たちに，いじめに関するアンケートを実施したところ，その子は，いじめについては何も書かず，その他相談したいことという項目に「お母さんとのこと」と記載していました。その記載からは，その子が抱えている本当の悩みは親子関係であることが窺えました。

◆阿部　愛子(臨床心理士)◆

第3章　子どもをとりまく様々な問題——法律の垣根を越えて

Q&A 09　子どもによる自転車事故

◎　**中学2年生の男子の母親からの相談**

息子が自転車で歩道を走っていたところ，路上で歩行者に接触し，怪我を負わせてしまいました。被害者から治療費その他の損害賠償を請求されているのですが，どうしたらいいでしょうか。

◎　**弁護士の回答**

自転車で人に怪我をさせた場合，自転車側が前方をよく見ていなかった等の過失があれば，損害賠償責任を負うことになります。保護者にも監督責任が問われた事案や，示談等を保護者が行ったことにより債務引受けをしたとして，保護者自身の損害賠償責任が問われた事案もあります。

自転車での損害賠償責任については，保険等が適用になる場合もありますので，保険について検討してみるのもいいと思います。

この場面のポイント

☐　損害賠償
☐　保険

解説

自転車関連の事故が近年増加しており，平成23年の統計では，自転車対歩行者の交通事故件数は10年前の約1.5倍に増加していることが判明しています。これに伴い，平成25年6月14日に公布された道路交通法の改正で自転車に対する取締りが強化され，平成27年6月1日から施行されています。

自転車で事故を起こした場合，自転車の側に故意・過失があれば，被害

[Q&A09] 子どもによる自転車事故

者に対して不法行為により損害賠償責任を負うことになりますが、自転車と歩行者の事故は思わぬ大きな事故となる場合があります[*1]。

また、子どもが事故を起こした場合、場合によっては保護者が監督責任を問われる可能性があることは、【事例02】のとおりです[*2]。

子どもに対し、自転車の走行時に周囲の状況に十分注意するよう普段から指導することは、子ども自身の怪我を防ぐとともに、子ども自身が加害者とならないようにするためにも重要なことです。

不幸にして、万が一、人に怪我をさせてしまった場合、場合によっては非常に多額の損害賠償責任を負うことがあります。このような場合、損害賠償責任保険に加入していれば、かかる損害賠償の金額を保険によってカバーすることが可能です。このような損害賠償責任は、例えば、マンションの管理組合で住民全員の個人賠償責任保険に加入している場合、自動車保険・火災保険などで個人の賠償責任に関する特約を付している場合、また、一般社団法人全国高等学校PTA連合会による全国高P連賠償責任補償制度に子どもの学校のPTAが加入している場合などは、これらの制度でカバーされます。多額の損害賠償責任に備えてこれらの制度を検討しておくことも有効ですが、事故発生の際も、これらの制度の適用がないか、検討してみることもいいと思います。

本件における弁護士の回答は、前記のような観点からの回答になっています。

(注)
[*1] 名古屋地判平14・9・27交民35巻5号1290頁では、中学2年生が走行させている自転車が歩行者と衝突した事案で、保護者の責任は認められなかったものの、自転車を走行させていた中学生に3120万円余の損害賠償責任を認めています。
[*2] 16歳の未成年が片手に傘をさして自転車を走行させ、歩行者に衝突した事案で、保護者が被害者との示談書に署名し、その一部の金額を支払ったことにより、保護者が子の不法行為に基づく損害賠償債務を引き受けた旨の判示をしている裁判例もあります(東京地判平18・9・6交民39巻5号1269頁)。

第3章 子どもをとりまく様々な問題——法律の垣根を越えて

> ### *column13*——外国に関係する子どもをめぐる法的問題
>
> 　外国に関係を有する子どもには，その子自身が外国籍である場合のほか，親が外国籍である場合や，いずれも日本国籍であっても外国で育った場合等，様々なケースがあります。国際化が進み，海外で暮らす日本人や在日外国人が増えたことにより，外国に関係する子どもをめぐる法的問題も多様化し複雑になっていますが，ここでは代表的な問題を2つ紹介します。
>
> #### 1　日本国籍の取得——2008年の国籍法改正
>
> 　日本国籍を取得する場合として，国籍法には，①出生による場合（出生時に母が日本国籍である等）のほか，②日本国籍の父による認知，③帰化等の場合が定められています。しかし，②については，婚姻関係にない父母の間に生まれた子である場合，出生後に認知を受けても，父母が法律上の婚姻をしない限り，日本国籍を取得できないという制約がありました。
>
> 　これについて，婚姻関係のない日本国籍の父とフィリピン国籍の母を有する子等が訴えを起こし，最高裁判所は，前記のケースにのみ父母の婚姻という，子にはどうすることもできない行為を要求するのは不合理な差別であるとして違憲の判断を下しました（最判平20・6・4裁判集民228号101頁）。この判断により，国会で国籍法が改正され，父母が婚姻しなくても出生後の認知があれば子は日本国籍を取得できるようになりました（なお，いわゆる「偽装認知問題」の対策として，虚偽の国籍取得届出をした者に対する罰則が同時に追加されました）。
>
> 　このようにして2008年に改正された国籍法の条文は1984年に制定されたものですが，最高裁が違憲とした理由は，この20年ほどで家族生活や親子関係に関する意識・実態が変化・多様化し，また，一方の親が外国人である子が増加しており，そのような家族では特に婚姻や親子関係の在り方についての認識が複雑・多様であることが多く，そのような子どもと日本との結びつきの強弱を両親の婚姻の有無によって測ることはできない，というものでした。
>
> #### 2　外国に関係する子どもの教育問題
>
> 　外国に関係する子どもが日本においてどのような教育を受けるかは，特に日本語を話せない場合，大きな問題となります。日本の公立・私立等の学校のほ

[column13] 外国に関係する子どもをめぐる法的問題

か，アメリカンスクールや朝鮮学校，中華学校，ブラジル人学校等といった外国人学校に通う子どももいます。

日本の裁判例上，外国人は，憲法の定める教育を受ける権利や，教育を受けさせる義務の対象外とされてきました。もっとも，日本も批准している経済的，社会的及び文化的権利に関する国際規約13条等ですべての者についての初等教育の義務化が定められていることから，外国籍の子どもが公立小・中学校に行くことを希望した場合には日本国民と同様に無償で受け入れられ，さらに日本語指導を受けることができます。

外国人学校は，学校教育法上，通常の小・中学校等とは異なり「各種学校」（自動車教習所，予備校等と同様）として扱われています。各種学校は，通常の小・中学校等と違って国等からの助成金が受けられず，税制上も不利な扱いがなされているため，慢性的な資金難に悩む外国人学校も多いといわれています。通常，外国人学校では生徒から月に数万円ほどの授業料を徴収しているようですが，それでも校舎がプレハブであったり，狭くて校庭もない，教師が足りず学年ごとにクラスが分かれていない等，環境が劣悪である学校も存在します。また，親の失業により授業料が払えなくなった等の事情により，外国人学校に通えなくなる子どももいます。そのような子どもは日本語があまりできないことが多いため，地域のコミュニティーにもなじめず，孤立化する等の問題もあります。この問題については，文部科学省が，外国人が多い地域等において，地方自治体やNPOを通じて，学校側との調整，日本語・教科支援等といった就学支援を行っています。

このように，外国人学校には様々な問題がありますが，それでもそこに通いたい事情がある子どももいます。例えば，出稼労働者である両親が，日本に長期滞在するつもりがないため，子どもには母国語で教育を受けてほしい等といったケースです。なお，外国人の就学義務を否定した裁判例（大阪地判平20・9・26判時2027号42頁）でも，教育はその性質上，その国の民族固有の内容を含むものであるため，国籍や民族の違いを無視して，外国人に日本の教育を強制することはできないと判示しています。外国に関係する子どもの教育については，子どもの教育権の保障（つまり，良質な教育機会の提供）だけでなく，それぞれの子どもが抱える事情への配慮も必要ですが，これらは対立することがあります。当事者である子どもやその親の判断に委ねざるを得ない部分もあるものの，いかにそれらのバランスをとるかが肝要となります。

column14──多様な背景に対する配慮を

「外国につながる子どもたち」という言葉をご存じでしょうか。

現在，日本には多くの外国籍の人々が暮らしています。1990年頃から急増した国内の外国籍人口は，2016年6月末の段階で194か国から230万7388人となっています。こうした外国籍の人々の増加は，必然的に多様な背景をもつ子どもの増加を伴います。在日韓国・朝鮮人の子ども，インドシナ難民の子ども，中国帰国者の子ども，90年以降に急増した主に南米を中心とする日系人の子ども，国際結婚の子ども，日本生まれ日本育ちの外国籍の子どももいれば，日本国籍をもつものの外国育ちで日本語がほとんどできない子どももいます。彼らの中には，容貌や国籍など，明らかに外国を背景にしているということが分かる特徴をもっていない人々も見受けられます。こうした非常に多様な背景をもつ子どもたちを「外国につながる子どもたち」と呼ぶことがあります。

外国につながる子どもたちを取り巻く環境は様々であり，彼らの文化的背景を知らないと理解がしづらいケースも多々あります。

ある小学校で筆者が実際に出会った事例を紹介しましょう。低学年のAさんは，入学以来，学校の成績もそれほど悪くなく，目立って問題のある児童ではありませんでした。しかしながら，少しずつ遅刻が目立つようになり，学校に来ない日も多くなっていきました。教師がAさんに話を聞けば，家に帰ると，共働きの両親に代わって，掃除，洗濯，夕食の支度など，家事全般をAさんが任されているといいます。度々学校を休むのは，幼い兄弟の面倒をみるためであることも分かりました。学校側は児童虐待を疑いました。

日本社会の常識からは外れているように見えるAさんの家庭ですが，実は，Aさんの母親はブラジルで育っていました。ブラジルでは，小さな兄弟の面倒を年長の子どもがみること，子どもであっても，ある程度の家事を担当することは普通のことでした。また，ブラジルの地方部では，日本のように毎日，朝から夕方まで学校へ通うということが一般化されていない地域もあるため，Aさんの両親は，Aさんが小学校に遅刻したり，欠席したりすることに対してもそれほどの違和感や罪悪感をもってはいなかったのでした。

子どもに寄り添って支援をしていく際には，その子どもの置かれている環境や，その家庭を取り巻く文化的背景まで目を配るとより効果的です。複雑に見えた問題も，意外と単純な解決に繋がる場合や，逆に，何気ない日常の1コマ

[column14] 多様な背景に対する配慮を

であっても，当事者にとっては，より深刻な問題を抱えているケースもあり得ます。日本社会にも「外国につながる子どもたち」が一定程度存在することに留意しつつ，いったん，自分の育った常識や生活習慣から離れて状況を考える姿勢をもつと良いでしょう。

◆山本　直子(神奈川工科大学・清泉女子大学非常勤講師(社会学))◆

第3章　子どもをとりまく様々な問題——法律の垣根を越えて

column15——高校生の選挙運動

　平成25年5月26日より，インターネットを利用した選挙運動を認める公職選挙法の改正法が施行されています。この改正により，誰でも，ウェブサイト等を利用した選挙運動を行うことが認められるようになりました（公職選挙法142条の3第1項など）（ウェブサイト等を利用する方法による選挙運動においては，電子メールアドレス等投稿者に連絡するために必要な情報を表示することが義務づけられており，また，電子メールを利用した選挙運動は，候補者・政党等が行う場合以外は禁止されています）。

　公職選挙法は，選挙権を有する年齢にいたらない者の選挙運動を罰則（1年以下の禁固又は30万円以下の罰金）をもって禁止していますが（同法137条の2・239条1項1号），これは改正法でも同様です。選挙運動には，ブログ，掲示板，SNSなどでの特定の候補を応援する書込や，他人の選挙運動メッセージのシェアなども含まれますから，選挙運動が禁止される者がこれらの行為を行うと罰則の対象となります。ネットにおける選挙運動が解禁されたことにより，SNS上で気軽に選挙に関する書込ができるようになったため，本来選挙運動が禁じられている者が，他人の書込を見て気軽にこのような行為を行う可能性があり，この点は注意が必要でしょう。

　ところで，従来は，選挙権は成年に達した者が有することとされていましたが，平成27年6月19日公布の公職選挙法の改正により，選挙権年齢が満18歳に引き下げられ，同法は平成28年6月19日から施行されました。つまり，高校などでは，同級生の中に選挙権を有する者と有しない者が混在することになります。

　もともと文部科学省は「高等学校における政治的教養と政治的活動について」（昭和44年10月31日初等中等教育局長通知）を発出しており，同通知では，高等学校生徒の政治的活動が望ましくないとして，学校は，平素から政党の政治的活動が教育上望ましくないことを生徒に理解させ，政治的活動にはしることのないよう十分指導を行わなければならないとされていました。

　しかし，上記のような方針は，満18歳で選挙権を有する高校生に対して適切とはいい難いことから，かかる通知は廃止され，新たに「高等学校等における政治的教養の教育と高等学校等の生徒による政治的活動等について」（平成27年10月29日初等中等教育局長通知）が発出されています。

[column15] 高校生の選挙運動

　同通知では,「生徒の政治的活動が望ましくない」旨の記載がなくなっていますが,①学校には政治的中立性が求められること,②高等学校等が生徒を教育する公的な施設であること,③高等学校等の校長は,学校の設置目的を達成するために必要な事項について,必要かつ合理的な範囲内で生徒を規律する包括的権能を有することなどに鑑み,高等学校等の生徒による政治的活動等は,無制限に認められるものではなく,必要かつ合理的な範囲内で制約を受ける旨が記載されています。文部科学省は,さらに,上記通知に関し「『高等学校等における政治的教養の教育と高等学校等の生徒による政治的活動等について(通知)』に関するＱ＆Ａ(生徒指導関係)」を公開し,高校生等の政治的活動を規制できるのかなどの具体例を説明しています。

　また,生徒用に,総務省と文部科学省が共同して「私たちが拓く日本の未来」という副教材を作成し配布していますが,その中に〈参考編〉として「投票と選挙運動等についてのＱ＆Ａ」を収録し,高校生が直面する疑問に対する回答を記載しています。

　満18歳から選挙権を有することを考えれば,高校生は,自らの政治に対する考えをしっかり確立しておくことが望ましいといえ,そのような高校生の自主性は尊重していくべきだと思われます。

資　料

いじめ防止対策推進法

(平成25年6月28日法律第71号)

最終改正：平成28年5月20日法律第47号

第1章　総則（第1条―第10条）
第2章　いじめ防止基本方針等（第11条―第14条）
第3章　基本的施策（第15条―第21条）
第4章　いじめの防止等に関する措置（第22条―第27条）
第5章　重大事態への対処（第28条―第33条）
第6章　雑則（第34条・第35条）
附則

第1章　総則

(目的)
第1条　この法律は，いじめが，いじめを受けた児童等の教育を受ける権利を著しく侵害し，その心身の健全な成長及び人格の形成に重大な影響を与えるのみならず，その生命又は身体に重大な危険を生じさせるおそれがあるものであることに鑑み，児童等の尊厳を保持するため，いじめの防止等（いじめの防止，いじめの早期発見及びいじめへの対処をいう。以下同じ。）のための対策に関し，基本理念を定め，国及び地方公共団体等の責務を明らかにし，並びにいじめの防止等のための対策に関する基本的な方針の策定について定めるとともに，いじめの防止等のための対策の基本となる事項を定めることにより，いじめの防止等のための対策を総合的かつ効果的に推進することを目的とする。

(定義)
第2条　この法律において「いじめ」とは，児童等に対して，当該児童等が在籍する学校に在籍している等当該児童等と一定の人的関係にある他の児童等が行う心理的又は物理的な影響を与える行為（インターネットを通じて行われるものを含む。）であって，当該行為の対象となった児童等が心身の苦痛を感じているものをいう。
2　この法律において「学校」とは，学校教育法（昭和22年法律第26号）第1条に規定する小学校，中学校，義務教育学校，高等学校，中等教育学校及び特別支援学校（幼稚部を除く。）をいう。
3　この法律において「児童等」とは，学校に在籍する児童又は生徒をいう。
4　この法律において「保護者」とは，親権を行う者（親権を行う者のないときは，未成年後見人）をいう。

(基本理念)
第3条　いじめの防止等のための対策は，いじめが全ての児童等に関係する問題であることに鑑み，児童等が安心して学習その他の活動に取り組むことができるよう，学校の内外を問わずいじめが行われなくなるようにすることを旨として行われなければならない。
2　いじめの防止等のための対策は，全ての児童等がいじめを行わず，及び他の児童等に対して行われるいじめを認識しながらこれを放置することがないようにするため，いじめが児童等の心身に及ぼす影響その他のいじめの問題に関する児童等の理解を深めることを旨として行われなければならない。
3　いじめの防止等のための対策は，いじめを受けた児童等の生命及び心身を保護することが特

に重要であることを認識しつつ、国、地方公共団体、学校、地域住民、家庭その他の関係者の連携の下、いじめの問題を克服することを目指して行われなければならない。

(いじめの禁止)
第4条　児童等は、いじめを行ってはならない。
(国の責務)
第5条　国は、第3条の基本理念（以下「基本理念」という。）にのっとり、いじめの防止等のための対策を総合的に策定し、及び実施する責務を有する。
(地方公共団体の責務)
第6条　地方公共団体は、基本理念にのっとり、いじめの防止等のための対策について、国と協力しつつ、当該地域の状況に応じた施策を策定し、及び実施する責務を有する。
(学校の設置者の責務)
第7条　学校の設置者は、基本理念にのっとり、その設置する学校におけるいじめの防止等のために必要な措置を講ずる責務を有する。
(学校及び学校の教職員の責務)
第8条　学校及び学校の教職員は、基本理念にのっとり、当該学校に在籍する児童等の保護者、地域住民、児童相談所その他の関係者との連携を図りつつ、学校全体でいじめの防止及び早期発見に取り組むとともに、当該学校に在籍する児童等がいじめを受けていると思われるときは、適切かつ迅速にこれに対処する責務を有する。
(保護者の責務等)
第9条　保護者は、子の教育について第一義的責任を有するものであって、その保護する児童等がいじめを行うことのないよう、当該児童等に対し、規範意識を養うための指導その他の必要な指導を行うよう努めるものとする。
2　保護者は、その保護する児童等がいじめを受けた場合には、適切に当該児童等をいじめから保護するものとする。
3　保護者は、国、地方公共団体、学校の設置者及びその設置する学校が講ずるいじめの防止のための措置に協力するよう努めるものとする。
4　第1項の規定は、家庭教育の自主性が尊重されるべきことに変更を加えるものと解してはならず、また、前3項の規定は、いじめの防止等に関する学校の設置者及びその設置する学校の責任を軽減するものと解してはならない。
(財政上の措置等)
第10条　国及び地方公共団体は、いじめの防止等のための対策を推進するために必要な財政上の措置その他の必要な措置を講ずるよう努めるものとする。

第2章　いじめ防止基本方針等

(いじめ防止基本方針)
第11条　文部科学大臣は、関係行政機関の長と連携協力して、いじめの防止等のための対策を総合的かつ効果的に推進するための基本的な方針（以下「いじめ防止基本方針」という。）を定めるものとする。
2　いじめ防止基本方針においては、次に掲げる事項を定めるものとする。
一　いじめの防止等のための対策の基本的な方向に関する事項
二　いじめの防止等のための対策の内容に関する事項
三　その他いじめの防止等のための対策に関する重要事項
(地方いじめ防止基本方針)
第12条　地方公共団体は、いじめ防止基本方針を参酌し、その地域の実情に応じ、当該地方公共団体におけるいじめの防止等のための対策を総合的かつ効果的に推進するための基本的な方針（以下「地方いじめ防止基本方針」という。）を定めるよう努めるものとする。
(学校いじめ防止基本方針)
第13条　学校は、いじめ防止基本方針又は地方いじめ防止基本方針を参酌し、その学校の実情に応じ、当該学校におけるいじめの防止等のため

の対策に関する基本的な方針を定めるものとする。

(いじめ問題対策連絡協議会)
第14条　地方公共団体は，いじめの防止等に関係する機関及び団体の連携を図るため，条例の定めるところにより，学校，教育委員会，児童相談所，法務局又は地方法務局，都道府県警察その他の関係者により構成されるいじめ問題対策連絡協議会を置くことができる。

2　都道府県は，前項のいじめ問題対策連絡協議会を置いた場合には，当該いじめ問題対策連絡協議会におけるいじめの防止等に関係する機関及び団体の連携が当該都道府県の区域内の市町村が設置する学校におけるいじめの防止等に活用されるよう，当該いじめ問題対策連絡協議会と当該市町村の教育委員会との連携を図るために必要な措置を講ずるものとする。

3　前2項の規定を踏まえ，教育委員会といじめ問題対策連絡協議会との円滑な連携の下に，地方いじめ防止基本方針に基づく地域におけるいじめの防止等のための対策を実効的に行うようにするため必要があるときは，教育委員会に附属機関として必要な組織を置くことができるものとする。

第3章　基本的施策

(学校におけるいじめの防止)
第15条　学校の設置者及びその設置する学校は，児童等の豊かな情操と道徳心を培い，心の通う対人交流の能力の素地を養うことがいじめの防止に資することを踏まえ，全ての教育活動を通じた道徳教育及び体験活動等の充実を図らなければならない。

2　学校の設置者及びその設置する学校は，当該学校におけるいじめを防止するため，当該学校に在籍する児童等の保護者，地域住民その他の関係者との連携を図りつつ，いじめの防止に資する活動であって当該学校に在籍する児童等が自主的に行うものに対する支援，当該学校に在籍する児童等及びその保護者並びに当該学校の教職員に対するいじめを防止することの重要性に関する理解を深めるための啓発その他必要な措置を講ずるものとする。

(いじめの早期発見のための措置)
第16条　学校の設置者及びその設置する学校は，当該学校におけるいじめを早期に発見するため，当該学校に在籍する児童等に対する定期的な調査その他の必要な措置を講ずるものとする。

2　国及び地方公共団体は，いじめに関する通報及び相談を受け付けるための体制の整備に必要な施策を講ずるものとする。

3　学校の設置者及びその設置する学校は，当該学校に在籍する児童等及びその保護者並びに当該学校の教職員がいじめに係る相談を行うことができる体制（次項において「相談体制」という。）を整備するものとする。

4　学校の設置者及びその設置する学校は，相談体制を整備するに当たっては，家庭，地域社会等との連携の下，いじめを受けた児童等の教育を受ける権利その他の権利利益が擁護されるよう配慮するものとする。

(関係機関等との連携等)
第17条　国及び地方公共団体は，いじめを受けた児童等又はその保護者に対する支援，いじめを行った児童等に対する指導又はその保護者に対する助言その他のいじめの防止等のための対策が関係者の連携の下に適切に行われるよう，関係省庁相互間その他関係機関，学校，家庭，地域社会及び民間団体の間の連携の強化，民間団体の支援その他必要な体制の整備に努めるものとする。

(いじめの防止等のための対策に従事する人材の確保及び資質の向上)
第18条　国及び地方公共団体は，いじめを受けた児童等又はその保護者に対する支援，いじめを行った児童等に対する指導又はその保護者に対する助言その他のいじめの防止等のための対策

資　料

が専門的知識に基づき適切に行われるよう，教員の養成及び研修の充実を通じた教員の資質の向上，生徒指導に係る体制等の充実のための教諭，養護教諭その他の教員の配置，心理，福祉等に関する専門的知識を有する者であっていじめの防止を含む教育相談に応じるものの確保，いじめへの対処に関し助言を行うために学校の求めに応じて派遣される者の確保等必要な措置を講ずるものとする。

2　学校の設置者及びその設置する学校は，当該学校の教職員に対し，いじめの防止等のための対策に関する研修の実施その他のいじめの防止等のための対策に関する資質の向上に必要な措置を計画的に行わなければならない。

(インターネットを通じて行われるいじめに対する対策の推進)

第19条　学校の設置者及びその設置する学校は，当該学校に在籍する児童等及びその保護者が，発信された情報の高度の流通性，発信者の匿名性その他のインターネットを通じて送信される情報の特性を踏まえて，インターネットを通じて行われるいじめを防止し，及び効果的に対処することができるよう，これらの者に対し，必要な啓発活動を行うものとする。

2　国及び地方公共団体は，児童等がインターネットを通じて行われるいじめに巻き込まれていないかどうかを監視する関係機関又は関係団体の取組を支援するとともに，インターネットを通じて行われるいじめに関する事案に対処する体制の整備に努めるものとする。

3　インターネットを通じていじめが行われた場合において，当該いじめを受けた児童等又はその保護者は，当該いじめに係る情報の削除を求め，又は発信者情報(特定電気通信役務提供者の損害賠償責任の制限及び発信者情報の開示に関する法律(平成13年法律第137号)第4条第1項に規定する発信者情報をいう。)の開示を請求しようとするときは，必要に応じ，法務局又は地方法務局の協力を求めることができる。

(いじめの防止等のための対策の調査研究の推進等)

第20条　国及び地方公共団体は，いじめの防止及び早期発見のための方策等，いじめを受けた児童等又はその保護者に対する支援及びいじめを行った児童等に対する指導又はその保護者に対する助言の在り方，インターネットを通じて行われるいじめへの対応の在り方その他のいじめの防止等のために必要な事項やいじめの防止等のための対策の実施の状況についての調査研究及び検証を行うとともに，その成果を普及するものとする。

(啓発活動)

第21条　国及び地方公共団体は，いじめが児童等の心身に及ぼす影響，いじめを防止することの重要性，いじめに係る相談制度又は救済制度等について必要な広報その他の啓発活動を行うものとする。

第4章　いじめの防止等に関する措置

(学校におけるいじめの防止等の対策のための組織)

第22条　学校は，当該学校におけるいじめの防止等に関する措置を実効的に行うため，当該学校の複数の教職員，心理，福祉等に関する専門的な知識を有する者その他の関係者により構成されるいじめの防止等の対策のための組織を置くものとする。

(いじめに対する措置)

第23条　学校の教職員，地方公共団体の職員その他の児童等からの相談に応じる者及び児童等の保護者は，児童等からいじめに係る相談を受けた場合において，いじめの事実があると思われるときは，いじめを受けたと思われる児童等が在籍する学校への通報その他の適切な措置をとるものとする。

2　学校は，前項の規定による通報を受けたときその他当該学校に在籍する児童等がいじめを受

けていると思われるときは，速やかに，当該児童等に係るいじめの事実の有無の確認を行うための措置を講ずるとともに，その結果を当該学校の設置者に報告するものとする。

3　学校は，前項の規定による事実の確認によりいじめがあったことが確認された場合には，いじめをやめさせ，及びその再発を防止するため，当該学校の複数の教職員によって，心理，福祉等に関する専門的な知識を有する者の協力を得つつ，いじめを受けた児童等又はその保護者に対する支援及びいじめを行った児童等に対する指導又はその保護者に対する助言を継続的に行うものとする。

4　学校は，前項の場合において必要があると認めるときは，いじめを行った児童等についていじめを受けた児童等が使用する教室以外の場所において学習を行わせる等いじめを受けた児童等その他の児童等が安心して教育を受けられるようにするために必要な措置を講ずるものとする。

5　学校は，当該学校の教職員が第3項の規定による支援又は指導若しくは助言を行うに当たっては，いじめを受けた児童等の保護者といじめを行った児童等の保護者との間で争いが起きることのないよう，いじめの事案に係る情報をこれらの保護者と共有するための措置その他の必要な措置を講ずるものとする。

6　学校は，いじめが犯罪行為として取り扱われるべきものであると認めるときは所轄警察署と連携してこれに対処するものとし，当該学校に在籍する児童等の生命，身体又は財産に重大な被害が生じるおそれがあるときは直ちに所轄警察署に通報し，適切に，援助を求めなければならない。

(学校の設置者による措置)

第24条　学校の設置者は，前条第2項の規定による報告を受けたときは，必要に応じ，その設置する学校に対し必要な支援を行い，若しくは必要な措置を講ずることを指示し，又は当該報告に係る事案について自ら必要な調査を行うものとする。

(校長及び教員による懲戒)

第25条　校長及び教員は，当該学校に在籍する児童等がいじめを行っている場合であって教育上必要があると認めるときは，学校教育法第11条の規定に基づき，適切に，当該児童等に対して懲戒を加えるものとする。

(出席停止制度の適切な運用等)

第26条　市町村の教育委員会は，いじめを行った児童等の保護者に対して学校教育法第35条第1項（同法第49条において準用する場合を含む。）の規定に基づき当該児童等の出席停止を命ずる等，いじめを受けた児童等その他の児童等が安心して教育を受けられるようにするために必要な措置を速やかに講ずるものとする。

(学校相互間の連携協力体制の整備)

第27条　地方公共団体は，いじめを受けた児童等といじめを行った児童等が同じ学校に在籍していない場合であっても，学校がいじめを受けた児童等又はその保護者に対する支援及びいじめを行った児童等に対する指導又はその保護者に対する助言を適切に行うことができるようにするため，学校相互間の連携協力体制を整備するものとする。

第5章　重大事態への対処

(学校の設置者又はその設置する学校による対処)

第28条　学校の設置者又はその設置する学校は，次に掲げる場合には，その事態（以下「重大事態」という。）に対処し，及び当該重大事態と同種の事態の発生の防止に資するため，速やかに，当該学校の設置者又はその設置する学校の下に組織を設け，質問票の使用その他の適切な方法により当該重大事態に係る事実関係を明確にするための調査を行うものとする。

一　いじめにより当該学校に在籍する児童等の生命，心身又は財産に重大な被害が生じた疑

資　料

　　いがあると認めるとき。
　二　いじめにより当該学校に在籍する児童等が相当の期間学校を欠席することを余儀なくされている疑いがあると認めるとき。
2　学校の設置者又はその設置する学校は，前項の規定による調査を行ったときは，当該調査に係るいじめを受けた児童等及びその保護者に対し，当該調査に係る重大事態の事実関係等その他の必要な情報を適切に提供するものとする。
3　第1項の規定により学校が調査を行う場合においては，当該学校の設置者は，同項の規定による調査及び前項の規定による情報の提供について必要な指導及び支援を行うものとする。

（国立大学に附属して設置される学校に係る対処）
第29条　国立大学法人（国立大学法人法（平成15年法律第112号）第2条第1項に規定する国立大学法人をいう。以下この条において同じ。）が設置する国立大学に附属して設置される学校は，前条第1項各号に掲げる場合には，当該国立大学法人の学長を通じて，重大事態が発生した旨を，文部科学大臣に報告しなければならない。
2　前項の規定による報告を受けた文部科学大臣は，当該報告に係る重大事態への対処又は当該重大事態と同種の事態の発生の防止のため必要があると認めるときは，前条第1項の規定による調査の結果について調査を行うことができる。
3　文部科学大臣は，前項の規定による調査の結果を踏まえ，当該調査に係る国立大学法人又はその設置する国立大学に附属して設置される学校が当該調査に係る重大事態への対処又は当該重大事態と同種の事態の発生の防止のために必要な措置を講ずることができるよう，国立大学法人法第35条において準用する独立行政法人通則法（平成11年法律第103号）第64条第1項に規定する権限の適切な行使その他の必要な措置を講ずるものとする。

（公立の学校に係る対処）
第30条　地方公共団体が設置する学校は，第28条第1項各号に掲げる場合には，当該地方公共団体の教育委員会を通じて，重大事態が発生した旨を，当該地方公共団体の長に報告しなければならない。
2　前項の規定による報告を受けた地方公共団体の長は，当該報告に係る重大事態への対処又は当該重大事態と同種の事態の発生の防止のため必要があると認めるときは，附属機関を設けて調査を行う等の方法により，第28条第1項の規定による調査の結果について調査を行うことができる。
3　地方公共団体の長は，前項の規定による調査を行ったときは，その結果を議会に報告しなければならない。
4　第2項の規定は，地方公共団体の長に対し，地方教育行政の組織及び運営に関する法律（昭和31年法律第162号）第21条に規定する事務を管理し，又は執行する権限を与えるものと解釈してはならない。
5　地方公共団体の長及び教育委員会は，第2項の規定による調査の結果を踏まえ，自らの権限及び責任において，当該調査に係る重大事態への対処又は当該重大事態と同種の事態の発生の防止のために必要な措置を講ずるものとする。
第30条の2　第29条の規定は，公立大学法人（地方独立行政法人法（平成15年法律第118号）第68条第1項に規定する公立大学法人をいう。）が設置する公立大学に附属して設置される学校について準用する。この場合において，第29条第1項中「文部科学大臣」とあるのは「当該公立大学法人を設立する地方公共団体の長（以下この条において単に「地方公共団体の長」という。）」と，同条第2項及び第3項中「文部科学大臣」とあるのは「地方公共団体の長」と，同項中「国立大学法人法第35条において準用する独立行政法人通則法（平成11年法律第103号）第64条第1項」とあるのは「地方独立行政法人法第121条第1項」と読み替えるものとする。

（私立の学校に係る対処）

資料

第31条　学校法人（私立学校法（昭和24年法律第270号）第3条に規定する学校法人をいう。以下この条において同じ。）が設置する学校は，第28条第1項各号に掲げる場合には，重大事態が発生した旨を，当該学校を所轄する都道府県知事（以下この条において単に「都道府県知事」という。）に報告しなければならない。

2　前項の規定による報告を受けた都道府県知事は，当該報告に係る重大事態への対処又は当該重大事態と同種の事態の発生の防止のため必要があると認めるときは，附属機関を設けて調査を行う等の方法により，第28条第1項の規定による調査の結果について調査を行うことができる。

3　都道府県知事は，前項の規定による調査の結果を踏まえ，当該調査に係る学校法人又はその設置する学校が当該調査に係る重大事態への対処又は当該重大事態と同種の事態の発生の防止のために必要な措置を講ずることができるよう，私立学校法第6条に規定する権限の適切な行使その他の必要な措置を講ずるものとする。

4　前2項の規定は，都道府県知事に対し，学校法人が設置する学校に対して行使することができる権限を新たに与えるものと解釈してはならない。

第32条　学校設置会社（構造改革特別区域法（平成14年法律第189号）第12条第2項に規定する学校設置会社をいう。以下この条において同じ。）が設置する学校は，第28条第1項各号に掲げる場合には，当該学校設置会社の代表取締役又は代表執行役を通じて，重大事態が発生した旨を，同法第12条第1項の規定による認定を受けた地方公共団体の長（以下「認定地方公共団体の長」という。）に報告しなければならない。

2　前項の規定による報告を受けた認定地方公共団体の長は，当該報告に係る重大事態への対処又は当該重大事態と同種の事態の発生の防止のため必要があると認めるときは，附属機関を設けて調査を行う等の方法により，第28条第1項の規定による調査の結果について調査を行うことができる。

3　認定地方公共団体の長は，前項の規定による調査の結果を踏まえ，当該調査に係る学校設置会社又はその設置する学校が当該調査に係る重大事態への対処又は当該重大事態と同種の事態の発生の防止のために必要な措置を講ずることができるよう，構造改革特別区域法第12条第10項に規定する権限の適切な行使その他の必要な措置を講ずるものとする。

4　前2項の規定は，認定地方公共団体の長に対し，学校設置会社が設置する学校に対して行使することができる権限を新たに与えるものと解釈してはならない。

5　第1項から前項までの規定は，学校設置非営利法人（構造改革特別区域法第13条第2項に規定する学校設置非営利法人をいう。）が設置する学校について準用する。この場合において，第1項中「学校設置会社の代表取締役又は代表執行役」とあるのは「学校設置非営利法人の代表権を有する理事」と，「第12条第1項」とあるのは「第13条第1項」と，第2項中「前項」とあるのは「第5項において準用する前項」と，第3項中「前項」とあるのは「第5項において準用する前項」と，「学校設置会社」とあるのは「学校設置非営利法人」と，「第12条第10項」とあるのは「第13条第3項において準用する同法第12条第10項」と，前項中「前2項」とあるのは「次項において準用する前2項」と読み替えるものとする。

（文部科学大臣又は都道府県の教育委員会の指導，助言及び援助）

第33条　地方自治法（昭和22年法律第67号）第245条の4第1項の規定によるほか，文部科学大臣は都道府県又は市町村に対し，都道府県の教育委員会は市町村に対し，重大事態への対処に関する都道府県又は市町村の事務の適正な処理を図るため，必要な指導，助言又は援助を行

303

うことができる。

第6章　雑則

（学校評価における留意事項）
第34条　学校の評価を行う場合においていじめの防止等のための対策を取り扱うに当たっては，いじめの事実が隠蔽されず，並びにいじめの実態の把握及びいじめに対する措置が適切に行われるよう，いじめの早期発見，いじめの再発を防止するための取組等について適正に評価が行われるようにしなければならない。

（高等専門学校における措置）
第35条　高等専門学校（学校教育法第1条に規定する高等専門学校をいう。以下この条において同じ。）の設置者及びその設置する高等専門学校は，当該高等専門学校の実情に応じ，当該高等専門学校に在籍する学生に係るいじめに相当する行為の防止，当該行為の早期発見及び当該行為への対処のための対策に関し必要な措置を講ずるよう努めるものとする。

　　　附　則

（施行期日）
第1条　この法律は，公布の日から起算して3月を経過した日から施行する。
（検討）
第2条　いじめの防止等のための対策については，この法律の施行後3年を目途として，この法律の施行状況等を勘案し，検討が加えられ，必要があると認められるときは，その結果に基づいて必要な措置が講ぜられるものとする。
2　政府は，いじめにより学校における集団の生活に不安又は緊張を覚えることとなったために相当の期間学校を欠席することを余儀なくされている児童等が適切な支援を受けつつ学習することができるよう，当該児童等の学習に対する支援の在り方についての検討を行うものとする。

　　　附　則（平成26年6月20日法律第76号）抄

（施行期日）
第1条　この法律は，平成27年4月1日から施行する。
（政令への委任）
第22条　この附則に規定するもののほか，この法律の施行に関し必要な経過措置は，政令で定める。

　　　附　則（平成27年6月24日法律第46号）抄

（施行期日）
第1条　この法律は，平成28年4月1日から施行する。

　　　附　則（平成28年5月20日法律第47号）抄

（施行期日）
第1条　この法律は，平成29年4月1日から施行する。

事項索引

【あ】

アスペルガー症候群 …………………218, 226
安全配慮義務…………………………………99
行き過ぎた指導………………………………96
育休退園制度………………………………242
意見書………………………………149, 157
医師………………………………65, 67, 277
意思能力……………………………………213
いじめ…4, 19, 34, 50, 64, 70, 73, 94, 112, 267
　──の定義……………………………………73
いじめ防止対策推進法……4, 25, 36, 52, 55, 64, 73, 286
いじめ予防授業………………………………70
慰謝料……………………28, 38, 50, 223, 267
依存…………………………………………247
一時保護……………………………193, 203
一時保護委託………………………………193
医療機関……………………133, 220, 269, 281
医療保育士…………………………………239
医療保育専門士……………………………239
インターネット………5, 94, 116, 125, 135, 294
インフォームドアセント…………………240
インフォームドコンセント………………240
ウェブサイト………………………………294

【か】

外国人学校…………………………………291
外国籍………………………………………292
外国につながる子どもたち………………292
開示請求……………………………………113
カウンセラー…………………………15, 65
加害者側………………………………………50
学習権…………………………………………64
学習障がい…………………………218, 227
家裁送致……………………………………168
家事事件手続法……………………249, 254, 259
画像の削除…………………………………126
家族関係……………………………………261
学校
　──の管理下………………………105, 109
　──の裁量……………………………………89
学校いじめ防止基本方針……………………56
学校教育法………………64, 89, 96, 112, 226, 239
学校教育法施行規則………………………112
学校交渉…………………19, 78, 90, 99, 107
学校事故……………………………………105
家庭復帰……………………………………204
家庭問題情報センター……………………251
仮処分…………………………………………80
仮の差止め…………………………………242
環境調整……………………………154, 178, 186
監護権………………………………………210
監護者指定…………………………………210
観護措置………………………………91, 148
間接強制……………………………………252
監督義務（者）………………………………38, 61
監督責任……………………………………289
虐待通告……………………………………196
教育委員会……………………………24, 53
教育を受ける権利…………………………291
強制執行……………………………………259
脅迫……………………………………………34
脅迫罪………………………………………120
共犯事件……………………………173, 181
共謀…………………………………………181
虞犯事件……………………………………182
虞犯事実……………………………………188

事項索引

虞犯事由 …………………………184
虞犯少年 …………………………182
虞犯性 ……………………………185
訓告 ………………………………89
経済協力開発機構 …………………9
経済的,社会的及び文化的権利に関する国
　際規約 …………………………291
警察 ………………………………120
刑事手続 …………………………34
傾聴 ………………………………140
検索結果 …………………………130
権利擁護専門員 …………………77
合意書 ……………………………29
強姦罪 ……………………………121
高機能自閉症 ……………………226
高校生 ……………………………294
抗告 …………………………160, 179
公職選挙法 ………………………294
校長の裁量 ………………………94
広汎性発達障がい ………………218
勾留 ………………………………161
　――に代わる観護措置 …………161
国選付添人制度 …………………146
告訴 ………………………………272
国賠請求 …………………………98
心のケア …………………………65
個人情報保護条例 ………………113
個人情報保護法 …………………113
子ども・子育て支援法 …………245
子どもシェルター ………………197
子供の権利擁護専門相談事業 ……76
子どもの手続代理人 ………249, 254
子どもの貧困対策の推進に関する法律 …10
子ども療養支援士 ………………239
子の監護に関する処分 …………211
子の引渡し …………………212, 259
コミュニケーション ……………218
コミュニケーション力 …………136

【さ】

サーバー管理会社 ………………129
災害共済給付金 …………………29
災害共済給付制度 …………108, 223
再婚 ………………………………261
在宅事件 …………………………162
裁量権の範囲（の逸脱） ……82, 89
削除請求 …………………………130
差止訴訟 …………………………242
里親 ………………………………193
支援員 ……………………………239
支援者 ……………………………273
時効 ………………………………268
自己肯定感 ………………………136
自殺 …………………………19, 273
自殺事件 …………………………4
自殺未遂 …………………………34
私事性的画像記録の提供等による被害の防
　止に関する法律 ………………129
事実行為としての懲戒 …………89
事実調査 …………………………99
自主退学 …………………………92
自主退学勧告 ……………………81
思春期 ………………136, 261, 276
自傷 ………………………………273
自傷行為 …………………………271
施設入所措置 ……………………203
自宅謹慎 …………………………88
示談 …………………………41, 156, 167
示談交渉 …………………………122
示談書 ……………………………124
自転車事故 ………………………288
児童虐待 ……5, 192, 202, 203, 208, 209, 292
児童虐待防止法 ……………192, 204
児童自立支援施設 ………………37
児童自立生活援助事業 …………200
児童自立生活援助事業委託 ……198

児童精神科医	249
児童相談所	183, 193, 203
児童福祉法	192, 200, 205, 245
児童ポルノ	129
児童ポルノ禁止法	129
児童ポルノ製造罪	68, 120
児童ポルノ提供罪	68
児童養護施設	193
指導要録	86, 93, 94, 112
自白	144
支払督促	42
自閉症	218, 226
司法面接プロセス	270
社会記録	151, 167
社会調査	152
謝罪	27, 79, 97, 107
写真	116
写真流出	125
重大事態	25, 55
出席停止	65
出席認定	86, 93, 94
障害者雇用促進法	231
障害者差別解消法	222, 236, 239
傷害保険	110
証人尋問	60, 175
少年院送致	159
少年鑑別所	148
少年事件	142, 161, 162, 168, 170
少年質問	175
少年審判	36, 90
少年調査票	152
少年補償法	179
情報開示請求	56
情報公開条例	107
情報公開請求	107
情報提供義務	286
処遇意見	152
職権主義	175
自立	247
自立援助ホーム	199
親権	203, 210, 248
親権者変更	205
人権侵害	70
親権喪失	210
親権停止	210
進行協議	174
心神耗弱	168
心神喪失	168
人身保護請求	213, 259
人身保護法	213, 259
人身保護命令	259
身体の虐待	192
審判	151, 163, 171, 206
審判不開始決定	91
心理的虐待	192
スクールカウンセラー	283
スクール・セクシャル・ハラスメント	82
スマホ	135
政治の活動	294
青少年保護育成条例	121
精神医学	277
精神科医	15
精神障がい	268, 276
性的いじめ	67
性の虐待	192, 262, 268
性同一性障がい	280
責任能力	39, 168
選挙運動	294
選挙権年齢	294
全件送致主義	36, 143, 168, 170
全校型いじめ予防プロジェクトチーム	71
全国高P連賠償責任補償制度	289
相対的貧困率	9
相談機関	128
訴訟	58, 98
損害賠償	27, 59, 289
損害賠償請求	98
損害賠償責任保険	110

事項索引

【た】

退学…………………………………………89
退学処分…………………………………81
待機児童 ………………………………242
第三者委員会 …………………………29
対人援助…………………………………12
体罰………………………………………95
代理によるミュンヒハウゼン症候群 …208
チャイルド・ライフ・スペシャリスト…239
注意欠陥多動性障がい ………218, 227
中間審判 ………………………………177
懲戒…………………………………64, 96
懲戒処分…………………………………81
長期分離………………………………205
調査 …………………………25, 54, 286
調査官 …………………………152, 175, 255
調査命令 ………………………………175
長時間利用 ……………………………135
調停 ……………………………206, 214
調停手続 ………………………………214
著作権 …………………………………130
治療 ……………………………………133
通級指導 ………………………………229
通告 ……………………………………183
通報窓口 ………………………………128
付添人…………………………90, 143, 166
停学………………………………………89
停学処分…………………………………92
ディストラクション …………………240
訂正請求 ………………………………114
転学…………………………………85, 92
伝聞法則 ………………………………171
電話相談…………………………………13
東京子供ネット…………………………77
東京都児童相談センター………………76
同居親 …………………………………256
特別支援学級 …………………………228
特別支援学校 ……………………228, 239

特別支援教育 ………………221, 226, 239
特別支援教育支援員 …………………221
独立行政法人日本スポーツ振興センター法
　………………………………………105
トラウマ ………………………………267

【な】

内申書 …………………………………112
内容証明 ………………………22, 50, 285
日弁連委託援助業務……………………15
日本国籍 ………………………………290
日本スポーツ振興センター
　…………………30, 42, 105, 108, 223
認定替え ………………………………188
ネグレクト ………………………192, 202
ネットいじめ……………………………67
ネット依存 ……………………………132

【は】

ハーグ条約 ……………………………259
ハーグ条約実施法 ……………………259
発達障がい………94, 146, 217, 226, 240, 277
発達障害者支援法 ……………………220
犯罪事実 ………………………………188
犯罪少年 …………………………143, 168
反省文 …………………………………153
被害届…………………………………35, 272
ひきこもり ………………………133, 275
ひきこもり地域支援センター ………277
被疑者国選弁護制度 …………………146
非行 ……………………………………143
非行事実 ………………………………151
必要かつ合理的な配慮 ………………222
否認事件 ………………………………170
貧困………………………………………9
フィルタリング ………………………137
複数対応…………………………………20
不登校 ……19, 53, 92, 94, 112, 132, 271, 275
不法行為…………………………………60, 98

308

扶養義務 …………………………214
フラッシュバック …………………267
フリースクール……………………94
プレパレーション …………………239
文化的背景 …………………………292
別室指導……………………………64
弁護士費用………………………21, 145
弁護人………………………………143
保育所………………………………242
暴言…………………………………53
法テラス……………………………15
法律援助制度……………………145, 165
法律記録……………………………151
暴力………………………………34, 53
保険…………………………………289
保護観察…………………………170, 178
保護主義……………………………143
ホスピタル・プレイ・スペシャリスト…239

【ま】

身柄拘束……………………………142
未成年者略取・誘拐罪………………194
民事執行法…………………………259
民事責任……………………………37
面会交流……………………………248
面接相談………………………13, 114, 119

黙示の共謀…………………………181
モンスター・ペアレント……………285

【や】

ヤングケアラー……………………247
養育費………………………………211
要望書………………………………23
要保護性……………………91, 153, 183, 188

【ら】

利益相反…………………………14, 258
利害関係参加………………………254
履行勧告……………………………251
離婚………………………203, 248, 261
リストカット……………………271, 273
リベンジポルノ防止法………………129
臨床心理士………………15, 67, 277, 283

【わ】

和解……………………57, 62, 84, 102

【a～z】

FPIC………………………………251
PTSD…………………………267, 271
SNS……………67, 117, 132, 138, 177, 294

〔編者〕
第二東京弁護士会子どもの権利に関する委員会
　（編集委員）青木　智子
　　　　　　　伊東　亜矢子
　　　　　　　太田　絢子
　　　　　　　佐田　理恵
　　　　　　　下瀬　隆士
　　　　　　　馬場　和佳

　第二東京弁護士会の特別委員会として，いじめ，体罰，虐待，少年事件など子どもを取り巻く様々な問題を幅広く取り扱っており，「キッズひまわりホットライン」（http://niben.jp/or/kodomo/）という相談窓口を設けて子どもやその両親等からの具体的な相談（電話相談・面接相談）に応じている。また，子どもに関わる法令等の研究，改正の是非，児童福祉や法教育のあり方等について検討するなど，子どもの人権を守るために日々積極的な活動を行っている。

事例解説　子どもをめぐる問題の基本と実務
―― 学校生活，インターネット，少年事件，
　　児童福祉，離婚・親権

2017年4月25日　初版第1刷印刷
2017年5月9日　初版第1刷発行

廃止　検印	
	ⓒ編者　第二東京弁護士会 　　　　子どもの権利に関する委員会 発行者　逸見　慎一

発行所　東京都文京区　株式会社　青林書院
　　　　本郷6丁目4の7
振替口座　00110-9-16392／電話03(3815)5897〜8／郵便番号113-0033
　　　　　　　　　http://www.seirin.co.jp

印刷・星野精版印刷㈱／落丁・乱丁本はお取替え致します。
Printed in Japan　　ISBN978-4-417-01710-3

〈JCOPY〉〈(社)出版者著作権管理機構　委託出版物〉
本書の無断複写は著作権法上での例外を除き禁じられています。複写される場合は，そのつど事前に，(社)出版者著作権管理機構（電話 03-3513-6969，FAX 03-3513-6979，e-mail:info@jcopy.or.jp）の許諾を得てください。

■好評既刊■
"事例"で事件の全体像と実務の基本を把握し、現実への応用力を養う！

事例解説
成年後見の実務

赤沼康弘・土肥尚子編
2016年11月刊行　Ａ５版336頁
本体価格3700円　ISBN978-4-417-01702-8

☑　経験豊富な弁護士・裁判官経験者が
　　具体的・詳細な事例に沿って実務を解説！
☑　2016年法改正についてもフォロー

第１章　法定後見
- case01　制度利用の留意点と申立手続
- case02　高齢者虐待と市町村長申立て
- case03　審判前保全処分の活用
- case04　複数後見・法人後見
- case05　類型相違・保佐と本人の同意
- case06　審判手続における関係者の地位と開始決定に対する不服申立て
- case07　選任直後の事務
- case08　不動産の管理と居住用不動産の処分
- case09　株式や証券等の管理（株主権の行使を含む）
- case10　身上監護事務
- case11　身分上の行為と意思能力
- case12　保佐人の職務
- case13　被保佐人の遺言
- case14　利益相反行為と本人の利益・後見監督人の責任
- case15　成年後見監督人の職務
- case16　後見制度支援信託
- case17　後見事務費用と報酬
- case18　辞任
- case19　後見人の解任と責任
- case20　成年後見人の第三者に対する責任
- case21　成年後見終了にともなう事務と死後事務

第２章　任意後見
- case22　任意後見利用における留意点
- case23　任意後見監督人の選任申立て・法定後見との関係
- case24　任意後見監督の方法と責任
- case25　任意後見契約の無効
- case26　任意後見人の不適切な職務への対処

青林書院
〒113-0033　東京都文京区本郷６－４－７
電話：03(3815)5897〜8　http://www.seirin.co.jp